Gambrinus.

Aelteste Darstellung aus Aventin's bayrischer Chronik.

(Zu Seite 9.)

Bierstudien.

Ernst und Scherz.

Geschichte des Bieres und seiner Verbreitung über den Erdball.
Bierstatistik. Bieraberglauben. Bierfeste. Bierorden. Bierspiele.
Bierlieder aller Zeiten und Völker. Biersprichwörter.
Brauergeheimnisse.

Von

Dr. J. G. Th. Grässe,

K. S: Hofrath, Director des K. S. Grünen Gewölbes und Inter. Dir. der Kgl. Porzellan- und
Gefäßsammlung re.

Mea nec Falernae
Temperant vites, neque Formiani
Pocula colles.   Horat.

Mit Illustrationen und Musikbeilagen.

Dresden.
R. v. Zahn's Verlag.
(G. Schönfeld's Buchhandlung, R. v. Zahn.)
1872.

Fotomechanischer Neudruck der Originalausgabe 1872
ZENTRALANTIQUARIAT
DER DEUTSCHEN DEMOKRATISCHEN REPUBLIK
LEIPZIG 1979

Sonderausgabe für
PRISMA Verlag GmbH., Gütersloh
mit den Alleinvertriebsrechten dieser Ausgabe
für die Bundesrepublik Deutschland, Westberlin, Österreich
und die Schweiz
ISBN 3 570 00669 7
Bestell-Nr. 195-00669

Druck: (52) Nationales Druckhaus, Betrieb der VOB National,
1055 Berlin
Printed in the German Democratic Republic
Ag 509/79/1978 4730

Allen Jüngern, Dienern und Freunden Gambrini gewidmet.

Mel.: Was ist des Deutschen Vaterland?

Lieb Bier, wo ist Dein Vaterland?
Ist's Schottland, Irland, Engelland?
Ist's wo die Sonn' nicht untergeht?
Ist's wo der gift'ge Samum weht?
O nein, o nein, o nein,
Dein Vaterland muß größer sein.

Lieb Bier, wo ist Dein Vaterland?
Ist's Belgien oder Niederland?
Ist's wo der Neger Strauße jagt?
Ist's wo im Schilf der Kaiman klagt?
O nein 2c.

Lieb Bier, wo ist Dein Vaterland?
Ist's Frankreich, ist's Aegyptenland?
Ist's da wo die Citronen blühn?
Ist's wo die Gletscher rosig glühn?
O nein ꝛc.

Lieb Bier, wo ist Dein Vaterland?
Ist's Rußland, Schweden, Griechenland?
Ist's wo nach Blut der Tiger lechzt?
Ist's wo der Negersclave ächzt?
O nein ꝛc.

Lieb Bier ꝛc.,
Ist's Hessen, Baden, Schwabenland?
Ist's an der blauen Donau Strand?
Ist's gar der Ostsee Dünensand?
O nein ꝛc.

Lieb Bier, ꝛc.,
So nenn mir doch das edle Land,
Ob's Baiern ist ob Oesterreich
An goldnem Gerstensaft so reich?
O nein ꝛc.

Lieb Bier wo ist das schöne Land,
Das Deinen Werth zuerst erkannt?
Ist's Ungarn oder Vater Rhein?
Bist in Rumänien Du daheim?
O nein ꝛc.,
Da liebt man viel zu sehr den Wein.

Lieb Bier 2c.,
Ich möchte kennen wohl dies Land,
Denn Preußen kann es auch nicht sein
Und Sachsen wäre doch zu klein!
O nein 2c.

Ei freilich, warum fragst Du noch,
Mein Vaterland, das weißt Du doch,
Begrenzt ja weder Berg noch Meer,
Für mich giebt's keine Fernen mehr.
O nein, o nein, o nein,
Kein Land der Erd' kann größer sein!

Der Weltkreis ist mein Heimathland,
Die Pole sind durch mich verwandt,
Kein stärkrer Fürst zu dieser Frist
Als Herr Gambrin auf Erden ist.
O nein, o nein, o nein,
Weß' Herrschaft kann denn größer sein?

So weit des Menschen Zunge reicht,
Sich Alles seinem Scepter beugt,
An seinem Throne ruht sich's gut,
Er spendet Jedem frohen Muth.
O nein, o nein, o nein,
Kein König kann geliebter sein.

Denn seinem Haupte droht kein Feind,
Er ist's, der alle Völker eint!
Doch wie, wenn, da hier nichts besteht,
Einst seine Herrschaft auch vergeht?
O nein, o nein, o nein,
Sein Reich wird unvergänglich sein.

Drum tön' aus jedes Seidels Klang,
Ihm stündlich neuer Lobgesang,
Und jede freie Spanne Zeit
Sei, Brüder, seinem Dienst geweiht,
O ja, o ja, o ja,
Mit jubelndem Vivallera!

Vorwort.

Honni soit qui mal y pense! Diese Devise des Englischen Hosenbandordens rufe ich allen Denen zu, welche an dem Gegenstande oder Titel des vorliegenden Buches Anstoß nehmen sollten. Das Bier und Biertrinken hat ebenso gut seine Berechtigung, einen Geschichtschreiber zu finden, als der Wein, aber während bis auf die letzte Vergangenheit dieses Getränk in zahlreichen Schriften präconisirt worden ist, ist es eigentlich noch Niemandem eingefallen, etwas Zusammenhängendes und Erschöpfendes über dessen Rival zu schreiben, so daß mein Buch eigentlich von seinem Gesichtspunkte aus das erste ist, welches diese Lücke auszufüllen strebt, weil die Beschreibung einer Bierreise, die der gute Dr. Knauft vor dreihundert Jahren zu Nutz und Frommen seiner Mitmenschen in die Welt schickte, offenbar einen andern Zweck hatte.

Da überhaupt nichts unter der Sonne auf Vollkommenheit Anspruch machen darf, so versteht es sich von selbst, daß auch meine „Studien" keine ihre Aufgabe völlig lösende Arbeit sein können, namentlich was den statistischen Theil*) derselben anlangt, wo es mir trotz aller Bemühungen nicht gelang, nach allen Seiten hin befriedigende und gleichvollständige Notizen zu erlangen**), allein bei alledem wird doch ein billiger Beurtheiler meines Buches zugeben müssen, daß dasselbe nach vielen Seiten hin Neues und In-

---

*) Eine zweite Auflage wird hoffentlich Ergänzungen und Verbesserungen bringen.
**) Außer den S. 95 und 101 angeführten Herren sage ich hier noch namentlich Hrn. Dr. Müller, Conservator am K. Baier. Nation.-Mus. in München sowie dem Herrn Oberbibliothekar zu Wolfenbüttel Dr. O. v. Heinemann meinen herzlichsten Dank für die mir gemachten Mittheilungen.

tereffantes enthält. Dahin rechne ich namentlich, was ich über die in unferm Vaterlande feit Menfchengedenken getrunkenen Bier=forten gefammelt habe, die Notizen über die Bierorden, den Bier=comment und die Bierfpiele auf den Univerfitäten, den Aberglauben, den man mit dem Bier und Brauen getrieben hat, und endlich auch die Sammlung von Bierliedern aller Zeiten und Länder, die erfte, welche jemals angelegt worden ift, ganz abgefehen davon, daß auch die Capitel, welche über die Erfindung des Bieres und feine Verbreitung über den Erdball handeln, gar Manches bringen, was vorher, wenn nicht unbekannt, ficher aber wenig gekannt war. Bildet nun aber ohne Zweifel das Bier feit Jahrhunderten ein wich=tiges Moment in der Culturgefchichte der deutfchen Nation, fo bitte ich gegenwärtigen Verfuch, Baufteine zu einer einftigen erfchöpfen=den Gefchichte diefes Getränkes zu liefern, nachfichtig aufzunehmen und hoffe ich, wenn es mir geglückt ift, meinen Lefern durch die Art und Weife, wie ich meine „Studien" bei ihnen einführe, einige heitere Stunden gewährt zu haben, um fo mehr auf eine billige Beurtheilung derfelben, als der Culturhiftoriker, Philolog und Linguift ebenfo wie der Techniker, Fachmann und Laie in denfelben manches für feinen Gefchmack und feine Richtung Paffendes finden wird. Manche in dem Buche enthaltene Derbheit wird die Zeit und der Zweck, wo und für wen fie erdacht und ausgefprochen ward, entfchuldigen, Einiges habe ich nur angedeutet, Vieles ganz weg=gelaffen, Alles ließ fich aber nicht entfernen, follte nicht das Ge=präge der Zeit ganz verloren gehen.

Dresden, den 15. April 1872.

Dr. Gräße.

Motto:
Wie man bei Bier und Tabak über
besiegt sich hebt.
Göthe.

Erstes Capitel.

Das Bier im Alterthum.

Vom edeln Gerstensaft und Wein haben gar Viele seit der Erfindung der Buchstaben geschrieben und gesungen, und Homer, der Vater der Dichter, ist sogar wegen des allzugroßen Lobes, welches er dem Wein spendet, selbst für einen Weinsäufer gehalten worden, wie ein alter deutscher Vers sagt:

Homerus lobt den Wein gar sehr,
Ein Säufer ist geacht daher.*)

Von Bieren aber hat zuerst in lateinischer Sprache Johannes Placotomus[1]), dann aber in deutscher Prosa Heinrich Knaust[2]), ein kaiserlicher gekrönter Poet und beider Rechte Doctor zu Erfurt gehandelt. Da aber seit dem Jahre 1575, wo das Buch des Letztgedachten erschien, sich Niemand wieder die Mühe genommen hat, etwas Genaueres über die Geschichte dieses ächt deutschen Stoffes zu sagen, trotzdem daß schon in der Mitte des 16. Jahrhunderts (1555) der schwedische Geschichtschreiber Olaus Magnus behauptete, es gebe in der ganzen Welt mehr Bier= als Weintrinker (de gent. septentr. XIII. 29.), und jetzt die Herrschaft des Gambrinus fast über den ganzen Erdball verbreitet ist, so wird es uns gewiß Jedermann Dank wissen, wenn wir, was wir über die Erfindung dieses herrlichen Getränkes und seine Verbreitung über den Erdkreis gesammelt und in Erfahrung gebracht haben, hier zu Nutz und Frommen aller Freunde des edlen Gerstensaftes veröffentlichen.

---

*) Uebersetzung des lateinischen Verses: Laudibus arguitur vini vinosus Homerus.

Wie es nun aber gekommen, das dies herrliche Getränk den armen Erdenpilgern von der Vorsehung geschenkt worden, darüber läßt sich besagter Heinrich Knauft in seiner einfachen gemüthlichen Redeweise also vernehmen:

„Nachdem die Natur des Menschen also von Gott geschaffen, daß wir neben dem Essen auch trinken müssen, hat Gott, der gütige und barmherzige Vater den ersten Menschen der Welt den Wasser= trunk aus den Quellen und Wasserbrunnen der Erden verordnet, wie solches noch heutiges Tags*) den armen Leuten in Franken, am Rheinstrom und in den Landen, da kein Bier, sondern nur eitel Wein zu trinken, bestes Getränk ist, weil sie den Wein nicht ver= gelten** können. Damit haben sich die Leutte für der Sindfluß, neben einem guten Kraut vnd Gemüß, so guter Ding vnd frölich ge= macht, daß es nicht unbillig zu verwundern, das es bey Wasser vnd Kraut geschehen können, Vnd das noch wol mehr zu ver= wundern, sein sie zuletzt so frech vnd vbermüthig dabey geworden, das Gott sprach: „poenitet me fecisse hominem" (mich gerewet, das ich den Menschen gemacht habe). Denn sie schlugen einander todt, richteten allerlei vnlust an, und trieben mancherhande büberey vnd vnzucht, bis Gott die ganze Welt mit Wasser verterbet vnd in grund vergehen ließ. Nach der Sindfluß aber wandte Gott sein gnediges Angesicht wider zu den Menschen vnd erquicket sie mit gutter speiß der Fische im Meer vnd Wasser, der Vögel in lüfften vnd auff erden, Auch der vierfüßigen Thiere in wälden vnd feldern, Ließ ihnen dazu Korn auff dem acker, davon sie Brob zu backen hatten, vnd gute Weinreben erwachsen, welches alles sie durch sonderliche dazu gehörende Kunst, deren Gott Meister vnd eingeber wär, dahin arbeiteten, das gut Brobkorn vnd Wein davon kommen könte, damit die Leute darzumal, nach der Sindfluß, einen guten Essen vnd trunk hatten, damit sie sich laben möchten. Vnd das menschliche Geschlecht also wieder zunemen, zu krefften kommen

---

*) d. h. im Jahre 1575, heute, 300 Jahre später, trinken diese auch Bier und zwar am liebsten Bairisches und Lagerbier.
**) bezahlen.

vnd stark werden sollte, welchs zuvor durch die Sindfluß gar ge=
schwechet vnd gekrencket war. Doch hernach, wie der Leutte viel
worden, also das sie sich in die Lande hin vnd wider teilen müssen,
Hats gleichwol an allen Oertern des gantz Erdkreiß, nicht Wein=
wachs gehabt, Gott der Allmechtige aber, hat die Leutte der örter,
da nicht Wein erwuchsen, dennoch auch nicht vergessen, hat sie an=
statt der Weinreben vnd Weins mit einer andern Gabe gesegnet,
das sie es nach der Sindfluß auch etwas besser haben sölten, denn
es ihre Vater für der Sindfluß gehabt hatten. Also hat er sie
gelehret von Weitzen vnd Gersten einen Tranck zu machen, der
gesundt vnd lieblich zu trincken war, davon die Natur des Men=
schen nicht weniger zunemen, gesterket vnd erhalten werden könte,
als eben von Wein. Vnd sein also beide, Wein vnd Bier, Gottes
hohe vnd wunderbarliche Gaben dem armen, gebrechlichen, mensch=
lichen Geschlecht zu guht, von Gott dem Herrn aus Gnaden mit=
getheilt vnd gegeben."

Ist nun also auch nach Herrn Knaust's Ansicht das erste Bier
erst nach der Sündfluth getrunken worden, sonach jünger als der
Weinbau, so wird doch gleichwohl die Erfindung desselben sehr
weit in das graue Alterthum hinaufreichen, denn der griechische
Geschichtschreiber Diodorus von Sicilien nennt als den, welcher die
Kunst Bier zu brauen zu den Aegyptern brachte, ihren Gott oder
König Osiris[3]), der es im Jahre 2017 zuerst in der Stadt Pelu=
sium braute. Mit ihm stimmen Herodot[4]) und Plinius[5]) überein.
Freilich hat es späterhin auch noch manche Gelehrte gegeben,
welche den Genuß des Bieres für schädlich erklärten und dasselbe
als Getränk weghaben wollten, wie der berühmte Arzt J. G.
Zimmermann, der Freund Friedrichs des Großen, der in seinem
bekannten Buche „Von der Erfahrung in der Arzneikunst", (Zürich
1787. Bd. II. S. 513.) den plötzlich nach dem Trinken von nicht
ganz ausgegohrenem Biere durch Schlagfluß erfolgten Tod eines
Marquis in Paris als warnendes Beispiel für Biertrinker erzählt,
allein dieser Fall steht vereinzelt da und war eben die Folge von
Unmäßigkeit. Dafür haben wir aber viele medicinische Autoritäten,

welche ganz anders urtheilen, für uns, und die letzte Schmähschrift gegen das Bier, von Flüring, „Bier ist Gift"[6]), war wohl nicht ernstlich gemeint, sondern vermuthlich nur Satire und Buchhändlerspeculation.

Auch der Tragiker Aeschylus kannte dieses Aegyptische Getränk[6b]), und der alte Historiker Hecatäus beschreibt sogar gewissermaßen das Verfahren der Aegypter beim Bierbrauen[7]). Homer dagegen kannte es nicht, denn wenn er auch in der Iliade[8]) erzählt, Nestor und Machaon hätten sich zur Auffrischung ihrer erschöpften Kräfte eines Trankes aus Mehl, Wasser und zerstoßenen Kräutern bedient, so hatte seiner Schilderung nach doch dieses Getränk durchaus keine Aehnlichkeit mit unserem Biere. Uebrigens brauten die Aegypter nach dem Berichte des Diodor zweierlei Arten von Bier, ein starkes, das sie Zythos (ζυθος) und ein schwaches, das sie Curmi (Κουρμι oder Κορμα) nannten. In ersterem scheint Ingwer gewesen zu sein, denn wenn es, wie derselbe Geschichtschreiber berichtet, an Geruch dem Weine geähnelt hat, so muß es eine Art Gewürzbier gewesen sein. Letzteres wäre nach der Ansicht des Dioscorides[9]) mehr weinartig gewesen, und nach einer Stelle des Plutarch[10]), hätte Ersteres gar die Kraft besessen, Elfenbein zu erweichen. Hopfen setzten sie wohl erst viel später zu, um es bitter zu machen[11]).

Bei den alten Spaniern wurde diese Art Bier aus Weizen, für die Vornehmen aber ein besseres aus Honig bereitet. Die in Aegypten im Mittelalter wohnenden Araber scheinen beide Biersorten beibehalten zu haben, das, was früher Zythus hieß, nannten sie Fokka, und Curmi übersetzten sie durch mazar, wie wir unten weitläufiger lesen werden. Als den Ort aber, wo im alten Aegypten das beste Bier gebraut ward, wird stets die Stadt Pelusium genannt[11b]).

Uebrigens hat sich die Kunst Bier zu brauen, bis auf den heutigen Tag in Aegypten erhalten, man braut dort, wie wir sehen werden, noch jetzt eine Art Bier, das Busa (Booza) heißt, allein es ist schlecht[11c]). Denselben Namen führte später das Tatarische Bier, welches aus Hirse gebraut war. Von den Aegyptern lernten die Aethiopier die Kunst, Bier zu brauen, was sie aus Hirse und Gerste auf verschiedene Weise herstellten, und wahrscheinlich auch die Juden, welche unter ihrem berauschenden Getränke Sechar (griech. σικερα, lat. Sicera) ebenfalls einen Bräu aus Getreide oder Obst verstanden[12]).

Ebenso scheinen die Griechen ihre Kenntniß von diesem Tranke aus Gerste, welchen man Gerstenwein nannte, wie derselbe Diodor erzählt[15]), von den Aegyptern erlangt zu haben. Es giebt bei ihnen verschiedene Bezeichnungen für dasselbe. Erstlich nennen sie es Zythus gerade wie die Aegypter[14]), dann Kurmi oder Korma[15]), und endlich Bryton (βρυτον)[16]) oder Pinos (πινος)[17]). Doppelbier kannten sie wohl auch, es hieß vielleicht Dizythos (διζυϑος). Von den Griechen scheint dann die Bekanntschaft mit diesem Getränk nach Spanien[18]) gelangt zu sein, dann zu den Päoniern und Pannoniern. Bei Ersteren hatte es den Namen Parybia[19]) (παρυβια), bei Letzteren Sabaia[20]). Zu den Galliern[21]) drang der Gebrauch des Bieres auch, wahrscheinlich über Massilia, indeß lobt der Kaiser Julian dasselbe nicht, er sagt, der Gerstenwein der Gallier sei nicht der wahre Sohn Jupiters, denn der Wein rieche nach Nektar, das Bier aber stinke wie ein Bock[22]). Aus ein Paar Stellen bei Plinius[23]) und Isidorus[24]) geht nun aber hervor, daß sie ihr Bier aus eingeweichter Gerste präparirten.

Das Malz hieß bei den Galliern Brace (nicht Branse), wie uns Plinius[25]) bereits erzählt, und davon ist dann das französische Wort brasser brauen, wovon brasseur Brauer und brasserie Brauerei, wahrscheinlich auch unser deutsches „brauen" entstanden. Hopfen jedoch hat man im Alterthume sicher nicht zum Biere genommen, sondern dessen geschieht erst im Mitelalter (s. unten) Erwähnung.

Bei den alten Spaniern hieß das Getränk Ceria[26]), wahrscheinlich von Ceres, der Göttin des Getreides und der Erdfrüchte, oder Calia, von calor die Wärme[27]). Sicher hängt hiermit nun aber der lateinische Ausdruck für dasselbe Getränk zusammen, cerevisia[28]), was einige Etymologen mit Cereris vis, d. h. Kraft der Ceres, erklären[29]). Andere wollen das Wort gar höchst gezwungen aus Cerebibia, von Ceres Getreide und bibere trinken, ableiten. Die Römer kannten dieses Getränk nämlich auch[30]), denn der Dichter Ovid erzählt in seinen Verwandlungen[31]), ein altes Weib habe der Göttin Ceres einen aus gerösteter Gerste gekochten Trank überreicht, der süß geschmeckt habe. Der Dichter Virgilius deutet in einer Stelle seines Gedichtes vom Landbau ebenfalls darauf hin[32]), und zweifelsohne meint Tacitus in seiner Schilderung Deutschlands[33]) nichts Anderes, wenn er sagt, die alten Deutschen hätten ein Getränk aus Gerste oder Weizen, welches dem Weine ähnele. Ob indessen diejenigen Getränke, welche bei den späteren Römern die Namen dodra[33a]) cinnus[33b]) oder camum[33c]) führten, etwas mit unserem Bier Aehnliches bezeichneten, darüber ist nichts Sicheres zu ermitteln. Wohl aber haben wir von einem griechischen Chemiker aus ungewisser Zeit, von Zosimus aus Panopolis in Aegypten, noch eine kleine, leider blos in Bruchstücken erhaltene Abhandlung über die Bereitung der Biere[33d]), aus der der heutige Braumeister freilich nicht viel lernen wird.

Zweites Capitel.

Das Bier im Mittelalter im Norden und Süden von Europa.

Seit dem Anfang des Mittelalters scheint nun aber das Bier, besonders im Norden Europa's eine sehr große Verbreitung gefunden zu haben, namentlich erklärt der Biograph des H. Columban, der Schotte Jonas, Gallien, Britannien, Schottland, Irland und Deutschland für die Länder, wo es das gewöhnliche Getränk ausmachte[34a]. Ja der freilich nicht immer allzu wahrheitliebende Saxo Grammaticus[34b] erzählt sogar, es sei einst im Norden dadurch eine Hungersnoth ausgebrochen, daß die Trunksucht der Einwohner Veranlassung gewesen sei, alles vorhandene Getreide zum Bierbrauen anzuwenden, also habe, damit dies nicht wieder geschehen könne, ein Verbot des Bierbrauens von Seiten des Königs ergehen müssen. In einer großen Bierkufe opferten die alten Sueven dem Wuotan und ein jeder deutsche Krieger hoffte, bei seiner Ankunft in Walhalla, dieses Getränk an Odin's Tafel wieder zu finden[35]. Die nordischen Götter beschäftigten sich selbst mit dem Bierbrauen, Thors kühne Fahrt zum Riesen Hymir hatte den großen Bierkessel*) zum Ziel, um durch dessen Besitz stets Vorrath an

---

*) Der Bier- oder Braukessel ist nach der altnordischen Auffassung das Himmelsgewölbe, in dessen Höhlung sich das himmlische Meth erzeugt, welches Thor so gern trinkt und woher sich dessen Beziehung zur Bierbrauerei erklärt. Hierauf bezieht sich auch das uralte deutsche, aber fast in allen Zungen Europa's wiederkehrende Volks-Räthsel vom Ei, welches also lautet: „Es kommt ein Schiff aus Engelland, hat kein Bügel und kein Band und doch zweierlei Bier." (S. Mannhardt, German. Mythen. Berlin 1858. S. 101 ꝛc. 302 ꝛc.)

Bier zu haben. Aegir bewirthete bei seinen Festen die Göttergäste mit Bier und heißt deshalb Oelbrauer (ölsmidr). Dies ist gewiß auch der Grund gewesen, warum man in Deutschland einen fabelhaften (den VII.) König der Tuisker, Gemahl der Isis*) Namens Gambrinus oder Gambrivius, den angeblichen Sohn des deutschen Königs Marsus und Gründer der Städte Cambray und Hamburg (nach ihm Gambrivium lateinisch genannt), sonst auch Kempher oder Cimber (davon die Cimbern) geheißen, nach dem Vorgange des Aventinus in seinen Annales Bojorum, der ihn um 1730 vor Chr. Geb. oder 2234 n. Ersch. d. W. leben läßt[36]), als den Erfinder des Bieres betrachtet.**) Man hat diesen König, dessen Reich sich vom Rhein bis Asien erstreckte, auch bildlich dargestellt und noch heutigen Tages findet man sein Portrait in vielen Brauereien und Schenkstuben Deutschlands und der Niederlande aufgehängt. Indeß diese spätern Bilder stellen ihn in der Tracht eines vlämischen Ritters des Mittelalters, mit einer Königs= oder Herzogskrone geschmückt und in der Hand einen Becher voll schäumenden Bieres haltend dar. Gewöhnlich (so auf dem alten Bilde, welches sich ehedem zu Stendal in der Baumann'schen Brauerei***) befand) stehen folgende Deutsche Verse unter demselben:

Gambrinus im Leben ward ich genannt,
Ein König in Flandern und Brabant,

---

*) Coler in s. Oeconomia ruralis B. II. S. 24 sagt, Osiris und seine Schwester Isis hätten das Bier erfunden und namentlich habe letztere zur Zeit des Hercules Alemannus diese Erfindung nach Schwaben gebracht.

**) Freilich erzählt derselbe Aventin auch in denselben Annalen, ein gewisser Aruns aus Clusium sei aus Rache, weil sein Mündel Lucumo, ein mächtiger römischer Jüngling seine Frau verführt und er sich nicht an ihm habe rächen können, über die Alpen gezogen und habe nach Gallien und Deutschland den Weinbau gebracht, und gleichwohl weiß kein römischer Geschichtschreiber etwas von diesem Aruns! Also wird wohl auch seine Nachricht vom Gambrinus zu den vielen Fabeln, die er uns auftischt, zu rechnen sein.

***) Das Bild ist jetzt nicht mehr vorhanden. Das Haus, welches übrigens dasselbe ist, wo J. Joachim Winkelmann geboren ward, gehört jetzt einem Kaufmann Hahn.

> Aus Gersten hab ich Malz gemacht
> Und das Bierbrauen daraus erdacht;
> Drum können die Herrn Brauer mit Wahrheit sagen,
> Daß sie einen König zum Meister haben,
> Trotz komm' ein ander Handwerk her,
> Und zeig uns dergleichen Meister mehr.

Jedenfalls war aber Gambrinus nicht blos einst der mächtigste König der ganzen Welt, denn seine Herrschaft geht heute noch von Aufgang bis Niedergang, kein König hat ein größeres Reich, keiner zählt mehr Unterthanen, er wird von den Studenten heute noch cerevisiell canonisirt, ihm zu Ehren stiftete man Orden, Feste und Feiertage, sein Name ist unsterblich, seine Erfindung unvergänglich.

In der Baierischen Chronica desselben Aventinus (Frkft. a. M., Feyerabend 1580) bildet den Eingang „Bildnuß oder Contrefactur der Zwölf ersten alten Teutschen Königen 2c." und da findet sich auch ein von dem genannten verschiedenes Portrait des Gambrivius König in Brabant vnd Flandern. Hier trägt er römische Rittertracht, den einen Arm stemmt er ein und mit dem andern hält er einen Helm mit einer Krone, auf dem Kopfe trägt er einen Aehrenkranz, links mähen Leute Korn, rechts aber wälzt einer eine große Biertonne, an deren Seite ein hölzerner großer Bierdeckelkrug steht. Unter dem Bilde befinden sich folgende Verse, die aber wahrscheinlich erst von Nic. Cisner, dem Herausgeber der Aventin'schen Chronik gedichtet sind. Sie lauten:

> Gambrivius genannt der Gämpffer,
> Ein kühner Held und starker Kämpffer,
> Gleich wie er geborn von Edlem Blut,
> Hatt er ein Adelichen Mut,
> Er war gantz streng vnd ernst von Sitten,
> Kein Unrecht ward bei ihm gelitten,
> Alln Freffel er gar peinlich strafft,
> Die Frommen schützt vnd Frieden schafft,
> Wie wol man nicht beschrieben find,
> Wo er vnd nachmals seine Kind,
> Nach ihm regiert han vnd geherrscht,
> So hat man dennoch das erforscht,
> Daß im Tornacher Stifft ein Statt

Gambrw*) von jm den Namen hat.
Darbey man wohl abnemmen kan,
Daß er daselbst regiert muß han.
Er hat aus Gersten Malß gemacht
Vnd das Bierbräuwen erst erdacht,
Wie er solches von Osiride
Gelehrnet hatt, vnd von Isibe.
Vnd hatt gelebt der Kämpffer kühn,
Wie die Histori zeigen thun,
Da Belocho dem zehend König
Assyrien war vnterthänig.

In neuerer Zeit ist der Gambrinus am genialsten von Moriß von Schwind auf dem Titelblatt von Spindler's Zeitspiegel (München 1831) dargestellt worden: er steht in fränkischer Königstracht in einer Hopfenlaube, umgeben von Arabesken, die z. B. eine Procession nach einer Biertonne darstellen; unten messen Gambrinus und Bacchus eine Erdkugel aus. Derselbe Künstler führt ihn uns nochmals vor in seinem Almanach der Radierungen (Zürich 1844. Jahrg. I.) (wo er bekanntlich auf 42 Blättchen die edlen Künste des Trinkens und Rauchens behandelt) Bl. 8. Hier sitzt er im mittelalterlichen Fürstentalar einen Kranz von Hopfenblättern auf dem Haupte auf einem Divan und raucht aus einer langen Pfeife, neben ihm aber sitzt der Sultan von Kaschmir, gleichfalls rauchend. Links steht sein Wappenschild ein Bockglas enthaltend und darüber GAMBRIN, rechts auf einem Tabouret eine Tasse und ein Becher (Tulpe) mit schäumenden Biere. Dazu dichtete der bekannte Freiherr E. v. Feuchtersleben folgende Verse:

Pilgernd zog einst Fürst Gambrinus
Der Erfinder unsers Biers
Menschenfreund wie Antoninus
In die Fluren Kaschemirs.
Oftens Ruhm, die Kunst des Rauchens
Zu erwarten wünscht er hier:
Mit dem Kommentar des Schmauchens
Da versteht man erst das Bier.

Fragt man aber wie die Sage dazu kommt, diesen angeblichen König von Brabant für den ersten Brauer auszugeben, und

---

*) Cambray. Nach Aventin erzählt dies Hans Sachs in s. Bierturnier.

ihn in flandrischer Tracht darzustellen, so findet der gelehrte Belgier Coremans [37]), welcher diese Sage einer nähern Untersuchung unterworfen hat, hierzu weiter keine Annäherungspunkte, als daß die Gesichtszüge des Königs Gambrinus auf allen jenen Portraits denen des Herzogs Johann I. von Brabant, wie er uns auf seinem Grabmale zu Brüssel erscheint, mit Ausnahme der Backen, die hier nicht so dick sind, ähneln und daß noch heute viele Brauereien und Bierkneipen in Belgien die Ueberschrift Au duc Jean de Brabant führen. Es muß also nothwendig einmal irgend ein Herzog von Brabant ein Freund und Beschützer der Belgischen Bierbrauer gewesen sein. Indeß hat Herr Coremans trotz aller Bemühungen über Johann I. nichts hierauf Bezügliches entdecken können, sondern nur ein von Johann II. der Brauergilde von Löwen gegebenes Privilegium über das dieser allein zustehende Recht innerhalb des Umkreises einer Stunde Bier brauen zu dürfen.

Von diesem Gambrinus oder Gambrivius erzählt man sich nun verschiedene Sagen [38]). Zu Cambray tritt er als Riese bei der bekannten Procession auf. In Oberfranken ist er mit bei dem großen Geisterbankett, welches die alten fränkischen Könige an jedem ersten Mai bei Gräfenberg an dem sogenannten Teufelstisch halten, wo sich mitten aus der Erde ein freilich nur wenigen Personen sichtbar werdender Zauberpalast aus Kryftall erhebt. Einst kamen zufällig zwei arme Musicanten dahin und als sie am Morgen aufwachten, waren in dieser einzigen Nacht hundert Jahre verflossen. Bei ihrem Eintritt in die Kirche zu Gräfenberg zerfielen ihre Leiber zu Staub. Derselbe Gambrivius nimmt aber auch noch an einem zweiten Geisterbankett Theil, welches am 24. Juni auf dem Felsen Hanns=Jörg Nottenberg in Franken gegenüber stattfindet.

In Holstein kommt er auch vor. Dort ist er der Sohn eines Riesen, mit andern Hünen überschreitet er, auf dem Rücken eines Seehengstes sitzend, das Meer, um sich in den Besitz von Flandern und Brabant zu setzen.

In Irland, wo man an der Küste noch heute Leute findet,

welche sich für flandrische Abkömmlinge halten, läßt sich Gambri=
vius, begleitet von andern Fürsten und Königen, in der Nacht
des 18. Augusts sehen, wo angeblich der h. Laurentius feuerige
Thränen vergißt, die uns dann als die bekannten, aber noch nicht
hinreichend erklärten Sternschnuppen erscheinen. Er gilt in Irland
zwar als der Erfinder von wohlthätigen Tränken, aus Brombeeren
gebraut, aber er lehrte auch giftige Liebestränke aus einer Art
Nachtschatten, Teufelsbeeren genannt, zusammensetzen*).

Wie dem nun auch sein mag, das jetzige Bier ist eine echt
deutsche Erfindung, wenn auch jener von Tacitus schon erwähnte
berauschende Gerstentrank eine aus gegohrener Gerste erzeugte wein=
säuerliche Flüssigkeit, nicht Bier in unserem heutigen Sinne war.

Fragt man nun aber, wo zuerst der Name Bier herkommt,
so hat man darüber verschiedene Meinungen. Einige haben be=
hauptet, es komme von dem lateinischen Zeitworte bibere, trinken,
und weil dieser (Gersten=) Trank den römischen Soldaten ange=
nehm gewesen, hätten sie den Ausdruck im Munde geführt da bibere
(gieb zu trinken) und weil sie für bibere kurzweg in schlechter
Abkürzung biber gesagt, sei hieraus unser Wort „Bier" zusam=
mengezogen worden. Diese Erklärung ist indessen gerade so ge=
zwungen, als wenn es Jemand aus dem hebräischen Worte biriale
(Mehlbrei) ableiten wollte³⁹). Ebenso absurd ist die Ableitung
des Wortes vom lateinischen pyrus die Birne⁴⁰), und immer noch

*) In der bekannten Baierischen Bierstube von Baarmann in Leipzig
(Kath. Str. Nr. 20) sind vier Wandgemälde von L. Clasen, auf welchen zwar
Gambrinus figurirt, aber ohne Beziehung auf die ihn betreffenden Sagen. Nr. 1
stellt Gambrinus mit 2 Meerkatzen als Schleppenträgern vor und der Unterschrift:
wie jeder andere Mann, muß auch Gambrinus den Hausschlüssel ha'n (abgeb.
in Kunst und Gewerbe, Weimar 1872 Nr. 1.) Nr. 2 zeigt Gambrinus
auf dem Thron. Nr. 3. „Wie die Alten sungen, so zwitschern die Jungen". Zur
Seite Brauer (?) und noch Jemand, in der Mitte drei Knabengestalten. Nr. 4.
„Kommst Du nach Haus, bist Du auch grau, so sey galant doch gegen die
Frau". König Gambrinus kommt besoffen nach Hause, seine Frau steht da und
sieht ihn an, die beiden Meerkatzen stützen ihn. Wie aber Gambrinus gerade zu
dieser Hausschlüsselaffaire kommt, hat wohl der Maler selbst nicht gewußt.

wahrscheinlicher wäre die von dem griechischen Worte πυρος, Weizen, weil Bier ein Getreidetrank ist[41]). Jetzt weiß man freilich, daß es von dem altsächsischen bere d. h. Gerste stammt. Im althochdeutschen hieß es Pior, im altnordischen Eolo, im Angelsächsischen Baer und Alod,*) im dänischen Oel, Oela und Olia, im Norwegischen Aul, im Schwedischen Oel, im Schottischen Hel, im Slavonischen Ollo**). Die Polen und Böhmen nannten es Zyto (wahrscheinlich von ζυϑος), aber auch piwo (wahrscheinlich von bibere), die Bewohner von Wales Kwvw, die Belgier Kuyt. Daß das französische Wort bière aus dem Deutschen entstanden ist und nicht, wie J. Coler in seinem Hausbuche (B. II. C. 4.) meint, unser „Bier" aus dem französischen bière, bedarf keiner weiteren Ausführung, um so mehr als die französische Sprache einen älteren Ausdruck für dieses Getränk besitzt, cervoise, der freilich erst aus dem lateinischen cerevisia gebildet worden ist.

Betrachten wir nun aber die Bierbereitung bei den alten Deutschen in der ersten Hälfte des Mittelalters an sich, so müssen wir zuerst bemerken, daß das Bierbrauen Jedermann frei stand. Die alten Deutschen und Scandinavier würzten es bald mit einer Abkochung von Eichenrinde, bald mit der Tamariske (tamarix germanica), bald mit der Frucht des Kreuzbeerenstrauches (Myrica Gale), bald mit den Zweigen und Beeren des Keuschbaumes (vitex agnus castus), zu schlechtem Hopfenbier nahm man Eschenblätter. Gutes Bier zu brauen, galt für eine Frauentugend, durch eine solche Brauwette ward König Alf eine seiner unverträglichen Frauen los, bei welcher Gelegenheit Odin seinen Speichel als Gährmittel brauchte[42]). Das Bereiten des Bieres selbst geschah in den ältesten Zeiten jedenfalls in derselben Weise, wie man noch am Ende des vor. Jahrhunderts in dem sogenannten Saterlande (in Oldenburg) verfuhr. Man hatte dort in jedem Dorfe ein eigenes Brauhaus, worin Jeder nach einer gewissen Reihenfolge brauen konnte. Hatte dort

---

*) Davon leitet man wieder yule, Weihnacht ab (s. Hone, Every Day Book T. I., p. 772). Sie hatten drei Sorten Bier (s. Bosworth unter Alod.)

**) In München heißt noch heute das gute Paulaner Bier oder Heilig Vater-Bier: Heilig Vater Oel.

eine Hausfrau gebraut, so lud sie ihre Nachbarinnen ein, die mit
Topf und Löffel erschienen und Bier und Brod von der Hausfrau
erhielten, um sich eine Art Kalteschale zu machen und gemeinsam
zu verzehren. Noch heute lassen es sich die Sachsinnen in der Zips
in Ungarn nicht nehmen, Bier und Branntwein für das Haus selbst
zu brauen. Eine Art Ueberbleibsel sind in Deutschland übrigens heute
noch die sogenannten brauberechtigten Häuser, weil deren Besitzer
früher das Recht hatten sich in dem Stadtbrauhause das für ihren
Tischtrunk nöthige Bier zu brauen, welches Recht· später von den
Städten abgelöst ward und wofür jene heute noch eine Art jährliche
Rente beziehen. Uebrigens erinnert hieran auch jetzt noch die in
Norwegen ganz gewöhnliche Sitte, daß sich die Hofbesitzer selbst
das in ihrem Hause von ihnen, ihrer Familie und Gesinde ge=
trunkene Bier selbst brauen.

Karl der Große ließ bereits auf seinen Gütern Bier brauen
und empfahl hierzu die größte Reinlichkeit, allein wahrscheinlich
war dies nur Bier aus Malz, Hopfen scheint er nicht dazu be=
nutzt zu haben, sonst hätte er ihn sicher in seinen Capitularien
erwähnt. Gebaut ward derselbe indessen schon vor ihm, denn ein
Schenkungsbrief seines Vaters Pipin vom Jahre 768 spricht schon
von Hopfengärten (humlonaria)[43]. Im Jahre 822 dagegen
werden vom Abt des Kloster Corvey, Adelard, die Müller dieses
Stiftes von der Hopfenarbeit befreit und es ist in jener Urkunde
darüber ausdrücklich neben dem Malze (brace) das Wort humu-
lare, den Hopfen bearbeiten, erwähnt[44]. Als nothwendige Zu=
that zum Bier kommt diese Pflanze (humela) erst in einer
Schrift der H. Hildegardis, welche 1079 als Aebtissin auf dem
Rupertsberge starb, vor[45]. Sie schreibt von ihm, er mache
die Menschen traurig und trockne seine Eingeweide aus, allein
durch seine Bitterkeit bewirke er, daß die Getränke, denen man ihn
zusetze, sich lange hielten. Von da ab scheint man allgemein
Hopfenbier gebraut zu haben, weil man meinte, durch die Bei=
mischung des Hopfens halte sich dasselbe länger. Darum baute
man ihn schon um 1070 im Magdeburgischen und in Baiern
häufig, Ausfuhrartikel aber ward er erst seit 1240.

Am Meisten ward wohl die Brauerei in den Klöstern ge=
trieben, so wissen wir z. B. vom Kloster Corvey, daß es dort
täglicher Trank war, denn der Pförtner erhielt täglich einen
Becher voll⁴⁶). Ob indeß die kunstmäßige Bereitung des Bieres
aus Hopfen gerade von den Klöstern ausgegangen ist, wie man
geglaubt hat⁴⁷), fragt sich. Dagegen weiß man, daß sich die
Klöster nicht blos Malz zum Bierbrauen, sondern auch schon ge=
brautes Bier als Zins liefern ließen. Bier als Steuern lieferten
die Städte an die Fürsten, die Bauern an die Klöster*) und die
Hörigen an die Richter und Obrigkeit (Biergelte genannt)⁴⁸). So
gab Einer im Jahre 758 jährlich 30 Sikeln (Seidel) Bier, im
Jahre 760 ein Anderer 20 Sikeln⁴⁹) und im Jahre 1106 kommt
bereits ein Becher Hopfen als Abgabe vor.

Ebenso liest man im 22. Artikel des Alemannischen Gesetz=
buches, daß Jeder, der einem Gotteshause angehöre, 15 Seidel
(siclus) Bier an dasselbe abzuliefern habe⁵⁰). Desgleichen erwähnt der
Sachsenspiegel⁵²) den Hopfen, der überdem in Schwaben vom 8.
Jahrhundert an gebaut worden sein soll.

Indeß versetzte man statt des letzteren das Bier auch mit
Honig, denn in einer Urkunde des Jahres 1147 wird eine Ab=
gabe von 30 Seidel (sicla, sitla) Meth, 20 Seidel gehonigtem
und 60 Seidel ungehonigtem Bier erwähnt⁵³).

Zum Malz nahmen die alten Deutschen Gerste, später aber
Weizen, Hafer und gar Dinkel. So fand sich im Kloster St.
Gallen bereits eine Malzdörre für 100 Malter Hafer. Eine solche
für dieselbe Quantität zeigte Bischoff Salomo von Constanz im J.
915 dem kaiserlichen Kammerboten, wenn es nicht eine bloße Prahlerei
dieses Bischoffs war⁵⁴). Indessen ward in Nürnberg schon 1290
verboten, aus Hafer, Korn, Dinkel und Weizen Bier zu brauen
und befohlen nur Gerste zu verwenden⁵⁵). Wogegen der Rath

---

*) Auf einem Glasgemälde der Kathedrale zu Tournay aus dem 15. Jahr=
hundert ist dargestellt, wie der dasige Bischoff in einer Brauerei den seinen
Vorfahren schon von Chilperich gewährten Naturalzins an Bier erhebt. Abgeb.
b. Lacroix, Moeurs etc. du Moyen-Age. Paris. 1871. S. 39.

von Augsburg 1433 alles Bier aus Hafer zu brauen verordnete,
und erst 1550 diese Verordnung widerrief[56]). Indeß kehrte man
sich hieran nicht, denn man braute noch zur Zeit des 30jährigen
Krieges Weizenbier.

So schrieb z. B. Wallenstein in einem Briefe vom 2. Julius
1628 an den Feldmarschall von Arnim, der vor Stralsund lag:
„Dieweil ich das Gerstenbier nicht trinken kann, bitt, der Herr
thu die Anordnung, auf daß von Barth auf Anklam vor mich
Weizenpier gebracht werde"[57]) und andere Weizenbiere aus dem
16. Jahrhundert werden wir unten kennen lernen.

Uebrigens trank man daneben hin und wieder in Deutschland
Meth, so ward z. B. im Jahre 1549 in Schneeberg in Sachsen
Böhmischer Meth aus Eger eingeführt[58]).

Im 14. Jahrhundert war der Hopfenbau in Deutschland
schon allgemein verbreitet, namentlich in Böhmen, Baiern und
Norddeutschland. Aus der Mark verbreitete er sich nach Pom=
mern und aus Böhmen nach Sachsen. Im Jahre 1568 ward
in Baiern in einer Forstordnung wegen den Hopfenstangen ge=
boten, beim Schneiden derselben darauf zu sehen, daß die Wälder
nicht dadurch zu sehr verwüstet würden, und eine ähnliche Ver=
ordnung existirte auch in Sachsen aus der Zeit des Churfürsten
August[59]), in Brandenburg war er schon im 16. und 17. Jahr=
hundert ein einträglicher Ausfuhrartikel[60]). In den Niederlanden
ward er ebenfalls zeitig und sehr eifrig angebaut, allein man muß
ihn beim Verkauf mit anderen Ingredienzen versetzt und gefälscht
haben, denn die Generalstaaten erließen in dieser Hinsicht unter
dem 1. April 1620 eine strenge Verordnung, die später oft wieder=
holt wurde. Diese scheint jedoch die Bierbrauer dort nicht genirt
zu haben, denn darauf deutet der Spottnamen Ratten=Kruydt,
mit welchem das Volk das Malz belegte und der jedenfalls auf
schädliche Zusätze zum Bier Bezug hat, hin. Zu diesen gehörte dort
der dolmaekende Nachtschaye (cuculus Indi).

Die alten Angelsachsen tranken Bier und zwar ungehopftes,
wie man aus der Erwähnung desselben in den Gesetzen Jna's des

Königs von Essex sieht. Solches kommt auch schon bei der Beschreibung eines von Eduard dem Bekenner gegebenen Festes vor,
und in der normännischen Periode war es so billig, daß zwei
Gallonen nur eine Penny kosteten. Später baute man jedoch in England auch Hopfen, und daß nicht erst 1524 die Kenntniß desselben
als Zuthat zum Bierbrauen durch Leute aus Artois nach England kam, wie man geglaubt hat[61]) kann schon deswegen nicht
wahr sein, weil unter Heinrich IV. (1400) und Heinrich VI.
(1450) der Anbau desselben hier verboten ward. Heinrich VIII.
untersagte auch im Jahre 1530 bei schwerer Strafe, Hopfen und
Schwefel in das Ale zu thun, was er geradezu eine Bierverfälschung nannte. Indessen werden unter Eduard VI. im Jahre 1552
wieder Hopfenfelder in gesetzlichen Verordnungen erwähnt, allein viel
scheint man davon nicht gebaut zu haben, sonst hätte im Jahre
1603 Jacob I. nicht verbieten können, schlechten ausländischen
Hopfen einzuführen. Seit 1650 wendete man übrigens in London Bierhefen zu Brauzwecken an.

Die alten Gothen hatten zwar schon ein Getränk, Buska, was
unserm Bier vielleicht ähnlich war (Olaus Magn. XIII. c. 26),
allein in Scandinavien kommt das wirkliche Bier zeitig genug
vor. Auch hier brauten es die Frauen und namentlich geschah dies
vor den großen Jahresfesten, besonders gegen den Midwinter (21. Dec.).
Mit den nach Norden vordringenden Deutschen kamen jedoch auch
die stärkeren deutschen Biere auf den nordischen Markt. Gesetze über
den Bierschank in Scandinavien kommen auch schon frühzeitig vor.
König Erich Magnusson von Norwegen verlieh 1282 das Schank-
recht (biorsala) den Hausbesitzern und Denen, welche zwar in
gemietheten Häusern saßen, aber die Schenkgeräthe (ölgögn) selbst
hatten, den Uebrigen war Ausschenken und Zapfen verboten. Der
Krug (bolli) Bier wurde auf einen Örtug (5 Pfennige), die Flasche
Nachbier, munngat, wie es noch heute in Island und Norwegen
heißt, auf 15 gewogene Pfennige bestimmt. König Hakon Magnusson setzte (1380—90) für die Tonne Bier den Preis auf 2
Mark, für Meth auf 3 Mark und für das Schiffspfund Hopfen

auf 15 Mark fest. Nach einem Gesetze vom 9. Februar 1302 durfte das Bier nur in geaichten Gefäßen, nicht in hörnernen Krausen oder Kannen verkauft werden. Auch auf dem Zapfrecht lag eine Steuer, in Kopenhagen betrug sie nach dem Stadtrecht von 1294 (Art. 13) zwei Oere jährlich und außerdem war an den Bischoff Malz zu zinsen. Das Malz zum Bierbrauen brachten in der ältesten Zeit die Seefahrer nach Scandinavien als Rückfracht, denn das hier gewonnene Korn konnte kaum für den Brobbedarf ausreichen. Ebenso ward der zum Brauen nöthige Hopfen eingeführt, in Island brauchte man als Ersatz die Schafgarbe (achillea millefolium), die deshalb Feldhopfen hieß (valhumall) und dieses Surrogat verpflanzte sich nach Schweden, wo es hier und da noch im vorigen Jahrhundert angewendet ward[62]). Früher trank man das Bier hier oft gewärmt, nicht kalt.

Noch später lernten die S ch w e d e n den Hopfen kennen. Im Jahre 1440 mußte jeder Landmann bei Strafe 40 Stangen Hopfen ziehen. Noch im Jahre 1525 bezahlten die Schweden den ausländischen Hopfen mit 1200 Schiffspfund Eisen, dem neunten Theile ihrer Ausfuhr. Unter ihrer Königin Christine führte man zwar noch sehr viel Hopfen aus Deutschland ein, fing aber doch bereits selbst an solchen zu bauen und unter Karl XI. zwischen 1660—97 zog man selbst ziemlich so viel als man brauchte.

Wenden wir uns nach E n g l a n d, so müssen wir vorausschicken, daß den alten Celten, die dort wohnten, bereits von Diodor von Sicilien Liebe zum Trunk vorgeworfen ward[63]) und eine Stelle in den Gedichten Ossians zeigt, daß dies keine Erdichtung war[64]). Was sie tranken, wissen wir indeß nicht genau, denn die Erzählung[65]), daß sie nicht blos warmes Thierblut, sondern auch das Blut ihrer Feinde getrunken hätten, beruht, wenn nicht auf Erdichtung, doch sicher auf Uebertreibung. In der angelsächsischen Bibelübersetzung ist eine Stelle im Lucas (II, 15) übersetzt mit: and ha ne drincid voin ne beor. „er trinkt weder Wein noch Bier". Die Bewohner von Wales tranken bis zum Jahr 1049 meist Meth, aber daneben auch Bier und zwar gab es zwei Sorten, common ale (gewöhnliches Bier) und spiced ale (gewürztes Bier), über deren Verhältniß zu einander die alten Gesetze dieses Landes so bestimmten, das letzteres doppelt so viel werth sei, als ersteres[66]). Diese Sitte, Bier zu trinken, blieb in England in den Familien bei Vornehmen und Geringen bis zum 14. Jahrhundert vorherrschend, wiewohl auch hier Spuren vorkommen, daß man es für schädlich hielt, wie es denn der Hofdichter Heinrich III. von England Henricus Abrincensis für ein höllisches Gebräu erklärte[67]). Uebrigens war es um 1307 theurer geworden, je nach der Qualität kostete eine Gallone zwei, drei oder vier Pennys, weshalb eine Verordnung des Magistrats von London bestimmte, eine Gallone der besten Sorte solle drei Halbpence's und ein geringeres Bier nur einen Penny kosten. Zur Zeit Holinshed's[68]) (um 1570) braute man verschiedene Arten, das beste Bier hieß Märzenbier, weil es im März gebraut war, gewöhnlich trank man es einen Monat alt, an vornehmen Tafeln jedoch ein- und zweijährig, von da an aber überwog der Wein der in vielen Sorten eingeführt ward[68]).

Unter Heinrich VIII., der, wie wir vorhin sahen, kein Freund des Bieres gewesen zu seyn scheint, blieb es so, nur trank man vorzugsweise Gasconische Weine. Bier trank man zwar auch noch, allein nur mit wenig Hopfen versetztes und nur junges, wie denn an der königlichen Tafel kein Bier aufgesetzt und getrunken werden durfte, welches älter als fünf Tage war[69]). Uebrigens gab es im 16. Jahrhundert hier schon eine polizeiliche Aufsicht über die Brauereien, diese Beamten hießen ale conners. Eigentliche Bierkneipen*) (scotalla) existirten aber in England schon zu Anfange des 13. Jahrhunderts[70]). Wie die Engländer ihr Bier bereiteten, weiß man so ziemlich. Sie hatten eine Art Malzextract, was sie graut nannten und mit der deutschen Würze und dem Holländischen Naebier übereinkommt, übrigens sehr dick war, und das gewöhn-

---

*) Ein solches Bierhaus (ale-house) aus dem 13. Jahrhundert ist abgebildet bei Th. Wright, The homes of other days. Lond. 1871. p. 332.

liche Bier, ale, welches letztere aber durch den Zusatz von Hopfen
berauschend ward, wie der bekannte Arzt Cardanus, der es in
England trank, in seinem Buche De sanit. tuenda III. 88. erzählt. Berühmt war das Hertforder Bier, im Mittelalter Kamna
genannt, das altbritanische Koorow der Grafschaft Derby, besonders aber das Yorkshire-Oel. Es gab aber auch schon Gewürzbier aus Ale, Pfeffer und Honig, sehr beliebt bei den gewöhnlichen Leuten unter dem Namen braket. Ein anderes aus
Zucker, Bier, Gewürz und Brod hieß ale-berry. Daß die Mönche
in den englischen Klöstern vorzugsweise gern Bier tranken, zeigt
uns ein aus einer alten Hdschr. des Britischen Museums entlehntes
Bild, welches uns einen Bruder Kellermeister darstellt, der während
er aus einem Fasse Bier in einen großen Krug laufen läßt, gierig
aus einem großen Napfe trinkt*).

Neben diesen kommen aber auf Spottbildern des 13.—14.
Jahrhunderts in England besonders die englischen Bierwirthinen
(ale-wife) sehr schlecht weg. Man findet Scenen aus ihrem Leben
sogar auf Sculpturen in englischen Kirchen**). Eine namentlich
in der Kirche zu Ludlow in Schropshire ist sehr bezeichnend und
beweist uns, daß nicht erst zu unserer Zeit Bierverfälschung und
zu kleines Maaß den Bierwirthen zur Last gelegt wird, sondern
daß schon vor vielen Hunderten von Jahren dieselben Betrügereien
Mode waren. Der betreffende Künstler nimmt an, daß eben das
jüngste Gericht gekommen ist, auf der einen Seite seines Bildes
sitzt ein Teufel mit Hörnern und scharfen Klauen und liest von
einer sehr langen Pergamentrolle das Verzeichniß der von der
Frau Wirthin begangenen Verbrechen ab, in der Mitte steht ein
zweiter Teufel, der sie bei den Beinen von seinen Schultern
herabhängend hält und nach dem geöffneten Höllenrachen, in
welchen eben eine andere Frau hineingefahren ist und mit ihrem
Hintertheil noch herausschaut, hinträgt. Sie ist ganz nackt, mit
Ausnahme einer Haube, hält aber in der Hand noch den Krug

---

*) bei Th. Wright, A history of Caricature and grotesque. London
1865. S. 151. Nr. 102.
**) S. ebenda S. 139. Nr. 89—91.

mit dem zu kleinen Maaß. Daneben steht ein dritter geflügelter Teufel, der ihr einen Willkommen auf einem Dudelsack bläst.

In Italien dagegen fand das Bier keine Freunde, obwohl man solches gar aus Deutschland eingeführt zu haben scheint, denn Arnoldus von Villanova redet schon von Eimbecker Hopfenbier[70]). Allein der Arzt Canoniero aus Genua († 1620) macht eine schreckliche Beschreibung von der Einwirkung des Bieres auf den menschlichen Körper[71]), er sagt, es mache das Blut dick und voll Unreinigkeit, schade den Nieren, Nerven und Gehirne, mache Blähungen und Leibschneiden, erzeuge Kopfschmerz, Schlafsucht und Dummheit im Kopfe, beim bloßen Anblick desselben werde das Augenlicht schwächer, vom Geruche werde man halb toll und wenn man es trinke, fange der ganze Körper an zu fröſteln und zu schaudern. Deshalb erklärt es sich auch, warum sein Zeitgenosse, der berühmte Jurist Jacob Menochi († 1607) erzählen konnte, man haſſe dieses Getränk in Italien so, daß es bei schwerer Strafe aus den Kellern der Weinkneipen verbannt sei.

Wir haben nun einige Worte über die französischen Biere während derselben Zeit zu sagen. Wir wiederholen hier, was wir oben schon bemerkten, daß Plinius erzählt, cerevisia, welches unser Bier bedeutet, sei ein gallisches Wort und ebenso der Ausdruck brace für Malz. Wir haben gesehen, daß letzteres in das Wort brasser überging, erſteres aber sich noch lange als cervoise erhalten hat. Ob freilich das Wort cerevisia von beiden Biersorten, welche die alten Gallier nach dem Berichte des Athenäus kannten, gebraucht wurde, läßt sich jetzt nicht mehr festſtellen. Denn die reichen Leute tranken, wie jener Schriftsteller erzählt, ein mit Honig bereitetes Bier, die gewöhnlichen Leute aber geringeres, wo diese Würze fehlte, corma genannt, offenbar jene Sorte, welche bei den Aegyptern den Namen curmi führte. Durch jenes bekannte unvernünftige Edict des Domitianus, das in Gallien die vollständige Ausrottung der Weinstöcke anbefahl (92 n. Chr.), mußte selbstverständlich der Gebrauch des Bieres in Gallien allgemeiner werden. Obgleich nun aber dieser Befehl im Jahre 282

durch den Kaiser Probus wieder aufgehoben ward, der den Galliern
erlaubte, wieder Weinstöcke anzupflanzen, so erhielt sich doch das
Bierbrauen, allein gut war das Gallische Bier nicht, sonst hätte
Julian nicht jenes oben S. 5. erwähnte boshafte Epigramm auf
das Pariser Gebräu loslassen können. Inzwischen scheint man doch
mit diesem Getränk neben dem Weine fortgefahren zu haben, denn
Karl der Große befiehlt in seinem Capitulare de villis, daß auf
seinen Meiereien Leute angestellt werden, welche Bier zu bereiten
verständen. Ja es erhielt sich auf der königlichen Tafel, sonst
hätte der König von England Richard seinem Schwiegervater,
Karl VI. von Frankreich sicher nicht nöthig gehabt, einen silbernen
Bierkrug zu schenken (vaisseau à boire cervoise). In den Klöstern
trank man neben dem Weine auch Bier und das Concil zu Aachen
bestimmte im Jahre 817 ganz genau, wieviel jede Klosterperson
als Tischtrunk täglich erhalten sollte. Wenn nämlich das Kloster
reich sei und im Lande viel Weinberge seien, dann solle jeder
reguläre Chorherr täglich an Gewicht fünf Pfund Wein und die
Nonne drei bekommen, gäbe es wenig Weinberge, solle ersterer
drei Pfund Wein und ebensoviel Gewicht an Bier erhalten, die
Nonne aber von jedem Getränk zwei Pfund, wogegen da, wo gar
keine Weinberge seien, der Chorherr fünf Pfund an Bier, aber
nur ein Pfund an Wein, die Nonne von letzterem Getränk eben=
soviel, von Bier aber nur drei Pfund bekommen solle. In weniger
reichen Stiften solle der Chorherr, wenn der Wein im Lande reich=
lich gebaut werde, täglich vier Pfund, wenn er selten sei, zwei
Pfund mit drei Pfund Bier und wo gar keiner gebaut würde,
vier Pfund Bier und ein Pfund Wein erhalten. Sei dagegen
das Stift arm, der Wein aber billig, dann bestimmte das Concil
für jeden Mönch täglich zwei Pfund Wein, wo aber kein Wein ge=
baut werde, zwar ein Pfund Wein, aber drei Pfund Bier. Dieses
Bier brauten sich jedoch die Klöster selbst, denn noch heute zeigt man in
vielen Klöstern der Picardie, Normandie und Bretagne die Stelle,
wo ehedem das Brauhaus stand. Ja sie hatten sogar in ihrem
Gebäudecomplex die zum Mahlen des für das Brauen bestimmten

Getreides nothwendigen Mühlen. Eine Charte des Königs Heinrich I. vom Jahre 1042 bewilligt sogar den Mönchen des Klosters
S. Salve zu Montreuil sur Marne zwei solcher Mühlen (cerevisiae
usibus deservientes). Man hat eine alte Anekdote[72]), welche Licht
über das Verhältniß der Wein- und Biertrinker zu einander verbreitet. Einst saßen ein Franziskaner und ein Dominicaner beisammen in einer Schenke und stritten sich, welches Getränk besser
sei, Wein oder Bier. Der eine, ein Flanderer, war für Bier, der
andere, ein Franzose aus Bordeaux, für Wein. Letzterer vermochte
den gelehrten Gründen des ersteren nichts entgegen zu setzen als
Folgendes: „Guter Bruder, ich meine, der Unterschied zwischen
Bier und Wein ist gerade wie der zwischen dem h. Franziscus
und dem h. Dominicus". Alle die Anwesenden erklärten sich für
seine Meinung und der Flanderer mußte schweigen. In der Normandie aber ist im 13. Jahrhundert noch viel Bier getrunken
worden, darauf deutet das älteste bekannte Bierlied aus diesem
Lande hin, welches wir unten mittheilen.

Indessen ward bald soviel Wein in Frankreich gebaut, daß
die Laien nach und nach gar kein Bier mehr tranken, so daß
wahrscheinlich nur die Reichen dasselbe noch genossen, denn Brauer
gab es noch zu Paris im 13. Jahrhundert, was daraus hervorgeht,
daß Gilles Boileau ihnen im Jahre 1264 neue Statuten gab.
Späterhin scheint man wieder mehr Bier getrunken zu haben, denn
das Journal de Paris, welches unter Karl VI. und VII. abgefaßt
ist, sagt, daß (um 1428) die Abgaben aus dem Verkauf des Bieres
zwei Drittel mehr eingebracht hätten, als die Weinsteuer. Etwas
Aehnliches geschah im Jahre 1689 in Frankreich, wo die Brauer
allein 80,000 Malter Gerste verbraucht hatten, nicht gerechnet den
Weizen, welchen man zum Brauen von Weißbier bedurft hatte.
Indessen kam es vor, daß bei Getreidetheuerungen die Regierung
überhaupt alles Bierbrauen untersagte, so in den Jahren 1415,
1482, 1693, 1709 und 1740. Die Statuten der Pariser Brauer,
welche sich in dem bekannten Livre des métiers des Etienne Boileau
finden, sind ziemlich kurz und drehen sich eigentlich nur um solche

Puncte, welche die Verfälschung des Bieres und den Verkauf an=
gehen[78]). Diese Gesetze wurden im Jahre 1489, 1515 und 1630
erneuert, im Jahre 1686 bestätigt und 1714 mit einigen Zusätzen
versehen. Im Jahre 1750 zählte Paris 40 Brauereien, welche
jährlich ohngefähr 75,000 Faß brauten, im Jahre 1782 sank diese
Zahl aber auf 23, welche nur 26,000 Faß brauten. Als zur Zeit der
ersten französischen Revolution die Brauergilde aufgehoben ward,
existirten in Paris noch 78 selbstständige Brauer, die größtentheils in
der Vorstadt St. Marceau wohnten. Um das Meisterrecht zu er=
langen, mußte man 5 Jahre Lehrling und 3 Jahre Gehilfe ge=
wesen sein und ein Meisterstück gemacht haben. Wer jedoch die
Erlaubniß zu brauen nebst dem Meisterrecht erlangen wollte, hatte
2400 Livres zu bezahlen.

Was nun das Material angeht, woraus man Bier in Frank=
reich braute, so scheint man nicht immer Gerste hierzu verwendet
zu haben. Es giebt nämlich eine Charte Karls des Kahlen vom
Jahre 862, worin er den Mönchen des Klosters St. Denis jährlich
90 Scheffel Dinkel bewilligt, pour faire de la cervoise. Später
scheint man auch Bier aus Hafer bereitet zu haben, in den Brauer=
statuten von 1264 aber ist ausdrücklich gesagt, sie dürften Bier
nur aus Gerste, Mischkorn, (halb Roggen halb Weizen) und dem
für Pferdefutter gebräuchlichen Gemenge (dragée, Wickenfutter,
Linsen und dergl.) bereiten. Im 16. und 17. Jahrhundert brauten
die Brauer der Picardie ihr Bier aus halb Gerste und halb
Roggen, die Pariser Brauer aber aus drei Theilen Gerste und
einem Theile Hafer. Um das Jahr 1600 braute man entweder
nur aus Gerste oder aus Hafer und Roggen, letzterem aber setzte
man Hopfensamen oder Hopfenblüthe zu. Diese Biere hielten sich
jedoch, mit Ausnahme derer, welche im Februar und März ge=
braut waren, noch nicht einmal sechs Monate. Uebrigens gab es
Dünnbier oder leichtes Bier (petite bierre), und starkes oder
Doppelbier (godale, wahrscheinlich aus dem englischen good ale),
welches in der Picardie den Namen queue double führte. In=
dessen mischte man, um das Bier stark und würzig zu machen,

spanischen Pfeffer, Harz und Beeren darunter, namenlich thaten
dies die flanderischen Brauer, welche Lorbeeren, Enzian, Blätter
von Salbei, Salbeiblüten und Lavendel zusetzten und doch war
das Bier von Cambrai im 13. Jahrhundert seiner Güte wegen
sprichwörtlich geworden[74]). Im 16. Jahrhundert mischte man
Ambra, Himbeeren und dgl. darunter, und noch im Jahre 1782
thaten die Pariser Brauer in einen 25 Faß faffenden Bottich ein
Pfund Coriander.   Dies war übrigens nichts Neues, denn die
Deutschen tranken in der erften Hälfte des Mittelalters faft kein
anderes als fo gewürztes Bier, fo daß die Concile von Worms
(868) und von Trier (895), dergleichen Bier den Bußethuenden
nur Sonntags geftatteten.

Drittes Capitel.

Das Bier im Mittelalter bis zum Ende des 17. Jahrhunderts in Deutschland, Rußland und den Niederlanden.

Gehen wir nun wieder nach Deutschland, so haben wir schon bemerkt[75]), das Bier sei dasjenige Getränk gewesen, von welchem die alten Deutschen geglaubt hätten, daß sie es bereinst in Walhalla credenzt von den schönen Schildmädchen mit Odin zusammen trinken würden. Man kann sich daher nicht wundern, wenn nicht blos wie wir oben sahen, in Klöstern, sondern auch in Städten fleißig gebraut ward. So erschien in Augsburg bereits im J. 1155 eine Ordnung der Wirthe, welche Bier fabricirten. Es heißt da, wenn ein Bierschenker schlechtes Bier macht, oder ungerechtes Maaß giebt, soll er nach der oben angegebenen Ordnung gestraft werden, und überdies soll dasselbe Bier vernichtet, oder den Armen umsonst ausgetheilt werden[76]). In Ulm kommt schon im Jahre 1255 eine Getränksteuer auf Bier vor, und im Jahre 1367 gab es hier ein Rathsbierhaus[77]). In derselben Stadt wird im Jahre 1399 bereits Herr Heinrich, ein reicher Bierbrauer, als reicher Bierbrauer namhaft gemacht. Im Jahre 1486 bewirthen daselbst die Herren im kleinen Rath „weilen der Wein in hohem gelt und die Bürger sich uff das Bier legen, die Biersieder aber ohne alle Ordnung sieden, und es nit vergeren lassen, dadurch den leuthen krankheiten zugezogen worden, daß deßhalb gen Nördlingen, Giengen und Lauingen geschrieben und erkundigt werde, wie lang Jre Bierbrauer das newgebraute Bier liegen lassen, ehe sie es außschenkken, damit den hiesigen auch die ordnung gegeben werde"[77]) Nördlingen überschickte dann auch eine Bierordnung. Im Jahre 1615 gab es nun aber in Ulm fünf öffentliche Bierbraustätten, und außerdem noch zahlreiche Bierbrauereien von Privatleuten. Uebrigens, bestand daselbst auch noch eine Verordnung, daß die Bierbrauer, um dem Biere einen guten Geschmack zu geben, beim Ausbrennen der Fässer nichts als Zimmetrinden, Nelken, Wermuth, Wachholder und Meisterwurz gebrauchen sollten⁷⁸).

In Freiberg in Sachsen finden wir ebenfalls schon im Jahre 1262 die Brauerei erwähnt⁷⁹). Die Bürger von Dippoldiswalde führten dort nebst anderen Lebensbedürfnissen ihr Bier auf die Bergwerke, was die Freiberger Bürger nicht leiden wollten, und Markgraf Heinrich der Erlauchte entschied diese Streitigkeit dahin, daß die Bergleute ihr Bier nur aus Freiberg nehmen sollten. In einer Urkunde vom Jahre 1277 lesen wir, daß derselbe Fürst dem Nonnenkloster zu Nimptschen den Bierzehnten von allen seinen Silberzechen im Lande schenkte. Seitdem finden wir die städtischen Biere häufig in den sächsischen Urkunden erwähnt und die Biersteuern und der Bierzwang gaben Anlaß zu mancherlei Erörterungen vor den Gerichten. Man findet in den Städten überall öffentliche Brau- und Malzhäuser erwähnt, z. B. hatte Freiberg im Jahre 1633 sechs Malz- und zwölf Brauhäuser*), worin die Bürger Reihe um Bier brauten, das sie sodann in ihren Häusern verschenkten. Aehnliche Einrichtungen haben sich in einzelnen sächsischen Dörfern, wo der sogenannte Reiheschank herrscht, bis auf die neueste Zeit erhalten.

Freilich war vom 14. bis 16. Jahrhundert der Wein ebenso beliebt bei den Bürgern, denn man konnte ihn billig in den Trinkstuben und Herbergen der einzelnen Gewerbe haben. Es fehlt deshalb auch nicht an Zeugnissen bedeutender Leute aus jener Zeit, welche das Bier verdammen und ihm Schuld geben alle möglichen körperlichen Gebrechen, sogar den Aussatz hervorzubringen⁸⁰). Ja der zu seiner Zeit berühmte Arzt Felix Plater erzählt⁸¹) so-

---

*) Abbildung des Innern eines Brauhauses nach J. Ammann bei Lacroix, Moeurs etc. du Moyen-Age. (Paris 1871.) p. 156 und in den Ausgaben b. Olaus Magnus. L. XIII. c. 26 u. 28.

gar eine lächerliche Geschichte von einem Bauer, der seiner Frau
einmal gewünscht habe, es möge ihr erster Trunk zu Gift
werden, als er aber einen Krug Bier nach dieser unchristlichen
Verwünschung in die Hand nahm und trank, kam ihm das Ge=
tränk so gallenbitter vor, daß er glaubte, Gott habe, um ihn zu
strafen dasselbe wirklich in Gift verwandelt, damit er zur Strafe sich
den Tod daran trinken solle. Die deutschen Dichter des Mittelalters
wollten nicht viel vom Bier wissen, Conrad von Würzburg stellt
es geradezu mit dem Essig in eine Kategorie und ein gleichzeitiger
Dichter, der das Treiben in einer niedern Schenke schildern will,
bedient sich dazu einer Bierschenke. Ueberhaupt scheint man da=
mals in Süddeutschland sehr wenig vom Bier gewußt zu haben,
denn von den Baiern war nur der schlechte Wein und der Birnen=
most sprichwörtlich, nicht das Bier[52]). Zwar giebt es aus dem
Ende des 15. Jahrhunderts Biersegen, die offenbar in Nachahmung
der bekannten Weinsegen entstanden sind, allein dieselben sind geradezu
unfläthig und eben nur für niedere Schenken gemacht; da bis jetzt
aber noch keiner im Druck bekannt war, geben wir unten im
Anhange einen zum Besten. Bierlieder haben merkwürdiger Weise
die Franzosen schon im 13. Jahrhundert gehabt, während die
deutschen kaum 150 Jahr von jetzt an zurückgehen.

Auf der andern Seite aber wurden, namentlich seit der allge=
meiner werdenden Sitte des Tabakrauchens — zu einer Tabakspfeife
schmeckte nämlich der Wein nicht so wie das Bier, und deshalb
stieg mit der Tabaksconsumtion seit dem 17. Jahrhundert auch
der Bierverbrauch — zwar die Verehrer eines guten Glases Bier in
Deutschland sehr zahlreich, aber die Dichter wollten nicht viel davon
wissen. So sang der Verfasser des Liedes „Von dreien das Beste",
„der Brunnenstoff giebt wenig Kraft, So ist das Bier zuwider mir,
Ich lob des Weinstocks Gaben, Thun mir das Herze laben" und
Orlandus Lassus sagt: „Trink guten Wein und wenig Bier 2c.[83]).
Ebenso heißt es in den Fastnachtsspielen". (Kell. A. S. 313, 4) „und
hüet Euch vor dem neuen pier" und (S. 316, 14) „und lieber Wein
trinken denn saures Bier". Gleichwohl stand als Bierlieb Kaiser Rudolf

von Habsburg oben an; er lief einmal mit dem Bierglaſe in der
Hand, das Getränk hochpreiſend durch die Straßen von Erfurt[84]).
Indeß der oben von uns ſchon erwähnte Doctor Heinrich Knauſt
ſcheint geradezu im lieben deutſchen (d. h. norddeutſchen) Vaterlande herumgereiſt zu ſein, um überall Bierproben anzuſtellen
und dieſe ſeine Bierfahrten haben doch für uns das Gute gehabt, daß wir von ihm erfahren, welche Biere zu ſeiner Zeit vor-
zugsweiſe berühmt waren. Wir wollen ihn auf ſeiner Reiſe begleiten und zugleich ſeiner Eintheilung in weiße und rothe oder
braune Biere folgen, verfehlen jedoch nicht hier vorauszuſchicken,
weil er uns darüber nichts berichtet, daß weißes Bier zuerſt im
Jahre 1541 oder 1551 von einem Niederländer, Namens Hans
Kräne in Nürnberg gebraut worden ſein ſoll[85]). Auch der bekannte
Olaus Magnus giebt in ſeiner Hist. gent. Septentr. B. XIII.
C. 26 ꝛc. eine genaue Beſchreibung der Bierfabrikation. Der Name
Doppelbier, cerevisia duplex, ſteht zwar ſchon als Ueberſchrift eines
Capitels in dem unter dem Namen Mensa philosophica (Colon.
1508. Tr. I. F. 4) bekannten Buche, aber ohne eine nähere Be-
ſchreibung, wie es gebraut ward.

Für die Königin der Weizen- oder weißen Biere im 16.
Jahrhundert erklärt Doctor Knauſt das Hamburger Bier. Es
war anfangs ſüß, allein allmälig gewann es einen weinlichen
Nachgeſchmack, „weshalb auch der Cardinal Raimundus von Rom,
wie er zu Hamburg als ein päpſtlicher Legat geweſen und Hamburger
Bier getrunken ſcherzlich geſprochen: o quam libenter esses vinum*).
Dies Wort des Cardinals iſt eine ewige Ehre und Lob dem Hamburger Bier: o wie gern wolleſt Du Wein ſein!“ Dieſes Bier machte
gutes Blut und eine ſchöne Farbe, aber es hielt ſich nicht lange.
Knauſt ſagt, wenn man ſich damit gewaſchen, mache es nicht blos
eine gute natürliche Farbe, ſondern auch eine gelinde, ſaubere und
reine Haut am Leibe. Wenn man aber zuviel davon trinke, mache

---

*) Ganz daſſelbe ſoll der Kardinal Madrutius vom Broyhan zu Hannover
geſagt haben (ſ. Baring, Nachricht v. Broihan S. 15).

es Schwäre und Beulen und das Gesicht werde roth und aufge=
dunsen. Man sagte von dem Hamburger Bier auch, es wolle gern mit
dem Wein um die Wette laufen. Ein zweites kostbares Weizen=
bier war das Lübische, jedoch nicht ganz so stark und kräftig
als das Hamburger. In Lübeck, Danzig, Kopenhagen und in
ganz Dänemark hieß es der Lübische Israel, wahrscheinlich
wegen seiner Kraft, da es so mit den Leuten ringe, wie der Erz=
vater Jacob mit dem Engel gerungen habe, daher aber jener von
dem Engel Israel genannt worden ist. Nächst diesem kam das
Bremische Weißbier, was wohl gut bekam, aber doch kein Ham=
burger Bier war, wie Dr. Knaust, der als Domsyndicus selbiges
mehrere Jahre trank, versichert. Ein anderes Weizenbier braute
man zu Stade, fünf Meilen über der Elbe von Hamburg gelegen,
genau aus demselben Elbwasser, demselben Weizen, Hopfen u. s. w.
Zwar hielten es die Bürger von Stade so hoch, daß sie kein
anderes Bier, namentlich kein Hamburger in ihre Stadt zuließen,
allein Knaust versichert doch, letzteres sei erstlich gesünder, dann
aber steige es dem, der es getrunken, nicht am andern Morgen
nach dem Kopfe. Dies that nämlich das Stader Bier, welches
man dort selbst Kater nannte, weil es den Menschen, der davon
zu viel getrunken, im Kopfe kratze. In Buxtehude braute man
auch Weißbier, das aber weit unter dem Hamburger stand. Es
führte auch einen besonderen Namen, ich weiß nicht wie, Knaust
kennt die Ursache nicht, vielleicht weil wer es trank, am andern
Morgen so trunken war, daß er nicht wußte wo er war. Das
Lüneburger Weißbier war auch gesund und schmackhaft, aber
weshalb es Benichen hieß, konnte er auch nicht sagen, Englisches
Bier, welches viel in den Niederlanden, Dänemark, Schweden und
Preußen getrunken ward, trank Dr. Knaust zu Danzig und ver=
sichert, es habe ihm damals wieder zur Gesundheit verholfen. In
Braunschweig braute man in der zweiten Hälfte des 16. Jahr=
hunderts auch Weißbier, welches sehr nahrhaft war und gut
schmeckte. Das Magdeburger Weizenbier führte den seltsamen

Namen Filtz*), warum, weiß man nicht, es war nicht ganz so gut, wie das Hamburger Bier oder die Gose. Hochberühmt war das Goslarische Bier, auch Gose genannt nach dem aus dem Harze herabkommenden und durch Goslar fließenden Flusse, aus dessen mit Ertheilen geschwängerten Wasser es gebraut wird. Wasser verträgt es nicht, sobald man solches hinzugießt, schlägt es um. Es galt für sehr nahrhaft, hitzig, gut für den Magen und ward namentlich Eheleuten sehr empfohlen. So schwer wie das Hamburger war es jedoch nicht, anfangs schmeckte es süß, dann aber weinlich, hatte aber keine Dauer. Man sagte davon:

> Es ist zwar ein sehr gutes Bier die Goslarische Gose
> Doch wenn man meint, sie sei im Bauch, so liegt sie in der Hose[86]).

Viele Brauer in anderen Städten befleißigten sich damals schon, dies Bier nachzubrauen und so kannte Dr. Knaust schon die Quedlinburgische, Halberstädtische, Blankenburger, Ascherslebische, Wernigerodische und Osterwickische Gose, meint aber, alle diese Nachahmungen seien wohl nicht zu verachten, der Goslarischen Gose aber nicht gleich. Ein ähnliches Weißbier fabricirte man auch zu Dernburg, weil es aber den Leuten in die Köpfe stieg, nannte man es Störtenkeerl (Stürz den Kerl). Berühmter war das Hannöversche Weißbier[87]), der sogenannte Broihan. Seinen Namen soll dieses köstliche Getränk, welchem ebenso wie der Goslarischen Gose, dem Königslutter'schen Duckstein und dem Wettiner Bier nachgerühmt ward, daß, wer es trinke, nie den Stein oder Blasenkrankheiten bekomme, nach Einigen davon haben, daß man seiner Hitze wegen einen Hahn in ihm abbrühen könne, weshalb es eigentlich „Brau den Hahn" heiße. Allein richtiger ist wohl die Erzählung, daß es seinen Namen von seinem Erfinder habe, denn erstern durch Buchstabenversetzung in der griechischen Benennung der Stadt Hannover, Ἀννόβερα, oder Hannobera finden zu wollen, wie es D. Rep. Erythropel, Braunschw.-

---

*) Heut zu Tage heißt das Magdeburger Weißbier im Volksmunde Bu=Barsch und die Hauptwirthschaft, wo es geschenkt wird, Bu=Britze (a. d. Schuhbrücke)

Lüneb. Oberhofprediger († 1732) in einer Rede, die er seiner
Vaterstadt Hannover zur Ehre hielt und dann zu Jena im Jahre
1675 unter dem Titel Amor patriae Hannoverae in den Druck
gab, thut, ist doch zu abgeschmackt. Von jenem ersten Brauer
dieses Getränkes sagt man aber, es habe einst ein sehr reicher
Hamburger Kaufmann seinen Wohnsitz in Hannover genommen,
weil er aber entweder aus Gewohnheit oder aus Gesundheitsgründen
nur Hamburger Bier habe trinken können, so habe er aus Hamburg
sich einen Brauer, Namens Cord oder Conrad Breyhan kommen
lassen, der in einem Brauhause im Jahre 1526 zuerst sein Bier
gebraut habe. Dasselbe sei ein ausgezeichnetes Bier geworden,
aber durchaus verschieden von dem Hamburger. Historisch erwiesen
ist nun aber, daß ein gewisser Broihan aus dem eine Meile von
Hannover gelegenen Dorfe Stöcken, der in Hamburg eine Zeit
lang als Brauknecht in Arbeit gestanden hatte, nach seiner Rück=
kehr am Frohnleichnamstage, den 31. Mai 1526, in Hans von
Soden's Hause auf der Leinstraße zuerst dieses nach ihm genannte
Bier braute, welches man seines guten Geschmacks und seiner Zu=
träglichkeit halber dem Weine selbst vorzog, wie das lateinische
Distichon besagt:

> Grandia si fierent summa convivia coelo,
> Broyhanam superis Jupiter ipse daret!

> (Wann sollt' der große Gott ein Mahlzeit selbst anstellen,
> Den Broihan würde er zum Trunk gewiß erwählen).

Anfangs nahm man indeß außer dem Leinewasser nur Weizen
und Hopfen dazu, später aber mehr Gerste. Im Jahre 1570 ist be=
sagter Cord Broihan gestorben und mit großem Gepränge begraben
worden. Zu seinem Angedenken hat man, als im Jahre 1609
zu Hannover die Brauergilde errichtet ward, eine kupferne Münze
in Form eines Pfennigs verfertigen lassen, auf der ein Hahn ab=
gebildet war. Dieses Brauerzeichen mußte bei jedem Bräu von
dem, welcher den Bräu machte, mit einem Reichsthaler aus der
Kämmerei abgelöst werden und der Brauer hatte ihn in der Mühle
nebst dem Licenzzettel abzugeben[88]). Man hat nun dieses Getränk

oft nachgeahmt, es wird Bodenwerderischer, Giffhornischer,
Meynerscher und Burgwedelscher Broyhan gerühmt, allein
keiner hatte einen solchen Namen, wie der Hamelnsche, denn die
Apotheker legten ihn als gutes bei gewissen Krankheiten zu trin-
kendes Bier ein. Außerdem wird auch der Halberstädter und
Braunschweiger, sowie der Eimbeckische gelobt, der jedoch
mit dem vorhin erwähnten Weißbier gleichbedeutend ist. Knaust
nennt auch den Hildesheimschen, Göttingischen, Nordheim-
schen, Alfeldschen und Gronauer Broyhan, stellt sie aber alle
dem Hannöverschen nach. Der Schönebecker Broyhan wird von
ihm nicht erwähnt, ob er wohl alt sein muß, denn es giebt in dieser
Stadt eine Breyhangasse. In Boitzenburg in der Nähe von Lauenburg in Niedersachsen braute man auch ein vortreffliches, kräftiges Bier,
das aber den Leuten in den Kopf stieg und deshalb den niederdeutschen
Namen Biet den Kerl (d. h. beiß den Kerl) bekam, weil es die
Bauern, die unmäßig davon tranken, biß, d. h. lädirte und be-
schädigte, so daß sie davon trunken wurden und von ihren Sinnen
nur wenig wußten. Sonst rühmt Dr. Knaust noch die polnischen
Weizen- oder Weißbiere, welche einen angenehmen weinlichen
Geschmack hatten und besonders den Durst zu löschen im Stande
waren. Auch das Prager Bier lobt er sehr und rechnet es
unter die Weißbiere, nennt es auch unter den deutschen Bieren
„dieweil Behemen vnd Teudschland gar nahend an einander stoßen
vnd genachbart sein, daß alle Tage Teudsche in Behemen vnd die
Behemen in Teudschlanden sein, ab und zuziehen". Sonst führt
er als Weißbiere noch das starke und häufig ausgeführte Colberger Bier, das Zittauer, welches damals noch zu den Schle-
sischen gerechnet ward, das Kadener (an der böhmischen Grenze)
und endlich das Breslauer an, bemerkt jedoch, daß an den letztgedachten drei Orten auch gute Braunbiere gebraut würden. Das
letztgenannte Breslauer Weißbier heißt Scheps, ist trübe, aber stark
und nahrhaft und namentlich alten Leuten zuträglich. Von diesen
giebt es einige alte, sogenannte macaronische, d. h. aus guten lateinischen und latinisirten deutschen Worten zusammengesetzte Verse.

Sie lauten also:

Scheps caput ascendit neque scalis indiget ullis
Sessitat in stirnis, mirabilis intus in hirnis.
Scheps, Scheps, te libenter bibit omnis plebs

d. h. Scheps steigt in den Kopf und bedarf keiner Leiter, er sitzt in der Stirn und wunderbarlich auch im Gehirn. Scheps, Scheps, dich trinkt alles Volk gern! oder in alter Uebersetzung:

Scheps steiget ins Gehirn, braucht keine Leiter nicht,
Er sitzet in der Stirn, wirkt Wunder im Gehirn.

Ein anderer späterer Vers heißt:

Sie brauchen keinen welschen Wein
Nichts von Bacharach am Rhein
Ihren Hals zu netzen.
Auch nichts vom Kretenser Saft,
Schöps kann schon mit seiner Kraft
Sie genug ergötzen.
Hier zu Bressel in der Stadt
Dieser Trunk den Ursprung hat.
Von drei guten Sachen:
Hopfensamen, Weizgetreid
Wohl in Wasser abgebräut
Solch Getränke machen.

Das Sprichwort: Breslauer Bier ist der Schlesier Malvasier gilt aber auch von Naumburg[89]). Sonst hieß dasselbe Weißbier auch noch Toller Wrangel.

Dr. Knaust wendet sich nun zu den rothen*) oder braunen Bieren und beginnt mit dem Danziger, welches er für die Königin aller anderen Gersten- und rothen Biere erklärt. Er sagt davon, es habe eine schöne Farbe, guten Geruch, guten Geschmack, gute Substanz und durchaus ein gutes Temperament, gebe gute Nahrung, mache gut Geblüt; wenn man nicht zu viel trinke, bekomme man gute Farbe und es mache auch den Bauch weich, wo man aber darin zuviel thue, da entzünde und stecke es das Ge-

---

*) Schon der bekannte Dichter Ayrer unterscheidet „rots und auch weißes Bier (Fastnachtssp., Keller. Ausg. S. 78b)".

blüt an, mache dem Menschen im Gesicht eine übernatürliche rothe
Farbe, mache böse und rothe Augen, Podagra, Zipperlein und
Gichtbruch 2c. Er sagt von demselben ferner: „ich köndte diß
Bier, welchs ich ein gantz halb vmgehend Jhar für vnd für, wie
ich Legationsweiß in der hochlöblichen, königlichen Stadt Dantzsch
gelegen, getrunken habe, fast hoch rühmen, preisen vnd loben,
Aber ich wil es den großen vnd hohen gewaltigen Rednern be-
fehlen, Wie kan aber ein größer Lob von einem Bier geredt werden, denn so man spricht: daß Bier hat den Fürzug, Jst Königin
vnd Printzin vnter allen andern Gerstenbieren in Deudschlanden
vnd vbertrifft sie alle, Höhers vnd tewrers kan man von keinem
Biere reden, das Taffel Bier in dieser Hochlöblichen Stadt Dantzsch
ist besser, denn anderswo das rechte Bier vnd ist mir solches
gar wol bekommen, da meinem Haupte das rechte Dantzscher Bier
zu stark sein wollen." In Preußen gab es nach ihm überhaupt viel gute
Biere, aber sie hatten nicht alle einen so großen Namen, wie das
Dantziger, darum daß sie eines Theils in kleinen Städten, andern
Theils auf Schlössern und Häusern gebraut wurden, deren Namen
nicht sowohl Jedermann bekannt wurden. Dieses Dantziger Bier,
welches aber den Durst nicht löschte, weil es so dick wie Syrup
war, hieß Preusing, die Holländer aber nannten es Joppenbier
(Joopen-bier v. joop, Saft). Der bekannte Geograph Cluver erzählt (Lib. I. antid. German. c. 17), er habe 60-jähriges Danziger Bier noch ganz gut befunden; welches mag dies gewesen sein?
Seiner Stärke wegen sagte man auch: das Danziger Bier ist
stärker als der Ochsen vier. Der unbekannte Verfasser der alten
Satire De generibus ebriosor. (S. 141 d. Zarnk. Ausg.) erzählt denn
auch, das beste Bier in Preußen werde zu Danzig gebraut und
zwar aus Gerste, ihm stehe das Lübecker und Hamburger aus
Weizen jedoch gleich. In diesen drei Städten herrsche jedoch die
leidige Gewohnheit, daß Männer und Frauen Tag und Nacht in
unterirdischen Gemächern (cryptae) Bier tränken, und zwar kämen
sie dahin vermummt um nicht erkannt zu werden, dort angekom-

men legten sie die Kleider ab und trieben allerlei Unfug*). Der
berühmte Dichter Conrad Celtes, kein Kostverächter, hat, wie er
selbst sagt, diese Orte auch besucht und durch gute lateinische Verse,
welche an jener Stelle abgedruckt sind, verherrlicht. Er sagt aber
auch, daß während jedes Thier eine gewisse Zeit zum Trinken fest=
gesetzt habe, der Deutsche dies Tag und Nacht thue und ebenso
ungemäßigt der Liebe fröhne:

Taurus habet certas potandi tempore leges
Sic equus et, liquidus quem vehit aër, avis:
Sed nos, divina qui cum ratione vigemus
Cur Venus et Bacchus nocte dieque tenent?

In England ward es stark in Yorkshire, namentlich zu Leeds
und Sheffield unter dem Namen Spruce Beer oder Black Beer
getrunken. Es kam dorthin über Hull. Inzwischen hat man ein
Verzeichniß der übrigen Ost= und Westpreußischen Biere aus dem
16. Jahrhunderte, welches der Vollständigkeit wegen hierher gesetzt
werden soll, umsomehr als die gleichfolgenden Namen sehr alt
sind und bereits unter dem Hochmeister Conrad von Erlingshausen von
zwei leichtfertigen Ordensbrüdern, die als eine Art selbstgewählte
Biercommission im Lande herumzogen, den verschiedenen Bieren ge=
geben wurden. Im Lande Preußen hat man nämlich stets viel
Bier getrunken, die alten heidnischen Ureinwohner opferten ihren
Göttern mit Bier und brauchten Bierzauber zu Entdeckung von
Dieben ⁹⁰), sie gaben ihren gestorbenen männlichen Verwandten ein
Schwert und etwas Geld mit ins Grab, damit sie sich unterwegs
etwas zu Gute thun, zum Wenigsten ein Brod und eine Kanne
Bier kaufen könnten. Ja im vorigen Jahrhundert bestand in den

---

*) Er fügt folgendes curiose Recept de commixtione complexionum bei:
R. piperis longi manipulum unum, uncias duas pillularum cochiarum,
vngekocht Fledermeuß, rips raps, stubenrauch, hymelblow II,
donner ex grillorum, ad huc semel, senf, merretich, güty, ꝛc. eodem
schornsteinfegen diagredion, diatessaron, ein hinderviertel von der
vichmeydt im großen spyttal, misce simul et contere in mortario, re-
petatur mane et sero, media nocte et in omni tempore.

preußischen Wirthshäusern noch das Gesetz, daß, wer die Neige gehabt, allemal wieder von frischen zu trinken anfangen mußte, mit der festgesetzten Strafe für den Uebertreter: 22 Schilling, eine Seite Speck und 1 Scheffel Kringel. Jene wunderbaren Namen sind nun aber folgende [91]):

Danzig. Wehre Dich.

Elbing. Schlichting.

Königsberg. Saure Maidt.

Thorn. Rolah oder Loröl.

Marienburg. Kelber Zagel.

Graudenz. Krank Heinrich.

Dirschau. Freudenreich.

Mewe. O Jammer.

Newburgk. Kyrmes.

Stargart. Spülekanne.

Culmen. Glatze.

Newteich. Schwente.

Gerdawen. Mammon oder Mumme.

Heiligenbeil. Gesalzen Metten.

Braunsberg. Stürz'en Kerl.

Straßburg. Kirbel.

Newmarkt. Trumpe.

Tolkemit. Rorkatter.

Mühlhausen. Krebsjauche.

Frauenburg. Singewohl.

Zinter. Lurley.

Friedland. Wohlgemuth.

Schippenbeil. Nasewisch.

Welau. Sollewurst oder Füllewurst.

Bartenstein. Kühmaul.

Rastenburg. Krewsel.

Neydenburg. Klawenich.

Nessel. Bessre Dich.

Altenburg. Dewsel oder Scheusel.

Wartenburg. Lachemund.

Altenburg. Bockingk oder Borge nicht.

Guttstadt. Lieber Herr Lorenz.

Heilsberg. Schreckengast.

Libstadt. Wuistdas.

Liebemülle. Harlemay.

Eylaw. Wo ist der Magt bet.

Hohenstein. Ich halte es.

Creutzburg. Menge es wohl.

Passenheim. Schlickerei, dicke Bier oder Flickebier.

Marienwerder. Bierkatze.

Reden. Sausewind.

Meelsack. Leertasche.

Wormdit. Kynast.

Morung. Ohne Dank.

Stum. Rockenzagel.

(Auf dem Schloß: Rockenzagels Mutter).

Culmensee. Kurant oder Tarant.

Fischhausen. Schlepp'enkittel oder Salz es bes.

Löbe. Strutzing oder Spülwasser.

Hollandt. Füllewurst.

Osterode. Dünnebacken.

Rosenburg. Krausemüntze.

Lauenburg. Es wird nicht besser.

Stolpe. Schmiere nicht.

Pautzke. Rennenkatter.

Heldt. O Stockfisch.

Schönecke. O Zetter.

Nächst dem Danziger Braun=Bier wird nun das Elbing'sche, Stralsundische oder Sundische, welches letztere ebenso wie das Barthische in Pommern weit verführt ward, das Stettinische, das Paßwalkische, Pasenelle genannt, das Stargardtische, das Greifswaldische, welches angeblich um die Köpfe der dasigen Studirenden nicht allzu sehr zu perturbiren nicht so stark gebraut ward, das Demminische, welches Dr. Knaust sehr gesund befand, das Breslauer und Bautzner erwähnt. Letzteres führte den sonderbaren Namen Klotzmilch, was ein Eckelname war und dem, der selbiges Schimpfwort zuerst brauchte, Gefängnißstrafe eintrug, gleichwohl aber dem Biere blieb. Sehr berühmt war auch das Schweidnitzer und Steinauer, noch mehr aber das Striegauer weinartig schmeckende Weißbier. Man sagt, daß einst ein Cardinal vom Papst nach Polen gesandt, dort einkehrte und als er dies Bier trank, sagte, in ganz Italien existire kein edleres Getränk, sei es welcher Wein es wolle. Er ließ deshalb alle seine Flaschen damit füllen und nahm es mit. Knaust kannte diese Biere nicht, ebensowenig das Lippener Bier in Hinterpommern. Auch das Görlitzer, Kottwitzer, Bischoffswerder, Laubansche, Lübbensche, Kadensche, Kamenzer, Zittauer und Freiberger Braunbier hatte einen guten Namen und von Berlin sagt Dr. Knaust, daß allda in beiden Städten, Berlin und Cöllen namentlich das Märzenbier vortrefflich und von ihm, da er sich dort verheirathet, fleißig getrunken worden sei. Dasselbe hieß im 17. Jahrhundert Kufenbier, weil man es in großen Kufen aufzubewahren pflegte. Als Beweis, daß es gut war, galt, daß es an dem Gegenstande, der damit begossen war, festkleben blieb und trocken geworden glänzte, es blähete aber sehr. Auch das Bier zu Frankfurt a. d. Oder, Stäffelin geheißen, ward fleißig von den dortigen Studenten getrunken. Doch sagt Dr. Knaust, man tränke dort auch fremde Biere und Wein. Ein anderes hieß Büffel, weil es im Uebermaß getrunken, den Vorderkopf wie bei einem stößigen

Ochſen ſchwer machte. Freilich hatte in der Mark das Bernau=
iſche Bier einen noch beſſeren Namen, ſo daß zur Zeit Dr.
Knauſt's die Hamburger großen Kaufherrn in ihr ſogenanntes
Eimbeckiſches Haus, wo ſie ſonſt mit großen Koſten aus Oſten
und Weſten für die fremden und einheimiſchen Collegen allerlei
fremde Biere zuſammenbrachten, ſolches ebenfalls mit kommen ließen,
indeß hält es Dr. Knauſt doch mehr für ein gutes Sommerbier. Für eine
halbe Arznei erklärt er auch die Biere zu Reppin und zu Garde=
legen oder Garleben: letzteres hieß Garley, war aus reiner Gerſte,
galt als ausgezeichnetes Magenbier und ſoll namentlich auch für junge
Eheleute heilſam gewirkt haben[92]). In der fünf Meilen von Garde=
legen gelegenen Stadt Salzwedel oder Soltwedel braute man
auch ein köſtliches Gerſtenbier, welches namentlich in der benachbarten
Lüneburgiſchen Gegend, wo es außer dem Hamburger kein gutes
Bier gab, getrunken ward und Soltmann hieß. Von der Stadt
Brandenburg erzählt Dr. Knauſt, es theile die Havel die Stadt
in zwei Theile, in die alte und neue Stadt, welche wiederum eine
Brücke verbinde, mitten auf derſelben ſtehe ein Haus, worin Nie=
mand wohne, das nenne man den Vocativus für Brandenburg
und daher komme das Sprichwort: „wie ſteheſt Du hier allein
wie der Vocativus für Brandenburg", das Haus ſei aber ein Ge=
richtshaus, wo Richter und Schöffen aus beiden Städten zu
Brandenburg, der alten und neuen Stadt, zuſammenkämen, wenn
ſie auf eine an ihren Schöffenſtuhl ergangene Frage Urtheil ſprechen
ſollten. Das Bier, was man hier trank, war ſtark und ſtieg
den Leuten in den Kopf, man nannte es Alter Claus, angeblich
weil es die, welche es tranken, ſchläfrig und feig machte. Im
17. Jahrhundert ward ein Hamburger Bier gerade ſo genannt,
ob aus demſelben Grunde, kann ich nicht ſagen. Das Stendaler
Bier, welches auch in den Dörfern um die Stadt getrunken ward,
hatte auch einen guten Ruf. Seinen Namen Taubentanz kann
es aber im 16. Jahrhundert noch nicht gehabt haben, wenigſtens
weiß Dr. Knauſt nichts davon. Das Tangermündiſche Bier
ward auch ſehr gelobt, hatte aber einen häßlichen Namen, Küh=

ſchwanz, den übrigens auch das Delitzſcher führte. Von dem
Roſtocker Bier, welches Oehl hieß, ſagt Dr. Knauſt, daß es eben
ſo gut im Sommer wie im Winter ſei und namentlich ſehr gut bekomme, auch keinen Kopfſchmerz mache, es werde ebenſogut in Mecklenburg als in Kopenhagen getrunken. Ihm nachſtanden das Wismar-
iſche, Schweriniſche und Güſtrower Bier, obwohl letzteres beſſer
als das Schwerinſche war. Im 17. Jahrhundert braute man hier auch
ein dickes und fettes Weizenbier, welches leicht berauſchte. Es
hieß Kniſenack, was ein ſlaviſches Wort iſt und ſo viel wie Herrenbier bedeutet. Das Bremiſche Braunbier konnte Dr. Knauſt
aus eigener Erfahrung empfehlen. Das Lübiſche Braunbier
ſchmeckte wie ein Gewürzbier und ward im Sommer weit in andere Länder ausgeführt. Nicht ſo gut war das Lüneburger,
allein dafür hatte man dort im Rathskeller zur Zeit Dr. Knauſt's
beſſer gepflegtes Hamburger Bier, als zu Hamburg ſelbſt.

Nun kommt er auf die Stadt Braunſchweig, welche damals ebenſo berühmt war wie Nürnburg und Erfurt, alſo daß
man von ihr den Reim hatte: „Braunſchweig werſtu waſſerreich.
Wo würd man finden Deins gleich?" Dort ward im 16. Jahrhundert ſchon jene heute noch berühmte Mumme gebraut, ein ſchweres,
kräftiges und zu Liebeswerken reizendes Braunbier, welches aber ſich
ſo gut hielt, daß es unverdorben den Aequator paſſirte und bis nach
Oſtindien ausgeführt ward. Ueber den Urſprung des Namens
iſt viel gefabelt worden. Einige ſagen, wegen ſeiner Haltbarkeit
habe man es mit den ägyptiſchen Mumien verglichen und daher
heiße es Mumme, Andere glauben, der Mann, der es zuerſt gebraut, habe Mumme geheißen, wie denn eine Familie dieſes Namens bis in dieſes Jahrhundert noch zu Braunſchweig exiſtirt hat.
Eine lächerliche Erklärung giebt aber ein Anonymus in ſeiner
Schrift: Biere-logia S. 4 2c., darum wollen wir ſeine Worte hierher ſetzen: „Von der Braunſchweigſchen edlen und wohlſchmecken-
„den Mumme und deren Eigenſchaften etwas kürzlich zu ſchreiben,
„wodurch dieſes berühmte Getränk ſeinen Namen bekommen, als
„iſt zu wiſſen, daß unter den Braunſchweigſchen Brauern deß-

„wegen ein großer Streit gewesen, wie sie ihr gebrautes Bier
„mit einem würdigen Namen nennen wollten, weil solches vor
„andern Bieren einen sonderlichen Vorzug und lieblichen Geschmack
„wie auch eine würkende Krafft hätte, haben derowegen einen ge-
„wissen Tag bestimmt, an welchem sie alle in einem Brauhause
„zusammenkommen, und dem Kinde einen rechten Nahmen geben
„wollten, und wie es der nennen würde, so zuletzt käme, darbey
„solte es bleiben; Wie nun bey ihrer Versammlung gleich der
„Hirte das Vieh ausgetrieben, ist der Bulle oder Ledermacher,
„als der letzte in das Brauhauß gelaufen kommen, und hat nach seiner
„natürlichen Gewohnheit gebrüllet wie ein Ochse, und diese Stimme
„von sich gegeben: Mum, Mum, Mum! mit welchem Nahmen die
„Brauer haben müssen zufrieden seyn, weil sie ihren festen Schluß
„nicht umstoßen konnten, denn es solte bey des letzten Ausspruch
„bleiben.“

Wie dem auch sein mag, zur Zeit Dr. Knausts braute man
zwei Sorten, die einfeltige (oder schlechte) Mumme, die im Sommer ein guter Kühltrank war und als den Durst löschend berühmt war, und die doppelte Mumme, die aber viel stärker war
und nicht so leicht Harnstrenge wie erstere hervorbrachte. Letztere Sorte
war fast so dick und so süß wie Syrup und man trank sie namentlich des Morgens statt Kaffee oder Thee, zuweilen vermischt mit
einem Aufguß von Blüthen der deutschen Acacie als eine Art
Frühjahrscur. Im 17. Jahrhundert braute man außerdem auch
noch die Erndte-Mumme im Monat März und trank sie vom
April an den ganzen Sommer hindurch: sie war stärker als die
einfache Mumme und zeichnete sich namentlich durch ihre schöne
Farbe aus. Eine vierte Sorte war die sogenannte Schiff-Mumme,
etwas anders gebraut und zum Export über das Meer bestimmt.
Diese hieß auch englische Mumme, weil sie früher sehr viel nach
England ausgeführt ward, wo man bekanntlich sonst wenig Hopfenbau trieb. Als nun aber von Braunschweig aus Hopfen und An-
leitung zum Bau dieser Pflanze nach England kam und man hier
anfing, selbst solchen zu bauen und nunmehr selbst sehr gutes

Bier braute, hörte zwar jene starke Ausfuhr auf, allein der Name blieb. Die fünfte Sorte war die Kirschmumme. Sie hieß so, weil man Kirschen ausdrückte und in ihr maceriren ließ: sie bekam aber nicht sonderlich und machte vielen Leuten Erbrechen. Merkwürdig ist es, daß es niemals anderswo geglückt hat, eine der Braunschweiger ähnliche Mumme zu brauen [93]), obwohl zuweilen von guter Wismarischen Mumme die Rede ist. Unter allen leichten Sommerbieren oder hopfigen Gerstenbieren hatte aber das in der Hauptstadt des Fürstenthum Grubenhagen-Eimbeck im 17. Jahrhundert gebraute Eimbeckische Bier den Vorzug. Das dritte Korn zu demselben war Weizen. Es ward weit ausgeführt und bekanntlich trank es Martin Luther gern*), weshalb ihm auch einst Herzog Erich von Braunschweig, obwohl ein Papist, eine Flasche solches Bier reichen ließ, weil er das Verhör auf dem Reichstage zu Worms so männlich überstanden habe. Worauf dieser sich also bedankt habe: „gleichwie Herzog Erich heute an mich gedacht, also wird Gott an Erich in seiner letzten Stunde gedenken. Erich habe zwar 20 Jahre lang die Lutheraner verfolgt, allein in der Sterbestunde sich Luthers reumüthig erinnert und ein seliges Ende gehabt". Es nährte, machte jedoch nicht dick, stieg auch nicht in den Kopf, konnte deshalb von Fieberkranken getrunken werden, wiewohl es stark auf die Blase wirkte, auch wohl kalte Pisse oder Netze machte. Dr. Knaust sagt, daß diesem Bier zu Ehren seine Vaterstadt Hamburg ein gewaltig königliches Haus über dem Weinkeller erbaut und nach ihm das Eimbeckische Haus genannt habe, weil man dort meist Eimbeckisch Bier, freilich auch fremde Biere, als Danziger, das man hier Joben-Bier nannte, Rostockisches und Bernauisches

---

*) Luther trank gern Bier, wie man aus einer Stelle seiner Tischgespräche (bei Lauterbach Tagebuch herausg. v. Seidemann. Dresden 1872 S. 2.) sieht: „man schickt mir Bermuth-Bier von Frankreich, Preußen, Reußen in meyn eygen Hauß". Dagegen sagte er einmal (ebd. S. 185), der Erstlich Bir gebrewen hat, iste fuit pestis Germaniae. Es müß wol tewr sein in Vnsere landen, die Pferd essen das große teil des getreidts scil. Avenam quae ubique seritur darnach sauffen die Bäurn vnd Bürger des ander teil in Bir auß", ganz wie die Aerzte, die das, was sie selbst thun, ihren Patienten verbieten.

ausschenkte. Man sagte von ihm: Eimbecker Bier ist ein starkes
Thier. Das Göttinger Bier ward ähnlich gebraut, nur war
hier das vierte Korn Weizen, ebenso das Osterwickische oder
Osterodische, das Stolbergische und endlich das Wernige=
roder Bier, welches indeß den häßlichen Namen Lumpenbier
führte. Von dem Quedlinburger Bier sagt Knaust, daß er dasselbe
oft, wenn er seinen alten Stubenburschen von Wittenberg, Chr.
Steinacker, Rathsherrn daselbst, besuchte, bei ihm getrunken und
es ihm stets sehr wohl gemundet habe.

Weiter gedenkt er nun des Halberstädter, Blanken=
burger und Dernburger Bieres, welches letztere Störtenkeerl
(Stürz den Kerl) hieß, und sagt dann von dem Gandersheimer
und Helmstädter, von dem übrigens unten noch gesprochen wer=
den soll, daß es namentlich den Professoren und Magistern an der
dortigen Schule sehr wohl geschmeckt habe und bekommen sei, meint
auch, das Heiligenstädter auf dem Eisfelde lasse sich gut trinken,
wenn auch sowohl in Heiligenstadt, als ringsumher in den Klöstern,
Reifenstein, Gerode, Stein und anderen mehr das Duderstädtische,
ein schmackhaftes Herrenbier getrunken ward. Letzteres habe übrigens
die Eigenschaft, daß, wenn andern fremden Bieren, so nicht gern
aufstoßen wollten, Duderstädtische Hefen gegeben würden, sie so=
fort aufstießen, ebenso wenn ein anderes fremdes Bier auf Duder=
städtische Hefen gelegt werde, habe es keine Gefahr damit, daß es
anbrüchig oder sauer werde. Man gab übrigens diesem Biere
ebenso wie dem Rintelnschen Schuld, daß es den Magen erkälte
und setzte daher gewöhnlich einen Schnaps darauf. Auch das
Mannsfelder, noch mehr das Eislebensche, ein starkes, aber
ungesundes Bier, Crabbel an Dei Wand genannt, Leimbacher,
das O wie hieß, das Dessauische, Bernburgische, Kottensche,
Ackernsche, Askanische, Großenseltische, Schönbeckische,
Haimische, Ballenstädtische, Armschlebische, Casselsche
und Marburgische Bier finden hier Erwähnung. Von letzterem,
das Juncker hieß, erzählt er, es werde vorzüglich nach Frankfurt
a. M. ausgeführt und sei es eine köstliche Gabe Gottes für die

dortigen Studenten, denn die Brüder tränken nicht gern Brunnen=
waffer, das Bier sei beffer. Das Friedeberger und Buß=
bacher Bier wird auch gelobt, von dem Würzburger aber ge=
sagt, man habe erst zur Zeit des Dr. Knauft, weil der Wein
etliche Jahre nicht gerathen, angefangen solches zu brauen, es stehe
aber dem weit älteren Bamberger, welches man auch in Frank=
furt a. M., Nürnberg und Mainz bekomme, nach. Dr. Knauft
trank es zu Frankfurt und meint, er lasse sich dasselbe gefallen,
nach der Gelegenheit, die es in den Weinlanden überhaupt mit
den Bieren habe. Unter den Westphälischen Bieren, die im All=
gemeinen gut waren, hatten das Mindensche, Mündensche,
Hamelnsche und Horarische (Hörtersche) einen guten Namen.
Im Fürstlichen Stift Corvey saß damals als Fürstabt ein Herr
Reinhard Buchholß, deffen große Gelehrsamkeit und Geschicklich=
keit in der Dichtkunst Dr. Knauft nicht weniger rühmt als seine
Herrschertugenden, die man wie er meint, sonst nicht immer bei
Nobilisten und Edelleuten zu finden pflege. Hier ward ein treff=
liches Bier gebraut, neben welchem man indeß auch Eimbecker
trank. Hier sah Dr. Knauft auch auf einem der Böden ein unge=
heures Eichenfaß hoch aufgerichtet stehen, darin gingen nicht weniger
denn zwanzig gewöhnliche Braunschweiger Mummenfässer und es
diente für den Fürstabt dazu, stets einen Vorrath alten Bieres zu
haben. Das grünliche Paderbornische, Osnabrücker, welches
man Brufe Pufe nannte, das mit wenig Hopfen, aber desto mehr
Waldmyrthe, Porsse geheißen, versetzt war, Tecklenburgische,
Gruising gen., das Soestische, Neussische, Weidenburgische
und Münsterer Bier hat Dr. Knauft nicht selbst getrunken, er
sagt aber, es hätten alle diese Biere einen guten Ruf, namentlich
hätten der König der Wiedertäufer Johann von Leyden und ihr
Herzog Knipperdolling die Belagerung nicht so lange aushalten
können, so sie das gute Münsterische Stadtbier, Koite genannt,
(v. d. holl. Wort Kuyt d. h. Bier) nicht gehabt hätten. Das
Cöllnische kannte er auch nicht aus Erfahrung, allein das
Maintzische fand er sehr leicht und gering. Dagegen spricht er

über das Wildunger in Waldeck gar nicht, obwohl dasselbe im 17. Jahrhundert berühmt war[94]), ebensowenig über das Uffelner. Das Magdeburger braune Märzenbier soll ausgezeichnet geschmeckt haben, wenn man es bis Pfingsten oder Johannis liegen ließ, und übertraf dann das Zerbster bei weitem, welches in Magdeburg auch viel getrunken ward. Ein gutes Bier war auch der Hallische ungesunde Puff, weil er dem, welcher dessen zuviel trank, einen tüchtigen Puff gab. Knaust meint, wer zu Wittenberg studirt habe oder eine Zeit lang daselbst gewesen sei, müsse auch das dortige Bier loben, und weit und breit in Deutschland sei kein besseres Bier, bei dem mehr gelehrte Leute in vierzig oder fünfzig Jahren herangewachsen wären, als eben bei diesem Wittenberger Biere, freilich habe es dermalen den Anschein, als sei es nicht mehr so gut als sonst. Im 17. Jahrhundert hieß es Guckguck oder Kuckuck und galt für blähend, Kopfschmerz machend und berauschend (S. 55). Sehr nahrhaft und gesund fand er in Magdeburg das wohlschmeckende Zerbster Bier, was man dort aus sogenannten Zerbster Krügen trank, er meint aber, es bleibe gern bei dem Menschen sitzen, wer also nicht gut auf der Blase sei, dürfe es nicht trinken. Indessen ward dieses Bier lange zuvor schon im Mittelalter viel getrunken[95]) und ward bis ins 18. Jahrhundert stark nach Ost= und Westindien ausgeführt. Sonst nannte man es seines gewürzhaften Geschmackes halber auch Würze. Man hatte von ihm folgenden Spruch:

> „Zerbster Bier und Rheinischer Wein
> Dabei wollen wir lustig sein.“

Andere Verse hierüber sind noch folgende lateinische:

> Si Servestani quis culpat pocula zythi
> Illi nec cerebrum nec caput esse prodest;
> Renibus et nervis cerebroque hic humor amicus
> Nulla unquam leprae semina foeda jacit.

Diese hat ein späterer Deutscher Dichter also übersetzt:

> Wer nicht das Zerbster Bier nach Würden will erheben,
> Dem aller Rebensaft nicht zu vergleichen ist,

Der muß ohn' allen Witz und ohne Sinne leben,
  Ich sage, daß er gar Gehirn und Kopf vermißt.
Dieß sehr gesunde Bier verschleimet nicht den Nieren,
  Es schad't nicht dem Gehirn mit böser Feuchtigkeit
Und wer es öfter trinkt, der wird zuletzt verspüren
  Daß er durch diesen Trank vom Aussatz sei befreit.

Auch müssen sonst die Weiber hier nicht ganz ohne politische Bedeutung gewesen sein, denn auch hiervon giebt es folgenden Spruch:

Qui Soraborum civis vult urbis haberi
Conjugis imperio pareat ille suae.

(Wer zu Zerbst will ein Bürger sein, Muß seiner Frau hübsch Unterthan sein.)

In Thüringen war das Naumburger Bier das berühmteste, es war sehr nahrhaft, gab dem Menschen eine natürliche Wärme, stieg aber leicht in den Kopf, weshalb man von ihm sagte, es mache die Leute blind. Dr. Knauft, der es an der Quelle trank, lobt es sehr und sagt, es verdiene den Ruhm, welchen ihm das Sprichwort: „Naumburger Bier ist der Döringer Malvasier" ertheilte, vollkommen⁹⁶). Das Erfurter Bier, Schlunz genannt, war schmackhaft, nahrhaft, von guter Farbe und Geruch und lieblich zu trinken. Dr. Knauft erzählt, es sei sehr oft von Leipzig, wo er studirte, ein Blutsfreund, Magister Ludolphus Prigius, ein gelehrter Mann und Poet, nach Erfurt gekommen, dem habe der Schlunz so gut geschmeckt, daß er zu sagen pflegte, er verwundere sich, warum die Erfurter fremdes Bier von anderswo herholten, da sie ja in ihrer Stadt so gutes Bier selbst brauen könnten. Er bediente sich auch oft des Sprüchwortes: „Schlunzius Du schmeckst mir wohl in meinen Muntzius", denn der Mann hatte gar wunderliche Einfälle, er sagte dazu: „propter bonum rhitmum debes confundere totum, ein guter Reim ist um eines Wortes Willen unverdorben". Dagegen hält sich der unbekannte Verfasser jener fälschlich dem berühmten Eoban Heffe zugeschriebenen bekannten Satire auf die Geistlichkeit und Gelehrten zu Erfurt De generibus ebriosorum (1516) über dieses Bier auf, er sagt, es habe seinen Namen

Schlunz davon, weil die, welche es unmäßig tränken, selbst unver=
ständlich, unsinnig, ja unvernünftig und unlenksam (indeclina-
biles) würden. Er führt auch folgende damals bekannte Distichon
darüber an:

Ah pereat, crassam praestet quicunque sodali
Schlunz Rybegern, nunquam vina meraca bibat.

(Ach verdammt sei, wer seinem Kamerad den dicken
Schlunz Rybegern giebt, nie möge er reinen Wein trinken).

Uebrigens riefen hier einst officielle Bierrufer mit Tressenhüten
den Preis und den Brauer aus, der aufgethan hatte*). Zu Dr. Knauft's
Zeit braute man indeß zu Erfurt auch ein gutes Hausbier, welches
ein jeder Biereigner oder Brauer außer dem einen Gebräude Braun=
bier, so er im Jahre brauen durfte, das ganze Jahr hindurch so
oft er wollte, brauen durfte. Sonst trank man damals zu Erfurt
auch noch Neustädter (an der Orla) Bier und die Dorfbiere
von Stetten, Linkquitz, Patkendorf, Greussen, Kindel=
brück, Weißensee und Sömmern waren von bekannter Güte.
Von der Stadt Jena sagt er, es wachse dort sehr guter Wein(?),
allein obgleich das daselbst gebraute Bier dem Wittenberger nach=
stehe, so habe doch die hochlöbliche Universität daselbst manchen
gelehrten Gesellen in Deutschland zugerichtet und geliefert, der bei
dem Jenischen Biere erzogen, erwachsen und zu einem Manne ge=
worden sei. Es bekam später den Namen Klatsch und mundete
den dasigen Studenten weit mehr als das auf den bei Jena
liegenden Dörfern gebraute Gerstenbier, Jenischer Dorfteufel ge=
nannt. Ein anderes hieß Maulesel. Von diesen Dorfbieren war
übrigens das Ammerbachische das berühmteste wiewohl auch das im
Dorfe Cospita gebraute, sehr süße und so dick wie Oel oder Fett aus=
sehende Dorfbier, Menschenfett gen., bei den Studenten sehr beliebt
war. Das später so berühmte Lichtenhayner und das (einfache)
Ziegenhainer Bier scheint er noch nicht gekannt zuhaben, wiewohl
dasselbe auf der andern Seite ebenso wie der Eislebensche Mord und
Todtschlag, das Leipziger Rastrum und der Wittenberger Kuckuck zu den

---

*) S. Grimm, D. Wtbch. Bd. II. S. 1.

ungesunden Bieren (es lag am Wasser) gerechnet ward[97]). Sonst erwähnt Dr. Knaust noch das Weimarische, Gothaische, Eisenachische, Nordhäuser, Mühlhäuser, Frankenhäuser, Sonders=häuser, Sangerhäuser und Sulzer Bier als nicht zu verachten, freilich sei immer eins ein wenig besser als das andere, doch meint er, man finde an allen diesen Orten einen guten Trunk Wein und auch fremde Biere, so Torgauisches, Hamburger, Eimbeckisches, Ham=burger und Braunschweiger Mumme. Auch das Churfürstenthum Sachsen[98]) hatte im 16. Jahrhundert berühmte Biere. Dr. Knaust sagt darüber „das Land zu Meichsen (Meißen) giebt keinem „Lande nichts zuvor, an der Zal, manichfaltigkeit, güte vnd für=„treffligkeit der Biere, doch left sich ein Bier im Sommer, das „andere im Winter besser trinken, wie man denn solches auff alle „Biere in gemein verstehen muß, denn kein Bier ist in der Welt „so gut, das zu allen zeiten vnd allen Naturen allewege gleich „gut vnd gesund zu trinken je wehre gewesen, es ist auch kein „Bier so gering, das nicht zu zeiten für das allerbeste getrunken „würde, denn Backen vnd Brawen geredt ungleich vnd nicht aller=„wege gleich wol. So gilt alles vnd wird geachtet, darnach als „Ort, Stelle vnd Zeite seyn." Unter den Sächsischen Bieren galt nun das Torgauer, dessen Geschmack und Geruch nicht anders war, als wenn es gewürzt sei, wegen seiner Stärke und Güte als das beste. Man sagte davon: „Torgauer Bier ist der Armen Malvasier". Zur Zeit Dr. Martin Luthers*) brauchte der churfürst=liche Hof zu Torgau „täglich 5 vaß Torgisch bier (500 Scheffel habern wochlich, 25 Centner Zucker jerlich)". Ihm ähnlich war das Bel=gernsche, von dem das lateinische Sprichwort galt: Belgerana est omnibus sana. Auch das Freiberger rechnet Dr. Knaust mit unter die besten Biere und führt das Sprichwort davon an: „es leckert einen das Freiburgische Bier." Auch das Wurzener war sehr berühmt, ebenso das Zwickauer, Joachimsthaler, Schneeberger, Annaberger, Czohopffische (Zschopauer?) nnd Chemnitzer. Das Leipziger Braunbier, meint Dr. Knaust,

---

*) nach Lauterbachs Tagebuch herausg. v. Seidemann. S. 121.

werde auch gern getrunken, es führe aber einen schändlichen Namen, Rastrum, welchen ihm sein Bruder „Studium" gegeben habe, so man es aber saufe und nicht trinke, mache es einem ein Rastrum (Hacke, Karst) im Kopfe. So hieß dieses bis auf diesen Tag noch gebraute, jetzt aber fast nur von Fuhrleuten und Handarbeitern getrunkene Bier schon zur Zeit der Abfassung der Schrift de generibus ebriosorum; dort steht, es habe seinen Namen von den Studenten erhalten, weil, gleichwie die Bauern mit Spaten, Hacken und Karsten den hart gewordenen Erdboden umstürzen, ebenso dieses Leipziger Bier alle Eingeweide durch seine Essigsäure in Bewegung setze, angreife und verderbe. Zu jener Zeit gab es drei Sorten, welche in folgendem Verse zusammengesetzt wurden:

Eyn topff scherpentum zwen rastrum dat span que coventum.

Indessen scheint es am Ende des 17. Jahrhunderts auch nicht besser gewesen zu sein, sonst hätte der berühmte Dichter Taubmann nicht folgende Verse darauf machen können:

Non propter rastrum, sed propter amabile rostrum
Virginis, ad rastrum plebs studiosa venit.

(nicht wegen des Rastrum, sondern wegen der liebenswürdigen Schnäbel der Jungfrauen kommt die studierende Jugend zum Rastrumtrinken). Churfürst August wollte einst dafür torgauisches Bier in Leipzig brauen lassen, aber das Wasser war zu schlecht.

Endlich nennt Dr. Knaust noch das **Prager Braunbier**, welches sehr stark war, ob es gleich Covent hieß, und das in jener Stadt auch getrunkene Rackonitzer, getrunken hatte er es indessen ebensowenig wie das von ihm vom Hörensagen gelobte Stockholmer, wohl aber das Kopenhagener, welches er an Ort und Stelle gekostet hatte, von welchem aber Fischart im Gargantua ([50 b]) sagt:

Und wer des Weins nicht trinken mag
Der ist nicht unsers Fugs
Der zieh ins Bierland Koppenhag
Da find er bös Bier gnug.

Das **Ortrandter** hat er gar nicht gekannt.

Das **Lievländische** Bier, welches man, wie er sagt, zur

Zeit des deutschen Ordens dort buchstäblich gesoffen habe, nennt
er schließlich auch noch als seiner Zeit sehr beliebt.

Von denselben Lievländern berichtet der Verfasser der berühm=
ten Satire de gener. ebriosor. (S. 140 d. Zarnk. A.), es herrsche
dort unter den Hofleuten und Adeligen, welche meist zu der leicht=
sinnigen Gesellschaft des deutschen Ordens gehörten, die Sitte, daß
wo sie zusammenkämen, sie in langen Reihen sich in einen Halb=
kreis setzten und daß der Vorsitzende dieser Gesellschaft, einen un=
geheuern Humpen voll Bier in der Hand, sich zu seinem Nachbar
zu wenden pflege und sage „et gilt, myn leve stalbroer“, worauf
jener entgegne: „Sup, myn leve stalbroer, ick wil't gern hesen“.
Wenn Letzterer nun aber dann ausweichen und nicht trinken wolle,
dann ziehe der Erste gewöhnlich den zu diesem Zwecke mitgebrachten
Dolch und steche den Andern nieder. In der Regel aber gehe es
so in der Reihe fort, daß immer einer dem andern nachkomme,
und wenn sie so alle durch seien, fingen sie wieder von vorn an,
und weil Viele mehr tränken, als ihre Natur zu vertragen ver=
möge, so kämen sie oft beim Trinken um und würden todt hinaus=
getragen, was die Andern aber nicht hindere fortzutrinken. Das
wäre also eine Art Bierspiel oder Saufcomment.

So groß nun auch das vorhergehende Verzeichniß der von
dem Biercommissar Dr. Knaust gekosteten Biere ist, so haben
wir doch noch lange nicht damit die Zahl der im 16. Jahr=
hundert getrunkenen Sorten erschöpft. So nennt z. B. der Ver=
fasser des obengedachten Werkes De generibus ebriosorum a. a.
O. noch folgende damals schon als wunderlich angesehene Namen:
Quitschart, Kelberzagel*), Staffeling, Beyderwan, Schlipschlap,
Fitscherling, Stampff in die Aschen, Batzmann, Hotenbach, Glü=
ckelßhan, Sperpype, Horlemotsche, Stroheingen, Bastart, Rutetop,
Helschepoff, Lorch, Jtax, Salat, Streckepertzel, Fertzer, Rolings=
byer, Vaseman, Koervinck, Kretzen, Mortpotner, Reyßekopff, Fidelia,

---

*) Die nun folgenden will er allein zu Frankfurt a. d. Od. gehört haben
was kaum glaublich ist.

Lötenaße, Hartenacke, Breypott, Mückenſenff. Er meint, die Namen
dieſer Biere zu hören mache die Bierſäufer (birolatrones) ganz
zißpelig, ſo daß ſie bei dem bloßen Hören derſelben ſchon Durſt bekämen.
Er ſelbſt iſt freilich kein Biertrinker geweſen, denn nachdem er
geſagt, daß in ganz Norddeutſchland, obwohl man dort auch vortrefflichen importirten Wein trinken könne, doch das Bier als Getränk bei weitem überwiege, nennt er dieſes eine dicke, dem menſch-
lichen Körper ſchädliche Flüſſigkeit, welche ein böſer Dämon zum
Verderben der Menſchheit erdacht, damit durch dieſelbe nicht anders
wie durch ein peſtbringendes Gift die hervorragendſten Genies
vernichtet werden ſollten*).

Die meiſten dieſer Biere wurden im 17. und 18. Jahrhundert auch noch getrunken. Aus einer Schrift über die Namen
der vorzüglichſten Getränke jener Zeit [99]) tragen wir daher hier
noch nach das Colberger Black (a. d. Engl. Worte black, weil
es ſo ſchwarz wie Tinte ausſah), das ſtarke Wolliner, Bockhänger
oder Rachenputzer genannte Gebräu, welches gern einen Katzenjammer hinterließ, ſowie den Bruynen Barendt (Brauner Bern-
hard) in Friesland, von dem es hieß, es mache die Geſichtsfarbe
braun. Auch in Schleswig Holſtein zu Eckernförde ward ein
merkwürdiges Bier gebraut, welches Cacabulle oder Kackebelle
hieß und über deſſen Namen und Wirkung folgendes lächerliche
Diſtichon exiſtirt:

Cur Eckefordensis potus Cacabella vocatur?
    Nonne, quod haec bene pota cacare facit?

(Warum heißt das Eckernförder Getränk Cacaballa? Nicht wahr darum,
weil es getrunken, guten Stuhlgang macht?)

Weiter nennt man den Kyritzer Mord und Todtſchlag, ein
Bier, welches wegen des ungeſunden Waſſers, welches man dazu
verwendete, wenn man auch noch ſo wenig davon trank, doch ſtark

---

*) Praedominatur cerevisia, crassus ille et humano corpori noxius
humor, quem (ut credere par est) daemon aliquis malus excogitavit in
homium perniciem, ut eo non secus ac veneno quodam pestifero pleraque
clarissima ingenia extinguerentur (S. 143).

berauschte und zu Streit anregte. Man erzählt davon folgende lächer=
liche Geschichte [100]). Der Kyritzer Superintendent hatte sonst eine so
starke Ephorie, daß es ihm nicht möglich war das Jahr über
mehr als einmal jedes einzelne Dorf zu besuchen und daselbst In=
spection zu halten. Da kam er denn einstmals zu einem Diener
des göttlichen Wortes in seiner Ephorie, der aber freilich eine
gläserne Bibliothek mehr liebte als eine papierne, um dort In=
spection zu halten. Er fragte ihn, womit er sich während der
Zeit, wo er ihn nicht hätte besuchen können, beschäftigt habe.
Nachdem derselbe lange bei sich nachgedacht und seinen Gedanken
eine lange Audienz gegeben hatte, sagte er, er wolle sein Manu=
script suchen und vorzeigen. Er suchte eine ganze Stunde und
noch eine in allen Winkeln seines Hauses, allein vergebens, und
sagte, als er schließlich ohne alles Manuscript zurückkehrte, seine
Kinder hätten es wahrscheinlich verlegt oder gar verloren. Damit
war aber sein Schulinspector nicht zufrieden, sondern versetzte:
„Nun da wirst Du doch Dein Concept noch im Kopfe haben, und
ich befehle Dir, mir solches in wenigen und kurzen Worten her=
zusagen." Der Pastor bemerkte darauf, er habe sich vorgenom=
men, das sogenannte Vaterunser weiter auszuführen. Als dies
der Inspector hörte, sagte er: „wahnsinniger Mensch, weißt Du
nicht, daß Du von Gottes Wort weder etwas wegnehmen noch
etwas hinzufügen darfst? Indessen, was es auch sein mag, sage
wenigstens, auf welche Weise und in welcher Beziehung Du dies
fertig bringen willst?" Sogleich sammelte sich der Geistliche und
antwortete mit folgenden Worten: „meine Absicht war, es auf
folgende Art und mit folgenden Worten zu vermehren: Vater
Unser der Du bist im Himmel 2c. gieb uns unser tägliches Brod
und überdies täglich noch zwei Stübchen jenes vortrefflichen Bieres,
welches man Mord und Todtschlag nennt, denn der Mensch kann
nicht blos vom Brode leben, er muß auch etwas zu trinken haben."
Als der Inspector diese Blasphemie des gottlosen Geistlichen, diese
sogenannte Erweiterung vernahm, unterbrach er sofort sein Pater=
noster mit den Worten: „geh zum Henker mit Deiner tollen
Lehre!" und entfernte ihn augenblicklich von seinem Amte.

Als Gegensatz braute man daselbst ein zweites Bier: Fried' und Einigkeit genannt.

In Bezug auf das Helmstädter Bier ist man schon im 17. Jahrhundert nicht recht sicher gewesen, ob das dort gebraute Weiß= oder Braunbier den sonderbaren Namen Clepit oder Clapit (Klaps?) geführt hat. Zur Zeit des gelehrten Meibom stand es in gar schlechtem Rufe, denn derselbe machte über dasselbe folgende Verse (in s. Prosopopoeïa cerevisiae Gardelebensis):

Noxius est tenuis labens in viscera potus
Corporis is vires, robur et omne clepit,
Hinc olidi ructus et flaccescentia membra
Turgidus hinc hydrops et luis omne genus.

(Dieser dünne in die Eingeweide fließende Trank ist schädlich, er nimmt die Kräfte und alle Stärke des Körpers weg, davon kommt das ölige Aufstoßen und das Schwinden der Glieder, davon die aufschwellende Wassersucht und alle Art Seuche.) Später aber scheint dieses Weizenbier besser geworden zu sein und ward dem Halber= städter Breyhan vorgezogen. Man machte darauf den Vers:

Garlia bibit homo, caetera animantia Klappit.

(Garley trinkt der Mensch, die übrigen lebenden Wesen Klappit).

Indessen hieß nachmals auch das Helmstädter Braunbier, auch Bitterbier genannt, Clapit, denn es existirte darüber folgen= der Vers in Küchenlatein:

Crux tibi signat Clapit, Witkrantius tibi dat Schietsack

d. h. das Kreuz wird ausgesteckt, als ein Zeichen des Braunbieres oder Clapit's, ein weißer Kranz aber, wenn Weißbier oder Brey= hahn (Schietsack) zu bekommen ist.

In Mecklenburg gab es zwei curiose Biere, Clune und Pipenstael (Pfeifenstiel) genannt. Das berühmte Schweidnitzer Bier hieß Stier, das Lizeroder: Auweh, das Grimma'sche: Bauchweh, das Osnabrücker: Bürste. In Königslutter braut man bis zum heutigen Tage ein weißes angenehm schmeckendes und stark auf den Urin wirkendes Weizenbier, Duckstein genannt nach jenen Tuffsteinfelsen, aus welchem die Lutter entspringt und welcher dem Wasser seine Eigenschaft verleiht. Zu Wolgast

braute man Höfing, zu Daffel im Braunschweigischen den soge=
nannten Hundt, weil es nach ihm im Leibe knurrte. Kater hieß das
Bier zu Stade, wahrscheinlich weil der, welcher zu viel trank, einen
Kater oder Katzenjammer bekam. Der Wettinische Keuterling
(durch Wortverfetzung und Anagramm = ein gut Kerl), ein
Gerstenbier, zeichnete sich durch guten Geschmack aus, vertrieb Ob=
structionen und Steinbeschwerden und schützte gegen Podagra[101].
In Königsberg tranken die Studenten im Convict den eigen
für sie gebrauten, leicht berauschenden Kolleter. Zu Mölln, der
Vaterstadt Eulenspiegels braute man die sogenannte Laucke, in
Braunschweig aber brauten die Canonici daselbst ein Braun=
bier, Papenkovent genannt, von dem man erzählte, dieses Bier
lasse sich nicht verkaufen, denn sobald besagte Herren ein Maaß
davon verkauften und Geld dafür nähmen, werde es sauer. Im
dasigen Kloster zum h. Kreutz braute man endlich auch ein sehr
süß schmeckendes und wohl riechendes braunes Gerstenbier, welches
den lateinischen Namen Tibi Soli (für Dich allein) führte.
Als Grund des Namens Ramenach, welchen das Glück=
städter Bier führte, erzählt man sich, einst habe ein König von
Dänemark den Glückstädter Bürgern befohlen, eine Art Hamburger
Bier zu brauen, als sie es ihm nun zum Koften gegeben, hätte er
gesagt: „es rahmet ihm was nach" und daher sei der Name ge=
kommen. Das weinartig und lieblich schmeckende, aber leicht be=
rauschende Ratzeburger Bier hieß Rammeldeus oder Rommel=
deis, weil man von denen, so es im Uebermaaß tranken, sagte,
sie hätten sich einen Rummel getrunken. Im Lande Hadeln
desselben Herzogthums Lauenburg braute man ein Bier, welches
Sählden Kerl hieß. Im Kloster Rittershausen bei Braunschweig
ward ebenfalls ein sehr angenehm schmeckendes Gerstenbier ge=
braut, welches Schüttekappe hieß. Das zu Kiel von den da=
sigen Studenten getrunkene Bier hieß Witte, einen ähnlichen
Namen, Wittenkiel, führte das allerdings ziemlich dünne Weißbier
von Schöningen im Braunschweigischen, das aber auch Todten=

kopf hieß, und von dem dicken und berauschenden Rauenschen Biere, Zitzenille genannt, sang man:

> Wer Zitzenille trinken will
> Der muß drei Tage liegen still.

Eine Kritik der zu Anfange des 17. Jahrhunderts getrunkenen Biere finden wir bei Coler in seinem Hausbuch (Oeconomia ruralis. Maintz 1645. B. II. C. 4). Er sagt, das Bernauer sei zu Anfang nicht gut, sondern werde es erst nach Simonis Judä und bleibe so bis Michaelis, dann auch von Martini bis Bartholomäi, sei aber zu hitzig und mache leicht trunken. Das Pöltzische Bier sei rein, ebenso das Spandauer, welches auf den Urin wirke und gut schlafen mache, das Ruppiner, welches die Frauen gern tränken, tauge in Ruppin selbst nicht, wenn man es aber führe und klar werden ließe, werde es besser und noch besser, wenn man es nochmals führe, am besten sei es von Michaelis bis Pfingsten; das Zerbster fange zu Galli an gut zu werden und sei am besten von Estomihi bis Johannis, wer an Harnbeschwerden leide, dürfe es nicht trinken, denn es halte an, allein gleichwohl treibe es den Stein ab, es kälte aber und man müsse manchmal einen Becher Wein dazu trinken. Die Mumme und das Eimbeckische Bier seien Schwestern, kühl und berauschten nicht, trieben auch den Urin, weil aber das Wasser, aus dem sie gebraut, eine kalkartige Materie bei sich führe, bekomme man leicht den Stein von ihnen, als Sommerbiere könnten sie aber Fieberkranke trinken. Von dem Garlebischen Biere bekomme man die kalte Pisse und da es aus Weizen gebraut sei, werde man leicht durstig davon. Das Torgauer und Belgernsche Bier sei nicht stark aber gesund, nahrhaft und schmackhaft, das Freiberger aus guter Gerste gebraut treibe den Urin und alles Unreine im Menschen aus. Weil es wie das Wittenbergische aus unreinem Wasser gebraut werde, so lasse man es zwei bis drei Wochen, nachdem es gebraut sei, im Bottich stehen und kalt werden, dann rühre man es alle Tage um und je öfter man es thue, desto mehr gähre es und stoße es auf, und dann bringe man es erst auf die

Fässer. Das Wittenbergische würde gesund sein, wenn man genug Malz dazu nehme, so sei es zu dünn und mache Aufstoßer und davon heiße es Guckguck. Das Wurzener lobt er auch. Das Naumburger, aus gutem Malz und sorgfältig gebraut, steige in den Kopf und mache die Leute blind, das Erfurter habe eine gute Farbe und sei sehr nahrhaft. Das Wohlauer sei früher besser gewesen, das Breslauer, ein nahrhaftes und starkes Weizenbier mache zu fett und wenn man viel trinke, sei man den nächsten Tag noch drehend davon. Das auch zu Breslau geschenkte Laubaner Bier, welches nähre und die natürliche Körperwärme mehre, war zu Colers Zeit das beste Bier in Schlesien. Von den Goldberger Bieren, deren es zwei Sorten gab, das beste und das mittelmäßige, sagt er, daß ersteres noch höher zu stellen sei. Das Striegauer Bier war damals trübe wie Leimjauche, schmeckte aber gut und soll von Fremden für Wein getrunken worden sein. Es galt als sehr gesund wegen der dort befindlichen Siegelerde, welche auch die Pest von jener Stadt fern gehalten haben soll. Das Schweidnitzer Bier war gut, hatte aber einen brandigen Geschmack, weil man das Malz zu sehr dörrte. Das Saganer vertrieb Steinschmerzen. Vom Danziger Bier sagt er, mäßig genossen stärke es und mache gute Farbe, trinke man aber zu viel, so erhitze es das Geblüt, mache kupferrothe Farbe des Gesichts, triefende Augen, Cruditäten und Podagra gerade wie Wein. Man könne mit einem Fasse Danziger Bier ein ganzes Jahr sich immer wieder dasselbe erzeugen, wenn man es unter anderes menge, denn eine Unze davon sei stärker und kräftiger als ein ganzes Nössel anderes Gerstenbier. Den Menschen dienlich sei auch das Elbinger; das Glogauer, welches dem Danziger gleich war, scheint aber um Colers Zeit schon im Verfall gewesen zu sein. Vom Hamburger Weizenbier sagt er, es verliere, wenn es alt werde, seine Kraft, sei mäßig getrunken nahrhaft, gebe gutes Blut und, wenn man sich damit wasche, eine feine Haut, vertreibe auch den Stein und mit Butter genossen mache es offenen Leib, trinke man aber viel, bekomme man eine

Kupfernase. Das Lübecker Bier sei dem Hamburger gleich, allein die Weiber tränken es lieber. Das Harburger sei gut, aber dünn und leicht, das Goslarer schmecke anfangs süß, alt geworden aber wie Wein und tauge gut zu Suppen, das Rostocker Oel aber sei ein sehr gesundes Sommerbier. Vom Güstrower Bier sagt er, man nehme mehr Gerste, aber weniger Hopfen dazu als beim Bernauer, es sei stark und wenn man es knöllig hineinsaufe, hieße es Schmeis in Nacken, trinke man's mit Vernunft, sei es gut gegen den Stein. Es habe seinen Namen Knisenack von einem Mecklenburgischen Fürsten, Johann dem Aelteren gen. Gnesejanik und Sohn des Burvinus, der das Domstift erbaut habe, wo er auch begraben liege. Endlich meinte er, in dem starken Boitzenburger werde wohl Dost= oder Fliederwasser sein, weil die Leute davon halb toll würden.

Bieraufsicht haben unsere Vorfahren schon sehr zeitig geführt, denn einen guten und gesunden Trunk wollten sie haben. Deshalb verhängte das Augsburger Stadtrecht von 1104, 1156 und 1157, über alle Wirthe, welche schlechtes Bier oder gutes mit kleinerem Maaße verschenkten, eine gehörige Strafe, übrigens ward ihre Waare confiscirt und den Armen geschenkt. In Baiern ist allerdings erst im 14. Jahrhundert etwas dafür gethan worden, denn 1363 wurde in München 12 nahmhaften Gemeindemitgliedern eine Art Bieraufsicht übertragen. Eine landsherrliche Bierbeschauordnung erschien dort, wie wir auch weiter unten sehen werden, erst 1491, denn in diesem Jahre ward dem fürstlichen Rentmeister Simon Stettner zu Altenpeuern, dem Propst von Fürstenfeld Kaspar Pirker, dem äußern Rathe Georg Schmidt und zwei anderen Bürgern das Amt übertragen, im Sommer alle Wochen dreimal und im Winter zweimal das Bier „mit getreuen Vleiß zu besichten und probiren". Anders verfuhr freilich der Rath von Reutlingen, er beschloß im Jahre 1697 „die Sudelei des Bierbrauens in allweg abzuthun", entweder weil es schlecht war, oder weil man dort mehr Wein trank. Ueber Erfurt liegen dagegen schon Verordnungen des Magistrats über das Bierbrauen aus dem Jahre 1351 vor. „Erstlich soll die geaichte Kanne stets bis an das Zeichen gefüllt sein. Ein Fuder Bier soll 4½ Pf. 8 Gr. gelten, kein Bürger noch Rathskumpan soll im Jahre mehr als 2 Biere brauen, auch nicht halbe Biere, noch weniger oder mehr Kasten Malz zum Brauen mahlen denn drei, und soll sie streichen. Auf den Mittwoch Abend und nicht eher, wenn die Bierglocke läutet, soll man Feuer unter den Kessel stoßen und brauen. Aber es darf Niemand brauen als der, welcher eigene Gefäße, Bottiche, Darren und Fässer hat. Vor S. Severi Abend soll Niemand Gerste gießen und weder Weizen noch Hafer darunter thun. Das Biermaaß soll voll sein, Pfennig und Scherf werth; wie hoch man das Bier nach Walpurgis rufen wird, soll man dasselbe auch geben. Man soll nicht mit Reisig und Stroh brauen. Wer dem Biereigen, (d. h. dem der sein Bier schenkt) die Kanne zerbricht oder wegläuft und nicht bezahlt, der soll 10 Gr. Strafe geben oder die Stadt räumen. Wer Hopfen kauft, soll das Maaß nicht anrühren, es habe denn zuvor der Verkäufer es selbst voll gemacht und die Hand davon gethan. Auf dem Lande soll Niemand fremdes Bier und dergleichen Wein verkaufen, noch brauen wider der Stadt Wissen; welcher Bürger auf dem Lande braut, soll nicht mehr für einen Bürger gehalten werden". Aus diesem Grunde mußten im Jahre 1387 einige Erfurter Bürger, welche Weizenbier wie zu Arnstadt, Gotha 2c. hatten brauen wollen, weil es einmal im alten Erfurter Zuchtbrief verboten war, 15 Mark Strafe bezahlen, wozu der Rath selbst noch 10 Mark that und damit die Krautstege über die Gera kaufte. In Nordhausen verschenkte man nur Erfurter Bier, alles andere war verboten. In Hannover mußten im 14. Jahrhundert die Schenkwirthe (Biertepper) schwören, sie wollten das Eimbeckische Bier, wenn es einmal aufgesteckt sei, nicht mit anderem vermischen oder auffüllen, die gesetzmäßige Steuer binnen der ersten 14 Tage, nachdem es aufgethan sei, berichtigen, volles Maaß geben oder zur Strafe ein halb Jahr kein Bier ausschenken 2c. Wer diesen Eid nicht leisten wollte, wurde mit einer Mark Bremisch als Strafe verdonnert.

Nicht um den Bürgern gutes Bier zu garantiren, sondern weil das Ausschenken von Getränken ein einträgliches Gewerbe war, hielten die meisten Stadträthe selbst Keller, die entweder verpachtet wurden oder welche sie durch eigne dazu angestellte Leute verwalten ließen*). Anfangs war freilich die Einrichtung nebst Inventar noch sehr einfach**). So nahm im Jahre 1438 der Erfurter Stadtrath in seinem Rathskeller, wo er sich dem alten Zuchtbriefe entgegen selbst erlaubte, fremde Biere, namentlich Naumburger, zu verschenken, allein für dieses 2315 Schock (Groschen), ohngefähr 5787 Thlr. ein und im Jahre 1463 rentirte dasselbe immer noch so gut, daß nach Abrechnung der Regiekosten doch noch 6104 Gulden Reingewinn blieben. Ja der Erfurter Rath speculirte auch noch in der Nachbarschaft mit demselben Geschäfte, denn weil in den Mainzischen Dörfern Hochheim, Taberstadt, Tittelstedt und Melchendorf kein Getränk verkauft werden durfte, so kaufte der Rath von dem Mainzischen Erzbischoffe Adolf die Erlaubniß, dies zu thun, für 2000 Gulden fränkischer Währung und damit ja Jedermann gezwungen war, dieses Rathsbier zu trinken, ließ der Rath auf den Kanzeln von den Geistlichen allen Prälaten, Priestern, geistlichen Leuten, Meßnern und Studenten verkünden, so sie in ihren Häusern und Klöstern sich unterständen fremde Biere zu verschenken oder zu verwechseln, wolle er ihnen die Böden in den Fässern einschlagen lassen. Zuweilen schritten aber doch die Regierungen gegen dieses Monopolisiren des Bier=zwanges ein, denn in dem Braunschweiger Shigt-Bök (herausgeg. v. Scheller S. 80) ist ausdrücklich gesagt, daß wenn der Rath das Stübchen Eimbecker Bier nicht um 6 Goslarische Pfennige geben wolle, dann solle jeder Bürger das Recht haben, es um diesen Preis zu verschenken.

---

*) S. Müller in der Zeitschr. f. Deutsche Cult.=Gesch. Bd. II. 1857. S. 626 2c.

**) S. die Beschreibung eines solchen bei Dautze, Gesch. d. Stadt Bremen. Bd. II. S. 288.

Freilich waren eigentlich die Klöster und Geistlichen von diesen Bestimmungen befreit, sie schenkten vom Zapfen und trieben öffentliche Wirthschaft, zahlten aber keine Steuer, ja sie hielten vollständige Trinkstuben, z. B. in Straßburg, wo sie durch die von ihnen eingesetzten Wirthe, die auf Rechnung standen, namentlich Brett-, Würfel-, Schach-, Ball- und Kegelspiele um hohe Einsätze treiben ließen. Dies benutzten natürlich wieder die Stadträthe, denen ihre Concurrenz gefährlich war, ihnen dies angeblich aus moralischen Gründen zu verbieten. Freilich kehrte sich die Geistlichkeit hieran nicht, die Wirthshäuser blieben ihr einträgliche Besitzthümer und die Pfarrer betrachteten den Bierschank als beste Erwerbsquelle, hielten sogar Gesinde darauf. Ein solcher klösterlicher Bierhof war z. B. einst das Schloß Siebleben bei Gotha. Diese Unsitte dauerte bis ins vorige Jahrhundert, namentlich in Süddeutschland fort, so daß z. B. unter dem 17. November 1725 der Landgraf Ludwig von Hessen-Darmstadt eine Verordnung erließ, worin er das von den Geistlichen ausgeübte Wein- und Bierausschenken für einen Eingriff in das Bürger- und Brauergewerbe erklärte und bei hoher Strafe untersagte.

Großes Aufsehen machte nach dieser Seite hin der berüchtigte Bierproceß der Stadt Görlitz mit ihrer Pfarrei. Dort trieben die Geistlichen es nämlich so arg, daß der Pfarrhof, wo sie ihr Bier verschenkten, geradezu eine vollständige Spielspelunke war, wo die Priester mit den Bürgern spielten und ihnen mit Karten, Kugel und im Brett das Geld abnahmen. Dies hatte namentlich dort im Jahre 1474 ein gewisser Magister Schwoffheim, der früher in Leipzig Rector Magnificus gewesen war, angefangen ganz im Großen zu betreiben, er war nämlich Pfarrer da geworden und schenkte nun sofort fremdes Bier auf seinem Pfarrhofe aus und weil er mit seinen schlechten Witzen und Spielvergnügungen die Bürger an sich zog, lief ihm Alles zu, die Brauhofsbesitzer verklagten ihn deshalb beim Stadtrathe, der ihn wiederum beim König von Böhmen denuncirte, er ward zwar nach Bautzen versetzt, allein sein Nachfolger Behem machte es nicht besser und brachte den

Streit sogar bis vor den Bischof von Meißen, der die Sache aber nicht vermitteln konnte, weshalb jener an die Entscheidung des Papstes provocirte. Zwar schritt König Wladislaw ein, er verbot der Pfarrei Bier zu verschenken, allein die Geistlichen, welche der Stadtrath in einem Schreiben vom Jahre 1494 „wilde Priester" nennt, kehrten sich nicht daran und schließlich mußte doch im Jahre 1498 der letztere, trotzdem daß er den Bischof von Meißen auf seiner Seite hatte, sich mit ihnen gütlich vergleichen, damit nur das Ausschenken fremden Bieres aufhörte. Denn gerade hieran hatte der Stadtseckel großes Interesse, weil das Bier für diesen ein sehr viel Gewinn bringender Handelsartikel war. Damit hängt auch die berüchtigte Bierfehde zusammen, die Görlitz mit Zittau um dieselbe Zeit hatte. Auch diese Stadt trieb viel Ausfuhrgeschäfte mit Bier und wollte deshalb nicht innerhalb ihrer Bannmeile bleiben. So hatten die Zittauer im Jahre 1490 wieder ihr Bier über die Görlitzer Grenze gebracht, allein die brauberechtigten Bürger und Brauer fielen über sie her, hielten ihre Wagen an, prügelten ihre Fuhrleute durch, schlugen den Fässern die Böden aus und ließen das Bier auslaufen und davon heißt seitdem die Stelle, wo es geschah, heute noch die Bierpfütze. Daraus entstand nun eine förmliche Fehde zwischen beiden Städten, denn die Zittauer fielen nun mit Waffengewalt in das Görlitzer Gebiet ein. Dieselbe schloß jedoch durch einen Prozeß, den der König Wladislaw (1497) zu Gunsten der Stadt Görlitz entschied*).

Von Böhmischen Bieren nennen wir aus dem 17. Jahrhundert noch das Saatzer (lateinisch masculus genannt „eo quod aliis collata vere masculescere videtur"), Rakonitzer, Slaner und Rockyzaner, sowie die von Brod, Bork, Commotau, Techow und Strzibro. Auch in Mähren waren das Bier von Oppau, wo namentlich nur einmal im Jahre ein vortreffliches Märzenbier aus Gerste gebraut ward, und das Iglauer sehr berühmt.

Auch die Polnischen weißen Biere werden gerühmt als nahr-

*) S. Neumann, Gesch. v. Görlitz, S. 225 ꝛc.

haft und schmackhaft, man liest von dem Warezker und Lob=
senzer Bier. Schoock¹⁰²) führt aus Großpolen und Kleinpolen
je sieben Städte an, welche gutes Bier brauten, doch war die
Qualität gerade so wie hier ihre Namen folgen, natürlich von
dem besten angefangen und bis zum geringsten abgestuft. Leider
können wir hier diese Namen nur lateinisch angeben: In Groß=
polen also Mediricia, Luovecia, Godicia, Racovia, Wegronecia,
Znina, Labisia und Schizevia, in Kleinpolen Kolovia, Cestochouia
(Czenstochau), Stoionia, Bresinia, Zonicia, Warka und Wielinia.
Heut zu Tage wird in Polen nicht viel Bier getrunken, doch giebt
es einige gute Brauereien von großer Produktion, so die Bavaria
in Warschau, die Brauerei zu Okocim (zwischen Krakau und Tarnow)
und einige dem Fürsten Sapieha gehörige in Galizien. Das
Lievländische Bier Lorche*) genannt, rühmt der bekannte Tourist
Martin Zeiller als ein Bier, welches fruchtbare Weiber mache,
also als ein gutes Ehestandsbier¹⁰³). Das Bier der Ruthenen aus
Hirse hieß Braka und war wahrscheinlich mit dem aus Reis
(oryza) gemachten tartarischen Getränke Bragge identisch.

Wenden wir uns nun zu den holländischen und belgischen
Bieren, so erfahren wir durch Schoock, daß Ende des 16. Jahr=
hunderts zu Gouda aus dem Wasser der Isel vortreffliches Bier
gebraut ward, das nach Seeland und Flandern verführt ward
und 350 Brauereien beschäftigte. Nächst diesem kam das Delfter,
welches jedoch seit dem Jahre 1590 durch das Bredaer ver=
drängt wurde, weil man glaubte, daß zu letzterem besseres Wasser
genommen werde. Indessen legte man sich später darauf, hier
englisches Bier zu brauen. Als jedoch diese Stadt nachmals wieder
in den Besitz der Spanier kam, hob sich ersteres doch nicht wieder,
sondern das Rotterdamer kam zur Geltung und ward vor=
zugsweise in Südholland, Seeland und Geldern getrunken, weil
es weniger stark war und namentlich den Tabakrauchern schmeckte.
Es ward aus dem gesunden Maaswasser gebraut, und doch lief

*) Lorke oder Lurke heißt in Sachsen schlechter Kaffee.

ihm das Harlemer*) Bier, welches man aus weit her zu Schiffe
herbeigeschafftem Wasser braute, in ganz Friesland, Drenthe und
Ober-Issel den Rang ab. Es wirkte sehr auf den Urin und war
mit aus Hafer gebraut. Allerdings war im 15. Jahrhundert das
Gröninger Bier Clune (Kluyn von dem holländischen Worte
Kloen, Knäuel, weil alle seine Theile wie die Fäden in einem Knäuel
fest zusammenhingen, oder von clunae Affe, weil es seine Trinker zu
Affen machte), obwohl aus ziemlich schlechtem Wasser aus den
dortigen Stadtgräben gebraut, weit berühmter gewesen, wie man
dies aus einer noch vorhandenen Urkunde vom 9. Mai 1437
sehen kann, in welcher die Bürger von Enkhuyzen sich den Grö=
ningern gegenüber verpflichten, kein Goudaisches Bier mehr ein=
zuführen, sondern nur Gröningisches. Gleichwohl schmeckte es Vielen
nicht und Schoock sagt, obwohl er jetzt 20 Jahre in dieser Stadt
wohne (1661), habe er sich doch bis jetzt noch nicht an dasselbe ge=
wöhnen können. Aus der Umgegend von Gröningen wird noch
das Bier der Stadt Damme und der Dörfer Scheemda
und Schiltwolte gepriesen. In Nymwegen braute man den
sogenannten Moll (von moll, Maulwurf, weil es viel getrunken
die Menschen blind wie Maulwürfe mache), ein gutes Bier, zu
Gertruydenberg gab es ein Bier, welches das Bredaer übertraf,
und in dem Städtchen Wesop an der Vecht ein dem Harlemer ähn=
liches, es aber noch an Güte übertreffendes. Gerühmt werden
auch noch die Biere von Arnheim und Bommel in Geldern,
und von Deventer in Friesland. In Utrecht braute man
ein dem Paderborner ähnliches Bier. Das Bier von Löwen
war roth und des darin befindlichen vielen Hopfens wegen sehr

---

*) Ein Lob des Harlemer Bieres ist eingeflochten in die Volkskomödie in
westfriesischer Mundart, betitelt Waatze Gribberts Brilloft aus dem Jahre
1712. Der alte Bauer Gribber sagt da: o tousent botses! dat Harlemmer
Bjercke dat smecket my so swiet, so swiet! men soe'r ien oor de eers om-
lickje. My tinckt, ney myn plomp en bot forstaan, jo motter Hunningh
yn dwaan, 'tis oors onmuwglick, 't is ommers so giel as waax" (bei Fir=
menich, Völkerst. Bd. III S. 795).

bitter, scheint aber dünn gewesen zu sein, das Antwerpener und Mechelner dagegen war weiß und süß, in Lüttich braute man ein Dünnbier aus Spelt, Bulion genannt, und ein starkes Bier, welches aus dem mineralische Bestandtheile bei sich führenden Maaswasser gebraut ward. Ein anderes Dünnbier ward im Dorfe Hogars in Brabant aus Spelt, Erdweihrauch nnd Lolch gebraut, welches zwar sehr süß schmeckte, aber jeden, der viel davon trank, halb toll machte und in einen tobähnlichen Schlummer versetzte. Man sagt, daß in dem niederländischen Befreiungskriege die Einwohner des genannten Dorfes den hierher kommenden wallonischen und spanischen Soldaten dieses Bier vorgesetzt hätten, welche davon so benebelt worden seien, daß sie am nächsten Morgen nicht zum Appell bei der Fahne, trotz des durch die Heerpauken gegebenen Zeichens, erschienen und deshalb als Deserteure bestraft worden seien. Etwas Aehnliches geschah im Jahre 1635 zu Tienen in Brabant, wo Soldaten in einem Kloster eine Anzahl mit solchem Biere angefüllte Flaschen fanden, austranken und dadurch in einen halb rasenden Zustand versetzt wurden, der dieselbe Folge hatte. Uebrigens ward seit der Mitte des 17. Jahrhunderts zu Delft das sogenannte Bobbel-Bier (von bobbel, Blase) gebraut, das auch den Namen Bottelbier (Flaschenbier, bière à bouteilles) führte. Es ward auf gläserne oder thönerne Flaschen gefüllt, die dann hermetisch verschlossen wurden, öffnete man sie, so sprang es schäumend heraus, da es in denselben nicht aufhörte zu gähren, und bestand für den ersten Augenblick aus nichts als Schaum und Blasen. Um seine blähende Wirkung zu verhindern, pflegte man in die Flaschen, ehe man es hineinfüllte, Gewürz zu thun, allein G. E. Stahl erzählt in seiner allgemeinen Bierbrauerkunst (Halle 1697. S. 74) es habe ein sechzigjähriger Mann von dem fortgesetzten Trinken dieses Bieres die Cholera bekommen und sei innerhalb zwei Tagen daran gestorben. Es war indessen in England und Holland sehr beliebt und von Gutschmeckern gesucht, weshalb es auch viel in fremde Länder exportirt ward. Endlich braute man in Dordrecht noch zweierlei Biere, ein

Dünnbier und ein Lagerbier. Ersteres hieß Pharao, um daran
zu erinnern, daß wie dieser König einst die in seinem Lande
wohnenden Juden gemartert habe, ebenso dieses Bier die Eingeweide dessen, der davon trinke, kneipe und molestire, letzteres aber
Israel, womit die Segnungen bezeichnet werden sollten, welche den
Israeliten bei ihrer endlichen Ankunft im gelobten Lande zu Theil
geworden seien. Verschieden davon war der dem englischen Ale
ähnliche Dorts-Engel.[104a]

Die Genter Brauergilde haben die berühmten Volksführer
Jacob v. Artevelde (getödtet den 19. Juli 1345) und sein Sohn
Philipp v. Artevelde (gefallen 1382 in der Schlacht b. Rosebec)
sprichwörtlich weltberühmt gemacht.

Es ist noch übrig, einige Biernamen zu erwähnen, die auf
die Qualität, nicht aber auf den Ursprung der Biere Bezug hatten.
Im Jahre 1482 braute man in den deutschen Klöstern ein
starkes Bier, welches Patersbier genannt wurde, weil es für
die Paters bestimmt war, wogegen das Nachbier Covent*) hieß,
weil es für die Conventualen oder den Convent bestimmt war.
Dies kommt in dieser Bedeutung schon in einer Urkunde vom
Jahre 1423 vor.[104b] Dieses Dünnbier wird bis auf den heutigen
Tag noch dadurch hergestellt, daß man zum dritten Mal über das
ausgebraute Malz oder Treber Wasser gießt. Es soll jungen
Leuten sehr gesund sein und wurde bis zu Anfang dieses Jahrhunderts namentlich von den holländischen Handwerkern viel getrunken. Nicht ganz dasselbe war das sprichwörtlich gewordene
Badewasser, ein in Deutschland aus sehr wenig Korn und verschiedenen Kräutern gemachtes unangenehm schmeckendes Getränk, an
das man dachte, wenn man von einem schlechten Biere „es schmeckt
wie Badewasser" sagte, dagegen meinte man Dünnebier, wenn man
von Gerstenwasser sprach, und in Hannover war das sogenannte

---

*) Spottweise nannte man es auch Halbander, Halbbier, Klosterbier,
Langeweile, Langfahn, Schempe, Trinke, Hengst und Wuttu.

Fünfpfennigbier, oder früher das Prophetenbier und jetzt das zu Bamberg gebraute Nachbier, welches den Namen Hansel führt, dasselbe. Aus dünnem Bier wird in Magdeburg erst noch durch Zusatz von Wasser der im Sommer sehr kühlende sogenannte Hausmuff gemacht, ein sehr stark moussirendes Flaschenbier. Von dem sogenannten Kräuterbier in Obersachsen, aus Wermuth, Pimpernelle Carbobenedict 2c., wird nachher gesprochen werden, das Erndtebier dagegen war ein braunes Hopfenbier, meist im März gebraut, aber erst zur Erndtezeit getrunken, zuweilen hieß auch in Gegenden, wo Breyhan getrunken wird, das in den Hundstagen gebraute Braunbier so. Erstere Qualität hieß auch Märzenbier. Welcher Beschaffenheit in den Klöstern das sogenannte Nonenbier (cerevisia nonalis), welches den Mönchen um die neunte Stunde (nonae), wo sie frühstückten, gereicht wurde, wissen wir jetzt allerdings nicht. Das Roggenbier, von dem manchmal die Rede ist, sah grünlich, fast wie Rheinwein aus, schmeckte gut, machte aber Blasenbeschwerden und Obstructionen.

Kräuterbier hat es schon seit dem 5. Jahrhundert gegeben. So hatte man Wermuthbier, was man im Sommer nüchtern trank, um die Galle, Leber und Milz zu reinigen und das Monatliche wieder zu bringen, aber es machte die Leute schläfrig und dumm im Kopfe. Salucien- oder Salbeibier stärkte den Magen, vertrieb das Glieder- und Kniezittern und war gut für Blase und Nieren, wacklige Zähne, Durchfall und Frauenkrankheiten. Ysopbier trank man für Brust- und Athembeschwerden und gegen den Husten und Ohrensausen, glaubte auch, es helfe für die schwere Noth. Hirschzungenbier tranken die Milzsüchtigen und Melancholiker und solche, die am viertägigen Fieber litten. Ochsenzungenbier machte man so, daß man die so genannte Wurzel in Bier oder Wein that. Man glaubte, es treibe alle Feuchtigkeit aus dem Körper und „Ob einer schon gar zum Thoren wär worden, so mag ihm dennoch hiemit gewiß geholffen werden." Beifußbier war das edelste Bier für die Frauen, denen es diente gegen Unfruchtbarkeit und stärkte ihren Leib, nahm auch die Kopfschmerzen und zerbrach. den Stein, und dieselbe Kraft hatte das Poleybier, welches Eßluft machte, den Magen stärkte, den Husten und Schnupfen vertrieb und Fruchtbarkeit erzeugte; für Magenkrankheiten endlich empfahl man Bier aus Wolgemuth und Nelken. Sehr hochgeschätzt war das Rosmarinbier, denn es übertraf angeblich alle andern Kräuterbiere an Farbe, Geschmack und Kraft und kam am Meisten dem Weine gleich, denn goß man es in ein Glas, stiegen unten kleine Bläschen auf wie in diesem, es hatte eine Farbe wie Gold, schmeckte und roch wie Gewürz, aber nicht wie Arznei. Man glaubte, es gehe durch alle Glieder, erquicke die Geister der Menschen, mehre die natürliche Hitze, stärke Herz und Gehirn und bringe den Frauen ihre Regel wieder. Lorbeerbier machte schwitzen, öffnete die Leber und löste den Stein auf, Melissenbier machte Melancholische lustig und stärkte das Herz, Haselwurzbier heilte die Wassersüchtigen, indem es alles wässrige Geblüt durch die Blase austrieb, und löste bei den Podagristen den Tartarus in den Gelenken auf. Vom Lavendelbier glaubte man, es sei gut gegen Rheumatismus und Schlagfluß, und gab es den Ammen zur Verhütung der schweren Krankheit, damit die säugenden Kinder nicht damit angefochten würden. Indem man Wachholderbeeren, Wachholderholz oder Wachholderborke in die Bierfässer that, machte man Wachholderbier, gut für Nierenkrankheiten und Menstruation und als Mittel gegen Vergiftungen. Kirschbier machte man immer besser durch Zerquetschung der Kirschen und Zerstoßung der Körner, als indem man die Kirschen ganz in die Fässer that. Man glaubte, es sei gut für Blase und Magen. Gegen Cholera und rothe Ruhr und Harnverhaltung und allzuheftige Blutungen der Frauen machte man Eichenblätterbier, indem man Eichenblätter in Bier aufsetzte.

Es gab auch Augentrostbier (euphrasiae potus, auch Augentrostwein) welches die Kranken, welche schlecht auf den Augen waren, heilte. Dr. Knaust sagt, man habe gefunden, daß einer lange Zeit nicht gesehen und durch dieses Getränk im Laufe eines

Jahres wieder sehend ward. Er erzählt auch, wenn man das Pulver davon gebrauche und mit einem Eigelb vermischt esse, so helfe es den Augen so, daß Leute, die vorher ohne Brille nicht schreiben oder lesen konnten, nachdem sie es angewendet, so wieder zu ihrem Gesicht kamen, daß sie die kleinste Schrift lesen konnten. Dieselbe Wirkung soll das kühlende Schleenbier, im Sommer nach Tische getrunken, haben. Aus ähnlichen Gründen trank man Fenchelbier; glaubte auch, daß es sonst noch gut gegen Wassersucht, Husten und Gicht sei und im Menschen Milch und Samen erzeuge. Auch Anisbier hatte man, es verwahrte den Menschen gegen die Kolik und Windsucht und half zur Verdauung. Gegen Steinbeschwerden trank man Birkenbier, aus Birkensaft gemacht, und heute noch ist in England und in einigen Theilen Deutschlands das Ingwerbier ein gutes Mittel gegen Blähsucht und Diarrhoe. Ein berühmtes Kräuterbier war das ohngefähr seit 1550 auf Befehl des Herzogs Franz von Lüneburg gebraute Giffhornsche Kräuterbier, welches noch im vorigen Jahrhundert von hannöverschen Hofbeamten für gewisse Krankheiten verkauft ward. Aehnlich war auch das zu Hildesheim von den Carthäusern gebraute Bier.

Die meisten der oben genannten Biere wurden noch im vorigen Jahrhundert getrunken, wiewohl manche neue aufkamen, namentlich trank man in Leipzig das Merseburger, Wurzener, Eilenburger, in Jena das Lichtenhayner 2c. und so hatte jede Universität gewöhnlich eine gewisse Zeit lang eine gewisse Art Bier in der Mode. Ein Dichter jener Zeit hat für Liebhaber die Namen der vornehmsten in folgende Verse gebracht:

> Leipzig sonst die Lindenstadt
> Rastrum in dem Keller hat.
> Hall' kann mit dem Puff stolziren
> Und dahin die Sauffers führen;
> Wittenberg den Kuckuk zeigt,
> Breslau ist zum Scheps geneigt,
> Halberstadt den Breihan braut,
> Gardeleben Garley schaut,
> Mord und Todtschlag droht Eisleben,

Goslar kann uns Gosen geben,
Kyritz Fried und Einigkeiten,
Braunschweig brauet Mumm bei Zeiten,
Gustrau schenkt uns Knisenack,
Colberg trinkt uns zu das Black,
Reuterling Wettin uns schenket,
Rummeldeuß an Ratzburg denket.
Delitsch hält den Kuhschwanz her,
Herford*) hat an Kamma Ehr,
Osnabrück kann Buse zeigen.
Witte will in Kiel nicht schweigen,
Jena hat Dorffteufels gnug:
Israel macht Lübeck klug.
Helmstädt muß Clapit ausschenken,
Junker muß an Marburg denken,
Münster schenket Koite ein,
Königslutter Duckestein,
Eckenforder Cacabulle**)
Ist nicht feil für eine Nulle.
Brandenburg giebt alten Klaus,
Wartenburg schenkt Bocksbart aus.
Zerbster Würze läßt sich trinken,
Gera will in Angst versinken,
Wernigerode hat Lumpenbier,
Boitzburg Biet den Kerl zur Zier,
Dransfeld Hasenmilch verkaufet,
Brockhuß nach dem Wullsack laufet,
Königsberg hat Preußing feil,
Pattensen braut Pohk mit Weil,
Hadeler Säht den Kerl schließet
Wenn man in die Kehlen gießet.

Wir haben hier mehrere neue, oben noch nicht genannte Biernamen, nähmlich Kyritzer Fried und Einigkeit, Wartenburger Bocksbart, Geraer Angst, Dransfelder (in

*) Dies ist offenbar ein Versehen des Dichters, er verwechselt die englische Stadt Hertford mit dem westphälischen Herford.
**) Aus dieser hat Hopff (Das Bier, Zweite Auflage 1846, S. 87) gar zwei Sorten gemacht: „Eckvörder Caccabulle" und „Eiblenförder Carabulie"!!

Hessen) Hasenmilch, Brockhuser*) Wollsack und Pattenser Pohk. Der bekannte Tourist des 17. Jahrhunderts Zeiller nennt (Briefe, II. Hund. Br. 18) folgende Biere als zu seiner Zeit berühmte: Barthisches, Böhmisches, Braunschweiger, Bremisches, Breslauer, Danziger, Dellfisches, Eimbeckisches, Eckelenfortisches, Eulenbergisches, Garbelebisches, Goudisches, Hamburger, Hannoversches, Iglauisches, Lemgowisches, Naumburgisches, Osnabrückisches, Paderbornisches, Ober-Pfälzisches, Rostockisches, Schmiedbergisches, Steinauisches, Teschnisches, Troppauisches, Warburgisches, Zerbster und Zwickauisches.

Das letzte größere alphabetische Verzeichniß von Bieren, die in der Mitte des vorigen Jahrhunderts in Deutschland vorzugsweise getrunken wurden, findet sich in den „Curieuse und sehr lustige Supplemente des angenehmen Zeitvertreibs und vielfältigen Vergnügens auf dem weltberühmten Lustsaal des sogenannten Brandvorwergs ohnweit Leipzig 2c., Frankfurt u. Leipzig 1746, in 8 S. 40 — 47." Es wird nicht unnütz sein, der chronologischen Folge, der Moden in den Bieren halber, dieses Verzeichniß hier folgen zu lassen, indem wir zugleich diejenigen, welche in unserer obigen Geschichte der Biere in Deutschland noch nicht vorkommen, mit einem † bezeichnen.

Aliklaus oder **Alter Clauß in Brandenburg** ist hitzig. †**Assenhäuser,** ein Weißbier bei Naumburg. †**Augenblendig,** vor Alte, die nicht gut sehen.

Barthisches. †**Bastert. Bautzner Klotzmilch.** †**Batzmann. Beinecken in Lüneburg. Belgeranisch (Bergernisch) Bier,** davon geschrieben stehet: Bergerana est omnibus sana. **Berliner Kufen-Bier. Bermisches (Bremisches) Bernauisch Bier.** †**Binackel. Bitenkeerl zu Boitzenburg an der Elbe in der Graffschaft Schwerin. Black zu Collberg,** eine Handelsstadt an der Ostsee in dem Herzogthum Caschuben. **Bockhänger zu Wollin,**

---

ein wollüstiges Bier. Böhmisch Bier. †Brandtvorwerger, Merseburger in und außer Bouteillen, ein Ehestands-Bier, es differiret Grade und ist nach Alt und Jungen eingerichtet. Braunschweiger Mumme, deren Nahme durch einen Küh-Hirten*) erwachsen. Broyhahn, Hannoveranischer, Halberstädter, †Hildesheimer, Quedlinburger, Leipziger und †Meckerischer (Möckernscher), welches die vornehmsten, von calore, die Hitze, und Gallus Hahn, welcher so hitzig, daß man auch einen Hahn darinnen sieden kann, bei uns werden nach dessen Genießung Hähne genung darinnen gesotten. Breßlauer Schöps und Toller Wrangel. †Brahward. Brunsbüttler Papen-Cofent. Büffel, ein Bauer-Bier. Bruse-Buse zu Oßnabrüg, ein Frauenzimmer-Bier. Buxtehuder Ich weiß nicht wie.

Cartheuser Bier zu Erfurth, ein niederschlagendes Bier. Clune, ein Mecklenburgisches Bier. Collberger Black.

Danziger Joppenbier. Preusing. Dasselscher Hund. Delffisches Bier. Delitzscher Kuhschwanz. Derenburger Störten-Keerl.

Eislebischer Krabbel an der Wand. Englisch, Eimbeckisch, †Embbisch, †Eulenburgisch Bier, deren erste drei Sorten hitzig, und die letztere kühlend. Erfurther Schlunz. †Eutritzscher Gose, ein veränderliches, bald hitzig, bald kühlend, bald sitzen bleibend, bald hinten und forne hinauspassirendes Bier.

Filz zu Magdeburg ein Kopf-Verwirrer. †Fitscherling ein schamhaft machendes Bier. †Förtzer ein Alt-Weiber-Bier. Frankfurth a. d. Od. Büffel oder Stäffelin. Freyburgisches (Freibergisches?), ein temperirtes trotz Merseburger Bier.

Garley in Gardeleben. Glückelsham. Gose**) zu Goßlar, Goudisch Bier. Glückstädter Ramenah.

Hadeler Säth den Kerl. Hamburgisch. Hannöverisch. †Harlemosche. Hällischer Buff. †Hartenack. Helm-

---

*) Bezieht sich wahrscheinlich auf die oben S. 41 erzählte lächerliche Geschichte.
**) Die beste wird in Döllnitz, einem Dorfe bei Merseburg, gebraut.

städter Klapit. †Hölsing zu Wollgast. †Hottenbach. Hund zu Dassel im Braunschweiger Lande.

Jenaischer Dorfteufel. Iglauisch Bier. Ich weiß nicht wie zu Burtehude. Israel zu Lübeck. †Itax. †Juckstertz.

†Kälberzagel. Kater zu Stade. Kackebelle zu Ecklenförde. †Kidegern. †Kickoverdenthun. †Kiwit. Kieler Witte. Kyritzer Mord und Todtschlag. Klatsch zu Jena. Klotzmilch zu Bautzen. Kniesenack zu Güstrau ein hitziges Bier, trotz glühenden Wein. Königsberger Kolleter. Königsluther Duckstein. Kosbütter*) Menschen-Fett. Krappel an der Wand zu Eißleben. †Kressen. †Kuhrfinck. Kühschwantz zu Delitzsch, Kuckuck zu Wittenberg.

Laucke zu Möllen. Leipziger Rastrum**), ein besonderes Ehestands-Frauenzimmer-Bier, sonderlich, wenn es auf Bouteillen gefüllet wird. †Lemgoer Bier. Lörche, ein gesundes Liefländisches Bier. Limbacher O wie! †Löwiginer. Lübecker Israel. Lumpen-Bier zu Wernigerode, ein Bräutigams-Bier. Lüneburger Beinken.

†Mannheimer Bier, ein sehr geistreiches und Muthmachendes Bier vor Banquerouteurs. Marburger Juncker. †Massauisch Bier. Mecklenburger Pipenstael und Klune. †Merseburger***) überhaupt. Mord und Todtschlag. †Mord Botner. Möllnische Laucke. †Mückensenff. Münsterische Käute.

†Naumburger Bier. Nauensche Zizenille. †Nassauisch Bier. Nimwegischer Most, ein süßes Bier.

---

*) Hopff, das Bier S. 87 nennt den Kottbuser Kreppel an der Wand wohl aus Verwechslung.

**) Gleichwohl sang Chr. Weise einst: „Leipziger Breyhahn schmeckt mir nimmer, doch das Rastrum ist noch schlimmer".

***) Wie dieses in Leipzig und Umgegend das Rastrum verdrängte, lese man im Angenehmen Zeitvertreib des Leipziger Brandvorwerks Suppl. (Frankfurt und Leipzig 1746) S. 58 fl. Uebrigens soll das Rastrum, welches doch eigentlich ein Dünnbier ist, im J. 1580 schon mit 6 Pf. die Kanne verschenkt worden sein und der Wirth, welcher es ausschenkte, ein gefülltes Glas an einem eisernen Rechen (rastrum, daher wohl der Name schon in früherer Zeit) als Bierzeichen ausgehängt haben.

Oßnabrügger Buse. Owy zu Limbach.

Paderbornisch. †Ober-Pfälzisch. Pipenstähl in Mecklenburg, ein Junggesellen-Bier. Possenell in Paßwalck. †Prisan. †Preibott.

†Quitschart. Quedlinburger Breyhahn.

†Rappinisch (Reppinisch). Narkater. †Reißkopf. Rittagshauser Schütte-Kappe. †Rollings Bier. †Rosemann. Rostocker Oel. Rummelthaus zu Ratzeburg. †Rutetopf. †Ruppiner Bier in Brandenburg.

†Salar. †Schlipschlap. Schmiedberger. Schöps oder toller Wrangel zu Breßlau. Schöninger Witten Kiel. Schweidnitzer. Soltmann. †Söhlrock. †Sperpipe. Störten Keerl zu Dernburg. †Stampf in die Aschen. †Steinnauisch. †Strohhenning. †Streckelbörtzel. Stader Kater.

Todtenkopf zur Fechte. Torgauisch*) Bier vor Gelehrte. Tuckstein, ein von Haus und Hof treibendes Bier. †Teschnitzer. †Troppauisches. †Tummhuter.

---

*) Das Torgauer und Freiberger Bier ward in ganz Sachsen getrunken, trotzdem, daß z. B. in Dresden viel gebraut worden zu sein scheint. Eine Brauordnung für Dresden gab Kurfürst Moritz im Jahre 1543 (s. Hasche, Chron. v. Dresden Bd. II. S. 234). Allein die guten Dresdner scheinen immer fremdes Bier ihrem Stadtbier vorgezogen zu haben, denn 1468 beschloß der Rath, es solle Niemand, wer es auch sei, Freiberger Bier in sein Haus führen bei Strafe von 8 Schilling für jedes Faß (s. Hasche, Bd. II. S. 48). Er übte auch Bierzwang in der Lößnitz aus, was der Bischof Dietrich von Meißen ihm aber um 1470 verbot. Gleichwohl ließ der Stadtrath noch im Jahre 1552 auf den Dörfern bei Dresden das fremde Bier wegnehmen (s. ebendf. S. 256). Die Churfürsten selbst aber tranken lieber fremdes, im ganzen 16. Jahrhundert schickten sie jedes Jahr sechs Fuder Landwein an den Herzog zu Braunschweig und bekamen dafür als Gegengabe sechs Fuder Eimbecker Bier (s. ebendf. Bd. III. S. 641). 1672 verbot zwar Churfürst Johann Georg II. auch die Einfuhr fremden Bieres, allein Torgauer und Freiberger nahm er aus (s. ebendf. S. 246). Zuletzt verbot noch im Jahre 1696 August der Starke den Dörfern bei Dresden bis auf einer Meile das Bierschroten (s. ebendf. 305). Sonderbarer Weise hat sich aber eine eigentliche Brauerinnung in Dresden erst 1795 zusammengethan, vorher gab es keine, denn die Dresdner Brauer gehörten dem Böhmischen Brauerinnungsverband an, der sonst einen sehr großen Umfang gehabt haben muß.

† Warburgisches in Westphalen. † Werdisch Bier. Wernigerober Lumpenbier. Wettiner Käuterling. Wittenberger Kuckuck. Wißmarische Mumme. † Woldawigs Bier. Wollgaster Hösing. Wolliner Bockhänger. Wurzener Bier ist troz Merseburger.

Zerbster und Zerbster Rosmarien-Bier. Zwickauer Bergkeller oder Lager-Bier.

Dieses Verzeichniß ist deswegen merkwürdig weil hier schon des Mannheimer Bieres gedacht ist, von dem man behauptet hat, es sei nebst dem Erlanger Biere, erst im zweiten Viertel dieses Jahrhunderts Mode geworden. Dann aber ist auch schon von (Zwickauer) Berg-Keller oder Lager-Bier die Rede, ein Ausdruck, der angeblich auch erst seit dem zweiten Viertel des 19. Jahrhunderts vorkommen soll (in Dresden) und sonach viel älter*) ist. Uebrigens ist auch diese Liste voll lächerlicher Namen, wir tragen hier noch nach, allerdings zum Theil späteren Ursprungs, das Auer Bier, Salvator und Zacherl Oel, Brausegut (im Harze), Schacknack (im Thüringischen), Heidecker oder Ehestandsbier (in Merseburg), Dickkopf (in Eulenburg), Lustiger Pater (in Corvei), Kopfbrecher (in Torgau), Sommertrank (in Zerbst), Märzen (in Rostock), Egelei (in Egeln im Reg.-Bez. Magdeburg), Halberstädter Muff, Hammer Keut, Köpnicker Moll, Kopenhagener Gammel-Oel, Merseburger Stürzebarthel, Münchner Bock und Würzburger Bauch, sowie die Straßburger Schweinepest und Zweibrückner Casernenbrühe, ein in diesem Jahrhundert dort erst aufgekommener Name, daher entstanden, daß das dazu gebrauchte Wasser an den Abtritten der Chevaurlegers-Caserne vorbeifloß. Indeß scheint doch im vorigen Jahrhundert im Allgemeinen die Bierfabrikation nicht vorgeschritten zu sein, man begnügte sich im Allgemeinen mit den einmal vorhandenen Bieren, neue kamen gar nicht hinzu und viele

*) Ein Recept dazu steht ja schon im Theatrum chym. T. I. p. 1234.

von den altrenommirten verschwanden. Gleichwohl erhielten auch hier
einzelne Biere, z. B. das Rastrum, die Gose, welche namentlich
in Leipzig sehr gepflegt war, die Mumme, das Danziger Joppenbier 2c. ihren alten Ruf. Eigentliche Lager- oder Doppelbiere
wurden indeß nicht viel getrunken, selbst bei den Studentencom-
merschen, welche die eigentlichen Pflanzstätten des Biertrinkens
waren, wie wir noch sehen werden, wurden nur einfache Biere
getrunken, so daß in den 30 Jahren dieses Jahrhunderts z. B. in
Leipzig das Köstritzer (bei Gera) und Baiersche Bier noch wenig
dazu verwendet wurden und die eigentlichen Lagerbiere dabei erst
einige Zeit nach der Gründung der Dresdner Waldschlößchen-
Brauerei (1838) in Aufnahme und Anwendung kamen. Von
dieser Zeit an datirt sich auch erst die Sitte, an Hoftafeln Lager-
oder Baiersches Bier, welches man, auf Flaschen gezogen hatte,
herumzugeben. Freilich dürfen wir nicht vergessen, daß schon im
ersten Viertel des vorigen Jahrhunderts es ein König war, welcher
für das Bier Parthei nahm. Es war dieser Friedrich Wilhelm I.
König von Preußen, der in seinen Schlössern zu Berlin, Potsdam
und Wusterhausen bekanntlich jene in Gutzkow's Zopf und Schwert
verherrlichten Abendgesellschaften, Tabakscollegien genannt, abhielt.
Bei diesen durfte Niemand, der nicht vom König hierzu befohlen
ward, erscheinen, sie bestanden auch aus nicht mehr als vier bis
acht Personen. Der König selbst rauchte Tabak und jeder An-
wesende hatte die Erlaubniß dasselbe zu thun. Zu dem Ende ward
Jedem eine Tabakspfeife vorgelegt und das narkotische Kraut stand
in kleinen geflochtenen Körbchen auf dem Tisch. Auch etliche
kupferne Feuerbecken mit glimmenden Torf zum Anbrennen der
Pfeifen waren vorhanden. Ferner ward jedem Gaste ein weißer
Krug mit Bier und ein Glas vorgesetzt, damit er sich selbst einschenken könne, denn alle königlichen Bedienten mußten hinaus und
keiner durfte im Zimmer bleiben, auch nicht hineinkommen, bis
nicht der König rufte oder ein Zeichen gab. Die Gesellschaft
dauerte gewöhnlich drei bis vier Stunden und die dabei gepflegte
Unterhaltung bestand größtentheils in historischen Erzählungen

und in philosophischen Reflexionen über die gegenwärtigen politischen Conjuncturen und waren größtentheils ernsthaft und belehrend. Lief ja einmal was Lustiges mit unter, was bei der Anwesenheit der lustigen Räthe des Königs, des Freiherrn Jacob Paul von Gundling, Doctor Bartholdi, Bornemann, Friedrich August von Hackmann, des sogenannten Grafen von Stein, des berüchtigten Freiherrn von Pöllnitz und des gelehrten Narren David Faßmann nicht gut anders sein konnte[105]), so war dies mehr Ausnahme als Regel. Jedenfalls hatten diese Abendgesellschaften für das Biertrinken den Vortheil, daß es dadurch wieder in die vornehme Gesellschaft eingeführt ward, aus der es eigentlich so ziemlich durch den Wein verdrängt worden war.

Viertes Capitel.

Geschichte der Baierischen und der Oesterreichischen Biere.

Baiern hatte schon im 9. Jahrhundert bedeutende Bier-brauereien (Meichelbeck, Hist. Frising, Th. I. No. 336.), und im Jahre 816 kommt bereits eine Fuhr Biers (una carrada de cervisa) als Abgabe von der Kirche von Böhring vor, allein das damals gebraute braune Bier, auch das rothe genannt und in der Regel aus Gerste, in rauheren Gegenden aber aus Hafer ge-braut und nur mittels der warmen Gährung hergestellt, war ein fades Getränk, welches leicht sauer ward. Gleichwohl scheint viel Bier in Baiern getrunken worden zu sein, denn als im Jahre 1293 eine Mißernte kam und das Getreide sehr hoch im Preise gestie-gen war, verboten die Herzöge Ludwig und Otto das Bierbrauen für ein ganzes Jahr. Abgaben waren auch schon darauf, z. B. in München gaben sämmtliche Brauer zusammen 32½ Mut Malz, 50 Pfund Geld, 6 Pfund dem Bizedom, 2 Pfund dem Richter, und von wegen des Bräuens der bürgerlichen Häuser 40 Pfund Wachs. Ob nun wohl durch die wahrscheinlich in einem Kloster erfundene kalte Gährung besseres, kräftigeres und sich länger hal-tendes Bier erzeugt ward, so scheint doch noch viel schlechtes Bier existirt zu haben, weshalb jetzt das Brauwesen der Polizei unter-gestellt ward und verschiedene Bräuordnungen in den einzelnen Städten vorkommen. In München bestand schon zur Zeit Lud-wigs des Strengen ein fürstliches Brauhaus und wer von den andern Brauern in des Herzogs Brauhause braute, dem gab man die Pfründe (das Gerstenmalz) von des Herzogs Kasten. Ludwig der Strenge verlieh dem H. Geistspitale im Jahre 1286 die Bier-braugerechtigkeit und ebenso ertheilten die Herzöge Rudolph und

Ludwig dem Clarissinnenkloster auf dem Anger im Jahre 1306 die Bewilligung, ihren Haustrunk selbst zu brauen. Um dieselbe Zeit scheinen nun aber hier bereits ziemlich viele Brauer existirt zu haben, urkundlich aber findet sich erst im Jahre 1318 ein Bürger, Heinrich Preumeister mit Namen, was auf einen längeren Betrieb dieses Gewerbes in seiner Familie schließen läßt, da die Bürger= geschlechter bekanntlich ursprünglich ihre Namen von ihren Ge= werben hernahmen. Zu dieser Zeit und noch im folgenden Jahr= hundert braute man hier ein besseres und ein geringeres Bier, das erstere hieß Greußing, und es kostete im 14. Jahrhundert der Eimer desselben 40 Pfennige, während der Eimer des gewöhnlichen nur 30 Pfennige galt. Die älteste Brauordnung in München kommt gleichfalls in dieser Zeit vor: der Stadtmagistrat erließ sie im Jahre 1420. In derselben wird den Brauern erlaubt, Meth und Bier (oder Greußing) zu brauen, sie sollten dasselbe aber nicht vor acht Tagen ausschenken, es habe denn dasselbe zu= vor über sich wohl gegohren und nicht unter sich. Das Bier geringer einzusieden, als die Taxe betrug, oder gar mit fremden Ingredienzen zu vermischen, war streng verboten, allein um es schmackhaft zu machen, durften sie die gespaltene und getrocknete Benedictenwurzel (caryophyllata lutea), in ein leinenes Tuch ge= näht, in das gefüllte Faß legen. Weil aber die Brauer und Wirthe damals wahrscheinlich nicht richtig maßen, hieß es in be= sagter Brauordnung, „daß sie alle ihre Kandeln bringen sollten zu dem geschworenen Zinngießer, den die Stadt gesetzt hat, und der soll sie beschauen, ob die Nägel (die Aichzeichen) darin recht= stehen, und soll auch fürbas nicht mehr geschenkt werden in keinem Kandel, denn die gebrannt und gezeichnet sind mit der Stadt Zeichen." Zur Aufrechterhaltung dieser Brauordnung wurde von den Herzogen Wilhelm und Ludwig eine Bierbeschau angeordnet und dazu eine eigene Commission niedergesetzt, welche das Bier im Sommer dreimal und im Winter zweimal in jeder Woche be= sichtigen und prüfen mußte, wurde aber dabei gefunden, daß das Bier seinen Pfennig, d. h. sein Geld nicht werth war, so ward der

Brauer hart bestraft. Freilich verfuhr man damals nicht wie
jetzt durch Prüfung des Geschmacks blos mit der Zunge, und Un=
tersuchung des Gehaltes und der Ingredienzen auf chemischem
Wege und durch Gradmessungen, sondern man hatte eine andere
rohere, aber praktischere Methode. Die „Bierkieser" mußten bei
Ausübung ihres Amtes in hirschledernen Hosen im Brauhause
erscheinen, hier wurde ihnen eine hölzerne Bank hingestellt und
diese über den Sitz mit ein paar Maaß des zu prüfenden Bieres
beschüttet. Da hinauf setzten sich nun die Bierkieser mit ihren
hirschledernen Hosen und zechten, eine Sanduhr vor sich, eine volle
Stunde lang, ohne von ihrem Sitz auch nur eine Secunde weg=
zurücken. War endlich die Stunde abgelaufen, standen sie zugleich
in demselben Augenblicke auf, blieben sie nun mit ihren hirsch=
ledernen Hosen an der Bank kleben, so daß sie nicht aufstehen
konnten, ohne dieselbe mit in die Höhe zu heben, so war das
Bier gut, gehörig kräftig und pfennig=vergeltlich, war solches aber
nicht der Fall, so wurde das Bier als zu leicht befunden und der
Brauer bezahlte Strafe. Uebrigens spielte zu derselben Zeit wohl
auch noch später die sogenannte Bierglocke, hier und da auch
Weinglocke genannt, eine bedeutende Rolle, durch das Läuten der=
selben ward nämlich die Polizeistunde angezeigt und auf dieses
Zeichen mußte Jedermann die Schenk= und Zechstuben verlassen
und nach Hause gehen. Dieselbe wird übrigens auch schon im alten
Erfurter Stadtrecht erwähnt.

Im 16. Jahrhundert, als man in Böhmen aus Weizen wei=
ßes Bier zu brauen anfing und viele Leute, besonders Personen
der höheren Stände daran Geschmack fanden, fing man auch in
München an dergleichen zu brauen, allein der Magistrat, in der
Meinung, daß das weiße weniger gesund, als das braune sei,
oder daß auch durch den vielen Weizenverbrauch eine Brotver=
theuerung entstehen könne, legte dieser neuen Braumethode vielerlei
Schwierigkeiten in den Weg und zuletzt vindicirte die Polizei das
Recht, weißes Bier zu brauen, allein dem Landesherrn, und nun
erscheint in München urkundlich auch ein fürstliches weißes

Bräuhaus, was heut zu Tage noch als Hofbrauhaus dasteht. Diese Brauerei trug aber für die herzogliche Kasse so viel ein, daß 1589 auf Antrag der Hofkammer Herzog Wilhelm V. ein Hofbrauhaus für braunes Bier auf der Stelle des niedergerissenen Hennenhauses und des Badegebäudes erbauen ließ. Im Jahre 1651 erweiterte man dasselbe gegen den sogenannten Löwenhof in der Burggasse zu: es ist dasselbe Haus am Kanale in der Lederergasse Nr. 26, wo seit dem Jahre 1811 das Zerwirkgewölbe sich befindet. Da dieses Gebäude aber bei dem steigenden Verbrauch des braunen Hofbrauhausbieres nicht mehr ausreichte, so kam diese Brauerei 1708 erst theilweise, dann aber 1807 ganz und allein in das eigentlich nur zum Brauen des weißen Bieres bestimmte Hofbräuhaus und im Jahre 1828 veränderte man die früheren Localitäten des Hofbräuamtes in die gegenwärtigen Bierschenkräume, die freilich weder elegant noch geräumig, sondern niedrig, enge und finster sind. [106])

Die allgemeine Vorliebe für das Baiersche Bier ist übrigens nicht sehr alt und geht wohl nicht weit über die ersten Jahre dieses Jahrhunderts hinaus. Denn wenn auch im 17. Jahrhundert schon Baiersche Biere als sogenannte Versandtbiere vorkommen, so ist es doch ziemlich gewiß, daß im 16. Jahrhundert fremdes Bier in München getrunken ward. Dafür spricht auch der Umstand, daß in Baiern eigentliche Brauerinnungen bis auf die neueste Zeit nicht existirten, sondern die Brauer trieben im Sommer andere Gewerbe. Im Reichsarchiv daselbst findet sich noch eine auf den Erfurter Bürger Cornelius Gotwalt, unter dem 2. März 1553 zum Transport „von 2 Wagenschwer Ainpeckhisch Bier, von Ainbeck aus nach München oder Landshut" zum Gebrauch für die Tafel Herzog Albrechts V. ausgestellte herzogliche Vollmacht. „Eimbeckisch Bier, so die Nürnberger dem gnädigen Herrn geliefert", kommt auch in einer Münchner Hofrechnung von 1574 vor. Aus der Nachahmung dieses Eimbeckischen Bieres durch Münchener Brauer seit dem Jahre 1771, denn bis dahin ward es durch Vermittlung Nürnberger Handelshäuser direct von Eimbeck bezogen,

ist nun aber der Münchner „Aimbock" oder „Bock"*) vor dem
Jahre 1616 entstanden, [106]) eine Art besonderen Bieres, das nur
in den Staatsbrauereien zu höherem Preise als dem des gewöhn=
lichen Märzenbieres verschleißt werden darf. Die kurze Zeit des
Verkaufs desselben fällt in die Zeit der ersten Hälfte des Mai und des
Frohnleichnamsfestes (Donnerstag nach) Pfingsten oder 19. Juni). Der
Ausschank begann vor 1793 am Frohnleichnamstage, von da an
abwechselnd am Himmelfahrtstag oder Pfingstsonntag, zuletzt stets
am 1. Mai. Einige Tage vorher findet die Bockprobe statt. Bock
mit Bockwürstchen (aus Kalbfleisch und verschiedenen grünen Kräu=
tern) ist in diesen Tagen ein beliebtes Münchner Frühstück und
bekannt ist bei allen Fremden der noch bestehende Bockkeller im
alten ehemaligen Münzgebäude am Münzgäßchen. Zuerst ver=
schenkte man den Bock in einem kurf. Wagenremisengebäude des
alten Hofes, dann in dem Gährkeller des ehemaligen Hofbräu=
hauses, in einem Seitenflügel desselben Hofgebäudes gegen den
Pfisterbach zu. An der Stelle des niedergerissenen steht jetzt das
Gebäude der Steuercataster=Commission.

In besagtem Bockkeller befindet sich an der Wand das Wappen,
das in keinem Bocklocale fehlen darf, ein Ziegenbock, der mit seinen
gewaltigen Hörnern ein volles Glas umstößt, nach dem Sprich=
wort: „den hat der Bock gestoßen", andere sind mit Kohle an die
Wände gezeichnet. Das nöthige Trinkgeschirr ist ein gläserner
Pokal, worauf ein Bock, ein Halbeglas (weil eine halbe Maaß
enthaltend), das Bockglas. Um einen Platz zu erhalten schlägt
man sich. Viele sitzen im Hofe auf leeren Tonnen. Am vollsten
ist es zwischen 10 bis 1 Uhr früh. Dazu heulen fortwährend
herumziehende Musikanten, ihre schrecklichen Weisen, gewöhnlich
den Bockwalzer. Sonst ward in München auch noch zuweilen zu
Ehren des h. Bock ein wüthender und ungeberdiger Bock mit gro=
ßen Hörnern, bekränzt und bebändert, von einem angesäuselten und

---

*) In Süddeutschland führen dagegen alle stärkeren Biere den Namen Bock,
der berühmteste davon ist der Hohenheimer.

vollen Bruder Studio von Zimmer zu Zimmer geführt und für den edlen Namenträger des Heiligen eine Collecte gesammelt. Dieser Bockdiener hatte Bock= und Lobreden zu halten, bis er unfähig zum Weiterführen ward, dann übernahm ein Anderer sein Amt.

Als Gegenstück zu diesem (stärker stoßenden) Bier ging besonders aus den Brauhäusern der Jesuiten die weniger starke sanftmüthige Geiß hervor. In diesem Jahrhundert nun hat das Biertrinken in Baiern und namentlich in München die höchste Staffel erreicht. Allerwegs wechselt je nach der Güte und Feinheit des Stoffes auch der Besuch der verschiedenen Localitäten. In den ächten Bierhäusern wird das Getränk meist aus steinernen Maßkrügen (ohngefähr 3 Schoppen enthaltend) je nach dem zeitweiligen Preise von 6 ½ bis 8 Kr. getrunken. Alle Volksklassen sitzen unter einander, Jeder bringt sich, was er dazu essen will, selbst mit, Käse, Schinken, Wurst, Brod, Papier und alle Ueberreste der Speisen wirft Jeder unter den Tisch. Außerdem findet man in den meisten Münchner Bierhäusern im Sommer noch die sogenannten Radiwei, d. h. die Rettigverkäuferinnen, welche in der Regel auch das zum Genuß dieser Zukost nöthige Salz in einem Papiere liefern. Es sind dies meist alte häßliche Weiber, früher flotte Kellnerinnen, dann aber zu Verkäuferinnen von jungen Radieschen (Radi), auch Monatrettige genannt, und Rüssen degradirt. Mit den Radiweibern wird abscheulicher Unfug getrieben, zuweilen müssen sie um einen Kronenthaler einen Wettlauf machen, da rennen denn die alten sechzig= und siebenzigjährigen Weiber wie toll, um den Preis zu erhalten, und stürzen dabei über einander zum allgemeinen Jubel. Die Bockgläser liefert zu vielen Tausenden der Hof nach alter Sitte, deshalb gehörte es sonst wenigstens allgemein mit zum Münchner Bockfest, ein solches Glas zu entwenden. Freilich stellte man, wenn das Publikum es zu arg machte, ein paar stramme Brauknechte an den Eingang, welche den Fortgehenden ihren Raub wieder abjagten. Allein gestohlen ward dennoch nach Herzenslust, man wußte ja, der Hof schaffte im nächsten Jahr neue an. Glücklich dramatisirt in Münchner Volksmundart ist

das Treiben im Bockkeller in Firmenich's Völkerstimmen Bd. II.,
S. 704 — 708.

Auf der Pinakothek befindet sich ein prachtvoll gemaltes Still-
leben (auch als einer der ersten Buntdrucke reproducirt), welches
das Bockfest feiert. Im Hintergrund sieht man eine Wand des
Bockkellers mit den berühmten Kohlenzeichnungen Schleichs, wo
alle Stände dargestellt werden, welche dem Bocke ihre Ehrfurcht
bezeigen. Vorn aber steht auf einem Tische ein Bockglas, ein
Sonnenstrahl fällt vom Fenster in das goldige Naß desselben, daneben liegen Radieschen und die andern zum Bock gehörigen Ele-
mente, auch das berühmte Bockblättchen liegt da, in welches eine
darauf gefallene Cigarre ein Loch gebrannt hat, endlich gewahrt man
ein Paar Fliegen, die von dem auf den Tisch geschütteten Tropfen
des edlen Gerstensaftes genascht haben und wie bedujelt daliegen.

Das berühmteste Münchner Bierhaus ist heute noch das alte
Hofbräuhaus (am Plätzl Nr. 13) getrennt in dasjenige, in welchem Weißbier (Nr. 8) und in welchem Braunbier (Nr. 9) verschenkt wird. Dort geht es unsauber genug zu, Jeder muß sich
im Sommer selbst bedienen, vor Allem sich einen Steinkrug zu
erobern suchen, den er am Brunnen ausspült. Nun muß man
sich die auf dem Zinndeckel gravirte Nummer merken und mit
dem abgezählten Gelde in der Hand (für 1 Maaß) zum Zapfen
gehen, dort nimmt ein Bräuknecht Krügel und Geld in Empfang
und ruft nach einer Minute die Nummern der eingelieferten, nun
gefüllten Maaßkrüge laut aus, indem er dieselben mit einem
Schneller auf den Tisch vorschiebt. Wer nicht gleich scharf zu-
packt, riskirt Krug und Inhalt zu verlieren. Dasselbe Treiben,
auch noch toller, ist natürlich im Bockkeller. Will man sich jedoch
diesem Drängen nicht aussetzen, so geht man lieber in das Hotel
Leberwurst oder nach Orlando di Lasso, wo man dasselbe Bier
bekömmt. Sonst sind noch renommirte Bierhäuser der schon genannte Bockkeller (am Plätzl Nr. 7), der Zacherlbräu (von Ge-
brüder Schmederer in der Vorstadt Au, Ohlmüllerstr. Nr. 11), wo
als Vorläufer des Bocks während der ersten 14 Tage des Mo-

nats April das sogenannte Salvatorbier, das zuerst die Paulaner
Mönche unter Churfürst Maximilian I. brauten, verzapft wird. Es
führt auch den Namen Zacherlöl oder Gott Vater Bier. Nach Aufheb=
ung des Klosters zu Anfange dieses Jahrhunderts erwarb Herr Zacherl
das Privilegium. Das erste Glas Salvatorbier, welches überhaupt
ausgeschenkt wird, trinkt der Bürgermeister von München, der nach
alter Sitte zu Pferde sein muß. Bekanntlich wird zu einer gewissen
Stunde mit dem Ausschenken aufgehört und Niemand bekömmt dann
einen Tropfen, allein die guten Münchner wissen sich zu helfen, sie
holen sich, ehe die Stunde schlägt, Jeder mehrere Gläser in Vorrath
und haben dann auch nach der festgesetzten Schlußstunde noch zu trinken.
Spaßhaft ist für den Fremden die Art und Weise, wie von dem an=
wesenden Bierfiedler der sogenannte Salvatorwalzer gespielt wird.
Eine alte Baßgeige fängt an und das Publikum singt mit ungeheurem
Gebrüll: „Gut'n Morgen Herr Fischer, Herr Fischer gut'n Morgen
. . . . Ja! ja! Hinum, herum, hinum, herum, herum, hinum."
Der Schluß: „Jetzt muß ma, müss' ma, jetzt müss' ma fort. Au
weh, au weh jetzt müss' ma, jetzt müss' ma, au weh, au weh jetzt
müss' ma fort!" bezieht sich eben auf den Schluß des Ausschenkens
und beziehendlich des Locals. Ueberhaupt giebt es noch einen
zweiten Bockwalzer, der ebenfalls Text hat, wogegen der obener=
wähnte eigentliche Bockkellerwalzer keine mir bekannt gewordene
Wortbegleitung führt (s. die Beilage).

Dann nennt man noch den Augustinerbräu (Neuhäuser Str.
Nr. 16), das schonerwähnte großartige Etablissement von Georg
Pschorr (Neuhäuser Str. 11), berühmt durch sein Exportbier (meist
nach Indien), Spatenbräu (Neuh. Str. Nr. 4), Sterneckerbräu (im
Thal Nr. 55), die Franziskaner (Residenzstraße Nr. 9, der Post
gegenüber) und Zum Kappler (Promenadenstraße). Berühmte Bier=
keller sind noch, aber blos im Sommer, weil außer der Stadt,
besucht, der Knorrkeller (am Marsfelde), dem Augustinerbräu ge=
hörig, und der Hirschkeller (in der Herbststraße an der Augsburger
Bahn). Weizenbier wird im Hackerbräukeller auf der Sendlinger
Gasse aus der Hackerschen Brauerei verschenkt.

Im Jahre 1865 — 66 war in Baiern das productivste Sud-jahr, nämlich 13,667,744 Eimer mit 10,247,291 Bairisch G. Malzaufschlag und 2,082,910 Scheffel Malzverbrauch, nämlich in Oberbaiern mit 521 Brauereien, 3,927,079 Eimer Bier.

Niederbaiern	„	506	„	2,065,545	„	„
Oberpfalz	„	566	„	1,553,216	„	„
Oberfranken	„	952	„	1,302,512	„	„
Mittelfranken	„	875	„	1,957,699	„	„
Unterfranken	„	791	„	973,456	„	„
Schwaben	„	960	„	2,088,237	„	„

Nach der offiziellen Zusammenstellung in der Zeitschrift des Königl. Baier. Statistischen Bureau's vom Jahre 1871 S. 272 war nun die Bierproduction und die Brauereienzahl in den Baier-schen Regierungsbezirken diesseits des Rheins folgende: nämlich a) Selbständige, b) Communbrauereien

	a)	b)
1) Oberbaiern	543	1
2) Niederbaiern	484	5
3) Oberpfalz und Regensburg	464	87
4) Oberfranken	835	118
5) Mittelfranken	838	17
6) Unterfranken und Aschaffenburg	562	176
7) Schwaben u. Neuburg	1007	—
Gesammtf. d. Brauereien diesseits d. Rheins	4733	404

Dieselben Brauereien verbrauchten an Malz nach baierischen Scheffeln:

1)	507,194
2)	238,045
3)	170,561
4)	182,418
5)	254,170
5)	110,562
7)	276,436
Sa:	1,749,386

Die Biererzeugung dieser Brauereien nach baierischen Eimern betrug nach den vier Qualitäten

a) Schenkbier, b) Lagerbier, c) Luxusbier, d) Weißbier:

in Oberbaiern	1,612,296	Werth:	9,455,107	Bair. Gl.	
	1,734,587	„	11,552,006	„	„
	14,137	„	169,554	„	„
	19,052	„	94,068	„	„
in Niederbaiern	630,520	„	3,152,600	„	„
	814,715	„	4,888,290	„	„
	3,000	„	24,000	„	„
	4,030	„	20,150	„	„
in Oberpfalz und	541,249	„	3,270,206	„	„
Regensburg	581,694	„	3,539,261	„	„
	1,188	„	11,202	„	„
	1,328	„	6,464	„	„
in Oberfranken	618,028	„	3,646,331	„	„
	516,954	„	3,289,295	„	„
	658	„	5,492	„	„
	800	„	3,602	„	„
in Mittelfranken	660,229	„	3,616,400	„	„
	915,515	„	5,879,330	„	„
	90,696	„	594,751	„	„
	46,144	„	144,186	„	„
in Unterfranken u.	374,016	„	2,186,030	„	„
Aschaffenburg	387,901	„	2,375,196	„	„
	505	„	4,176	„	„
	—	„	—	„	„
in Schwaben und	962,112	„	4,329,504	„	„
Neuburg	1,015,014	„	5,329,070	„	„
	4,309	„	28,008	„	„
	252,872	„	632,180	„	„

Gesammtzahl.	Gesammtwerth.
4,329,504	29,656,178
5,329,070	36,852,448
28,008	837,183
632,180	900,650

München ist heute noch in Baiern diejenige Stadt, welche die ausgedehnteste Bierbrauerei treibt, sie erzeugt mehr als den zehnten Theil der Gesammtmasse des im ganzen Königreich Baiern fabricirten Bieres und die erste Brauerei dieser Stadt hat im Jahre 1865 einschließlich des städtischen Aufschlags die enorme Summe von 160,890 B. Gulden als Malzsteuer bezahlt. Dies ergiebt sich auch aus folgender Tabelle der von den Bierbrauereien Münchens und der Vorstädte Au und Haidhausen vom 21. Mai 1870 bis 30. Mai 0871 verbrauchten Malzquantitäten.

I. Privatbrauereien:

	Schffl.*)	M.	B.
Joseph Wagner, Augustinerbräu	6414	—	—
Alois Fest, Büchelbräu			
„ „ Schleibingerbräu	2446	5	1
Joseph Knon, Metzgerbräu	4507	3	2½
Walb. Hierl, Zengerbrauereibesitzerin	1772	1	2
J. B. Trappentreu, Sterneckerbräu	2844	4	1
Georg Pschorr, Pschorrbräu	16300	—	—
Ludwig Brey, Löwenbräu	43094	—	—
Adam Wagner, Eberlbräu	731	3	2
Balth. Füger, Brauer zur Schwaige	828	1	—
Singelspielerbrauerei des Grafen von Buttlar	7497	—	—
Max Stuhlberger, Hirschbräu	1048	—	1
Math. Pschorr, Hackerbräu	18639	—	—
Gebrüder Sedlmayr, Spatenbräu	52677	—	—
Jos. Sedlmayr, Franziskanerbräu	22742	2	—
Ludw. Schmederer, Zacherlbräu	11302	—	—
Sa.	192844	3	7½

*) Der baiersche Scheffel = 300 Zollpfund oder 4,0457 Preuß. Sch.

II. Königliche Brauereien:

	Schffl.	M.	B.
Königliche Braunbierbrauerei	6119	2	3¹/₂
„ Weißbierbrauerei	905	—	3¹/₂
Sa.	7014	3	3

III. Klosterbrauerei.

Brauerei des Klosters der PP. Franziskaner
am Lehel   437   2   3

Außer München sind nun heut zu Tage noch berühmt durch seine Brauereien: Culmbach, dessen 10 Brauereien ihr Bier in alle Weltgegenden versenden, Lichtenfels mit Bahnknotenpunkt, wo die Werrabahn mündet, Nürnberg, wo jetzt die Henningersche Bierbrauerei die berühmteste ist, mit seinen Bierkneipen der Himmelsleiter (in der Karolinenstraße), dem Mohrenkeller (in der Königstraße), Leistlein (Karlstraße), Pfau, Wolfsschlucht, Peter Vischer (diese drei in der Nähe des Theaters), dem Bratwurstglöcklein (an der Moritzkapelle) und den Blauen Glöcklein (bei der Frauenkirche), beide berühmt durch ihr Bratwurst mit Sauerkraut, dem Jammerthal und dem Goldnen Faß. Erlangen braut zwar noch gutes Bier, ebenso Augsburg, wo die Hauptbierhäuser Café Augusta (auf der Fuggerstraße), Kohleis (am Saubergle), Leiler (am Perlachberg), und Goldnes Roß sind, allein Bayreuth übertrifft sie, wo namentlich Bayerleins Brauerei „auf dem Herzog" in der Kulmbacher Straße mit seinem Schenklocal in der Stadt (dem Reichsadler gegenüber), Bierhalle genannt, einen Namen hat, obwohl sonst alle Bäcker in der Stadt Bier verschenken, und die Gesellschaftsgärten: Harmonie, Frohsinn, Bürgerresource und Erheiterung auch nur Bierlocale zu nennen sind. Das Bamberger Bier, ehemals berühmt, ist jedoch jetzt nur mittelmäßig, und das Regensburger, welches man in der in ihrer Art berühmten, unweit der großen Donaubrücke gelegenen Restauration, Wurstküche genannt (weil man dort nur Würste bekommt), schenkt, ist auch nicht bedeutend. Zu Ende des 15. Jahrhunderts ließ man in Regensburg Jedermann, auch die Geistlichen, zu eigenem Gebrauch gegen Bezahlung des Umgeldes gutes Bier

aus eigener Gerste sieden, weil die Bürger häufig in die umlie=
genden Dörfer wanderten, um dort fremdes Bier zu trinken, doch
sott man hier schon eigenes Bier, um das Böhmische, was man
früher hier schenkte, zu verdrängen. In den Dorfschenken ging es
schlecht genug zu, denn der Chronist sagt: es werde vielfältig
Mord und Todtschlag verübt, auch könne keine Maid noch Weib
ohne Besorgniß gehen, geschändet, oder gar ohne Maidthum wieder
nach Hause zu kommen. Daher verbot man die Einfuhr fremder
Biere (s. Hormayr, Tasch. 1833, S. 135). Noch nennen wir das
Ansbacher, Kitzinger, Passauer, Zirndorfer (bei Nürnberg),
Baiersdorfer, Schwabacher, Landshuter 2c. Ebenso verdienen die
beiden Restaurationen in Würzburg, der Hirsch und „bei Taler (in
der Oberwöllergasse)" einen Namen als guten Stoff liefernd, und
endlich auch das Ballenstädter Bier. Von den schwäbischen Brau=
ereien mögen endlich noch die von Ulm und Stuttgart erwähnt
werden, ebenso die Musterbrauerei Hohenheim in Würtemberg,
sowie die zu Mannheim in Baden.

Früher ging das Bairische Bier stark nach Oesterreich, allein
seitdem die Böhmischen Biere von Bodenbach, Leitmeritz und
namentlich Pilsen (das beste und schwerste), so in Aufnahme
kamen, findet man wirkliches Bairisches Bier z. B. in Wien nur
in größern Wirthschaften, meist versteht man hier unter diesem
Namen blos das billigste Bier. Sonst trinkt man hier ge=
wöhnlich das Kleinschwechater (aus der Dreher'schen Brauerei)
oder das Liesinger. Bierkeller giebt es auch hier überall, z. B. der
Bischof, (an der Schottenbastei), Winterbierhaus (Landskrong. 3),
Obermayer's Bierhalle (Weihburggasse 29), Kummer's Bierhalle
(Babenbergerstraße 5) Dreher's Bierhalle (Operngasse 8), Michaeler
Bierhaus (neben der Michaelerkirche), Bazar (Spenglergasse), Ta=
bakspfeife (Golschm. G. i. Trattenhof), Gerstenbrand (im Bürgerspital),
Deutsche Eiche (Brandstätte 5), Schneck (am Peter), Drei Raben
(Rabengasse), Alter und neuer Blumenstock (Ballg.), Linde (Rothen=
thurmstraße), Schottenhammers Bierhaus (Naglergasse 1), Loth=
ringer (am Kohlmarkt), Comödien= Bierhaus (beim Kärnthner=

thor=Theater), Winter=Bierhaus (Landskronergasse 5), und die zahllosen Bierkneipen in Neulerchenfeld und Wiener Vorstadt.

Von anderen österreichischen Städten nennen wir noch als durch gutes Bier bekannt Insbruck, wo der Adambräu (Garten= wirthschaft nicht weit vom Bahnhof), Bierwastl (Garten am Inn), der Breinößzl (in der Nähe des Desterreichischen Hofes) und der Löwenbräu einen Namen haben. Von den Prager Brauereien wollen wir noch die von Wanka hervorheben. Keine von den österreichischen Brauereien hat aber einen solchen Aufschwung ge= wonnen, als die am 1. Mai 1836 von Anton Dreher übernom= mene und zu ihrem jetzigen Glanzpunkt erhobene Klein=Schwechater Brauerei, kurzweg die Dreher'sche Brauerei genannt, allerdings schon seit 1832 bestehend, aber vor dem erwähnten Jahre nur unbedeutend, indem sie bis dahin nur obergähriges Bier braute. Sie ist jetzt das größte Etablissement dieser Art auf dem Conti= nent und hat seit einigen Jahren noch zwei Filialetablissements zu Steinbruch bei Pesth in Ungarn und zu Micholup bei Saar in Böhmen, Niederlagen an vielen Orten, z. B. in Dresden und auch in Paris (seit der Weltausstellung im Jahre 1867) und Chalons sur Marne. Man kann sich einen Begriff von der Zunahme der Bierproduction dieser Brauerei aus folgendem Vergleiche machen[107]).

Vom 1. April 1836 bis 1. April 1837 wurden hier 26,560 Eimer Bier erzeugt. Vom 1. Januar 1866 bis 1. Januar 1867 dagegen in Schwechat 480,670 Eimer, in Steinbruch 145,240 und in Micholup 55,080 Eimer, also zusammen 680,990 Eimer, d. h. ungefähr der 17. Theil der gesammten Bierproduction im Kaiser= thum Oesterreich und Königreich Ungarn. Die Gesammtsteuer sämmtlicher drei Brauereien betrug aber 1,257,713 Gulden, näm= lich an Biersteuer 836,985 Gulden und an Verzehrungssteuer in Wien und Pesth zusammen 420,728 Gulden. Im Jahre 1869 erzeugte die Wiener Brauerei allein 650,460 Eimer, also die $24\frac{1}{2}$=fache Steigerung gegen 1837. Ob übrigens die in der Wiener Landw. Zeitung 1869 Nr. 14 annoncirte Actiengesellschaft zu Nancy für Erzeugung des seit der 1867er Weltausstellung in

Frankreich so beliebt gewordenen Wiener Bier ins Leben getreten ist, weiß ich nicht.

Früher waren die Wiener Biere nicht so berühmt. Im Jahre 1785 führte man hier 376,000 und im Jahre 1802 gar 460,000 Eimer fremde Biere ein und diese Einfuhr stieg im Jahre 1840 auf beinahe 600,000 Eimer, während die fünf innerhalb der Linien befindlichen Brauhäuser selbst nur 300,000 Eimer lieferten. In letztgedachtem Jahre wird aber das Wiener Bier noch gar nicht gelobt. Man liest z. B. in den „Geschichten, Sagen und Merkwürdigkeiten aus Wiens Vorzeit und Gegenwart von Realis" (Wien 1841) S. 251 Folgendes: „Auch unser (das Wiener) Bier kann wenig Ansprüche auf Lob machen, es fehlt ihm gewöhnlich an der gehörigen Quantität von Hopfen und Malz, von diesem letzteren wird so wenig genommen, als nur immer möglich und statt des theueren weit herzuholenden Hopfens nimmt man größtentheils andere bittere Kräuter, die zwar der Gesundheit unschädlich sind, aber oft ein Bier machen, das mehr einem Tränkchen aus der Apotheke ähnlich ist, als einem nahrhaften und magenstärkenden Labetrunk. Ueberdies läßt man dem Bier nicht immer Zeit genug gehörig kalt zu werden und dürftig zu gähren, um es flugs in die Fässer zu gießen und nach den Bierhäusern zu schleppen. Nur einen unbestrittenen Vorzug haben die Wiener Biere, sie werden nämlich aus reinem Wasser bereitet, was nicht immer der Fall ist."

Nach dem vortrefflichen Werke des H. G. Noback, „die Bierbrauereien in Oesterreich-Ungarn ꝛc., Prag 1871," stellt sich nun für Oesterreich folgende statistische Berechnung seiner Bierproduction heraus.

In Böhmen bestanden 1860 1040 Brauereien (1870 war diese Zahl auf 968 gesunken), welche 4,424,744 niederösterreichische Eimer Bier producirten und 5,015,150 Gulden Steuer zahlten, 1869 waren nur noch 988 Brauereien, die aber 5,650,085 Eimer producirt und 5,944,658 Gulden Steuer bezahlt hatten. Auf Prag allein kamen 44 Brauereien von 133, welche in dem gleichgenannten Kreise gezählt wurden, auf den Kreis Eger 107, auf

Leitmeritz 68, und auf Pilsen*) 94. Die gesammte Verzehrungs=
steuer aller böhmischen Brauereien brachte der Staatskasse 6,000,000
Gulden ein. Da nun in Böhmen 1869 5,106,069 Einwohner
waren, kam auf jeden Kopf während dieses Jahres $1_{/13}$ Eimer,
oder 48 Maaß Bier.

In Niederösterreich gab es 1860 138 Brauereien mit
2,561,491 Eimern (à $42^1/_2$ Maaß) Bierproduction und 3,532,617
Gulden Steuer, 1869 aber 121 Brauereien mit 3,435,953 Eimern
und 4,448,777 Gulden Steuer.

In Oberösterreich waren 1860 282 Brauereien, die 1,309,917
Eimer Bier gebraut und 1,184,205 Gulden Steuer bezahlt hatten,
und im Jahre 1869 283 Brauereien mit 949,366 Eimern
und 1,094,145 Gulden Steuer.

In Salzburg waren 1860 75 Brauereien mit 316,621
Eimern und 362,684 Gulden Steuer, 1869 70 Brauereien
mit 320,176 Eimern und 364,119 Gulden Steuer. Am meisten
leistete hier die Brauerei zu Kaltenhausen, nämlich 78,100
Eimer, während die stärkste Brauerei in Oberösterreich, Zipf, es
nur bis auf 63,000 Eimer gebracht hatte.

In Mähren waren 1860 301 Brauereien mit 1,043,476
Eimern und 1,171,777 Gulden Steuer, 1869 aber 257 mit
1,463,310 Eimern und 1,602,806 Gulden Abgaben. Am Meisten
lieferte Olmütz, nämlich 54,608 Eimer.

In Schlesien gab es 1860 84 Brauereien mit 229,946
Eimern und 259,742 Gulden Steuer, 1869 allerdings nur 67,
aber mit 351,483 Eimern und 401,153 Gulden Steuer. Am
Meisten braute Teschen: 67,880 Eimer.

In Galizien waren 1860 315 Brauereien, 1869 260, die

---

*) Hier braute das bürgerliche Brauhaus allein 1869 153,920 Eimer, Leit=
meritz Elbschloß 77,400, Bodenbach 73,845, Micholup (Dreher) 46,200 Eimer.
Die Dreher'sche Brauerei in Klein=Schwechat lieferte 650,460 Eimer, die Mauth=
nersche Brauerei in St. Marx 402,200 Eimer und die Brauerei von Löwenthal
und Faber in Liesing 368,200 Eimer. Im Jahre 1870 war das Erzeugniß dieser
drei Brauereien 660,420, 478,000 und 397,000 Eimer.

1860 752,546 Eimer, 1869 aber 796,152 producirten, 1860 726,807 Gulden und 1869 828,417 Gulden Steuer bezahlten. In der Buckowina gab es 1860 20, 1869 aber 16 Brauereien, die 1860 48,132 Eimer, 1869 50,994 producirten, 1860 44,041 Gulden und 1869 52,110 Gulden Steuer zahlten. In ersterer Provinz war die Brauerei zu Wieprz ab Zywiec die stärkste mit 58,480 Eimer, dann kam erst Okocim mit 34,100.

In Steiermark zählte man 1860 137 Brauereien mit 530,076 Eimern Bier und 724,007 Gulden Steuer, 1869 aber nur 87 mit 552,311 Eimern und 731,777 Gulden Steuer. Am Meisten leistete in Graz die Schreinersche Brauerei, 122,022 Eimer.

In Kärnthen gab es 1860 223 Brauereien, 1869 163: 1860 lieferten sie 210,112 Eimer, 1869 143,278 Eimer, die 1860 229,953 Gulden, 1869 aber 165,894 Gulden Steuer bezahlten.

Krain hatte 1860 28, 1869 17 Brauereien mit 41,577 gegen 57,123 Eimer und 70,709 und 72,077 Gulden Steuer. Im Küstenlande waren dagegen 1860 nur 5 und 1869 gar nur 3 Brauereien mit 5815 gegen 2692 Eimer und 6943 zu 14574 Gulden Steuer.

Tirol und Vorarlberg zeigt gleichfalls Rückgang, hier waren 1860 146, 1869 139 Brauereien mit 291,270 zu 211,209 Eimer und 320,598 zu 238,762 Gulden Steuer.

Im Jahre 1860 waren in Ungarn 368, in Siebenbürgen 90 Brauereien, ihre Zahl fiel 1869 in beiden Ländern auf 291, nämlich 208 und 83, 1860 erzeugten sie in Ungarn 889,119 und in Siebenbürgen 88,228 Eimer und zahlten 916,092 und 86,022 Gulden Steuer, im Jahre 1869 aber nur 861,084 und 95,675 Eimer mit 916,092 und 86022 Gulden Steuer. Am stärksten war die Production zu Pesth, nämlich 215,350, durch die Brauerei der ersten ungarischen Actiengesellschaft (vor 1868 Firma: Barber u. Blusemann), Steinbruch (Dreher) lieferte 202,920 Eimer und die Königs-Bierbrauerei in Leopoldstadt 80,100 Eimer.

Croatien und Slavonien zählten 1860 26, 1869 27 Brauereien mit 67,239 und 32,773 Eimern und 65,408 gegen 37,997 Gulden Steuern; die Serbisch-Banater Militärgränze 1861 16, 1869 15

Brauereien mit 9039 gegen 39,613 Eimer und 2303 gegen 39,901 Gulden Steuer, endlich die Croatisch-Slavonische Militärgränze 1860 21 Brauereien, 1869 nur 16 mit 14,749 gegen 11,541 Eimer und 12,722 Gulden gegen 10,507 Gulden Steuer.

Rechnet man nun Alles zusammen, so gab es im ganzen österreichischen Staate 1860 3314, 1869 aber 2820 im Betrieb stehende Brauereien, die 1860 12,602,404, 1869 aber 15,024,818 Eimer Bier producirten. Die Biereinfuhr betrug 1859 14,238 Zollcentner, 1869 nur 8808, 1859 aber die Ausfuhr 37,587 und 1869 403,550 Centner. Als Grund des Vorzugs der Oesterreich-ischen, namentlich Wiener und Böhmischen Biere, den Baierischen gegenüber wird lediglich die vorzüglichere Beschaffenheit des Malzes angenommen.

Vergleicht man hiermit die Production der Bierbrauereien in Preußen, so hat sich zwar die Zahl der gewerblichen Bierbrauereien vermindert, aber wie überhaupt überall die Production der be-stehenden, ist sie auch hier gestiegen, ganz im Verhältniß, wie sich der Consum der untergährigen Biere überhaupt jedes Jahr gestei-gert hat. 1869 gab es im ganzen Königreich überhaupt 8745 gewerbliche Bierbrauereien, von denen jedoch nur 7974 im Betrieb waren, außerdem noch 2861 nicht gewerbliche, nur für den Haus-bedarf bestimmte. Sie bezahlten 2,438,051 Thlr. Braumalzsteuer und producirten 548,561,400 Quart Bier aus 3,657,076 Centner Malz. Das Verhältniß stellt sich so:

Ostpreußen	349	Brauereien,	232,906	Ctr. Malz.
Westpreußen	114	"	127,248	" "
Posen	190	"	81,744	" "
Pommern	196	"	105,399	" "
Schlesien	1116	"	547,518	" "
Brandenburg	543	"	696,904	" "
Sachsen	887	"	539,047	" "
Westphalen	1105	"	259,631	" "
Rheinprovinz	1961	"	573,196	" "
Hessen-Nassau	663	"	286,468	" "

Hannover   458 Brauereien, 166,614 Ctr. Malz.

Schleswig-Holstein 387   „   100,315 „   „

Im Königreiche Sachsen waren im Jahre 1870 an Communbrauereien 73, 14 Actienbierbrauereien und an Privatbrauereien 761*) im Ganzen im Betrieb und diese zahlten zusammen im Jahre 1870 466,536. Thlr. 16 Gr. 5 Pf. Braumalzsteuer. Die Ausfuhr sächsischer Biere betrug 1633 Ctr., die Biereinfuhr aber aus Baiern 397,736 Ctr. und aus Oesterreich und anderen Ländern 71,171 Ctr.

Interessant wäre die Vergleichung der Bierproduction der Dresdner Brauereien des Waldschlößchens, Feldschlößchens, Felsenkellers, von Reisewitz ꝛc. mit der Medinger, Löbauer, Chemnitzer ꝛc., allein dann müßte consequenter Weise eine solche sich auch über die Preußischen, Thüringischen, Badischen ꝛc. erstrecken und dazu reicht der Raum dieses Buches nicht aus.

Die Zahl der im Königreiche Würtemberg befindlichen Bierbrauereien betrug am Schlusse des Jahres 1870: 2510, welche wie sich aus dem Betrage der von dem K. W. Steuercollegium erhobenen Malzsteuer für die Zeit vom 1. Juli 1870 bis 30. Juni 1871 ergiebt, ohngefähr eine Million Würtembergische Eimer Bier producirt hatten.

---

*) Dies ist die mir von dem Hrn. Vicehandelskammerpräsidenten G. Schilling nach offiziellen Documenten mitgetheilte Zahl, in dem zum Dresdner Brauertage erschienenen Festblatt werden übrigens nur 711 angegeben. Die Notizen über Würtemberg verdanke ich Herrn. v. Steinbeis, Präsidenten des K. Würtembergischen Centralstelle für Handel und Gewerbe zu Stuttgart.

Fünftes Capitel.

Niederländische, belgische und englische Biere. Das Bier in den Vereinigten Staaten von N.-A., in Norwegen, Frankreich und Italien.

Die Holländischen Biere haben gegenwärtig nicht mehr den hohen Ruf, den sie ehemals hatten, am berühmtesten sind das Mastrichter Braunbier aus Gerstenmalz, das Geldernsche Weißbier aus Gerstenmalz und Weizen, das Nymwegener Weißbier, Moll, und das rothe Diester Bier, das sich sehr lange hält. Das Amsterdamer Prinzeß-Bier ist leicht und ähnelt dem Böhmischen. Früher hatte jeder Rittergutsbesitzer seine Brauerei und die Bauern konnten gegen Erlegung der Kosten daselbst brauen, seitdem aber Biersteuer eingeführt ward, nahm die Production ab. Die in Amsterdam etablirten Baierschen Bierbrauereien reichen ebenfalls für den Consum nicht aus.

Die Belgischen Biere sind berühmter. Man nennt namentlich das Genter Bier (Uytzet), bräunlich oder gelb, auch in Wetteren gebraut, das Lütticher, wovon es zwei Arten giebt, solches, welches man frisch trinkt und solches, welches man länger aufbewahren kann, das Mechelnsche Braunbier, das Tirlemonter, das Löwener, Pinter, oder Pintermann genannt, und stark exportirt, das Lierer (in zwei Sorten, sogenanntes Genter und Caves Bier), das Horgarder, das St. Tronder Braun- und Gelbbier, das Ather Bier, in drei Sorten, braun, Grisette und Faro, das Brüsseler sogenannte Sechs-Sou-Bier, das stärkste, und endlich das Antwerpener. Aus letzterem werden noch drei Nachbiere hergestellt, Mittelbier, Gemischtesbier und Drittbier. Die berühmtesten Sorten überhaupt sind das Lambikbier (hier wird die erste Würze, aus

welcher man das Sechs=Sou=Bier darstellte, mit etwa 10 Hekto=
litern der zweiten vermischt) und das sogenannte Faro=Bier (ent=
standen aus der Vermischung der ersten und zweiten Würze),
ersteres ist so haltbar wie die besten Südweine und letzteres ver=
trägt auch lange Seereisen.

In England wird natürlich am Meisten im Bierbrauen ge=
leistet, allerdings sind Ale (London=Ale, Windsor=Ale oder Queen's
Ale, sehr blaß, Taunton=Ale, Welsh=Ale meist nach Irland gehend)
und Porter dort die Hauptbiere, ersteres das Ale der alten Briten*),
aber erst in neuerer Zeit (um 1730) mit Hopfen versetzt letzteres, zu
Anfange des vorigen Jahrhunderts (1730) von dem Braumeister
Harwood erfunden, und weil es die Arbeitsleute (porters) tranken,
Porter genannt (s. Nemnich, Neue Reise nach England. Tüb. 1807.
S. 51), aber häufig mit schädlichen Ingredienzen versetzt, sehr
klar und hell aus blassem Malz, letzteres nicht so stark aus braunem
Malz mit Zusatz von gelbem und blassem gebraut und in zwei
Sorten hergestellt, einfachem und Doppel=Porter (brown stout),
welcher größern Gehalt an Malz und weniger Wässrigkeit enthält.
Sonst giebt es noch ander Bier von Ruf daselbst, nicht gerechnet
das schon genannte Ingwerbier**) (ginger-beer) oder Hollunder=
bier (Elderberry-beer), ein magenstärkendes Kräuterbier aus Wer=
muth, Purl genannt, ein dem Rheinwein ähnelnder weißer Porter, Old
Hock genannt, aus bernsteinfarbigem Darr=Malz, Rohzucker und Hopfen,
meist gebraucht um schwachem und verdorbenem Porter aufzuhelfen,
das Amber= oder Towney=beer von hellgelber Bernsteinfarbe,
nicht sehr stark, das Table=Beer (Tischbier), dem deutschen Lager=
bieren ähnelnd, doch mit Zusatz von Lackritzensaft, und das sehr
helle Reading=Bier, zu Reading in Perthshire aus blassem Gersten=
malz und aromatischen Kräutern gebraut. Die bedeutensten Bier=

---

*) Ein altes Recept zum ale giebt Cajus, De ephemera Britann. p. 43
sq. und im Zosimus (ed. Gruner) p. 72—74. Ein anderes bei Strutt, Manners
of England T. III. p. 72.

**) S. darüber Pereira, Handbuch der Heilmittellehre v. Buchheim Bd. II.
S. 130. Hartmann, Das Bierbuch S. 63.

brauereien in England sind die der Herrn Whitbread, Brown
und Co., Barclay, Perkins und Co., Meax und Co. (für Stout),
Tetley und Sohn in London, J. und R. Tennent in Glasgow,
Baß und Co. und S. Allsopp und Söhne in Burton = on = Trent
(für Pale Ale), Buxton und Co. (für Porter), von denen jede
jährlich über 100,000 Barrels Bier erzeugt. Von dem Umfang
dieser Brauereien kann man sich einen Begriff machen, wenn man
liest, daß die Brauerei von Barclay und Perkins einen Raum
von 8 Acres Land (1 Acre = $1_{,585}$ Preuß. Morgen) umfaßt, und
daß letztere im Jahre 1852 über 11,195,000 Bushel Malz (1 Bushel =
40 engl. Pfund) verbrauchte. Exportbier (ale for export) brauen die
Brauereien von J. und R. Tennent in Glasgow (für Ost = und
Westindien) und Tetley und Sohn in London, es ist dies stärker,
spirituöser und bitterer als das für gewöhnlich getrunkene pale ale
und das schon erwähnte table-beer, sämmtlich verschiedene Ale=
sorten, aus einer Würze gezogen, die aus den blassesten Malze
ausgezogen und mit dem blassesten und besten Hopfen gekocht ward.
Eine andere sehr beliebte Sorte ist das sogenannte Burton ale,
aber das sonst so gesuchte schottische Ale, namentlich die mit Honig
versetzte, Aloa-ale genannte Sorte ist jetzt nicht mehr Mode.

Daß überhaupt in England Bier ein allgemein beliebtes Ge=
tränk war, geht schon daraus hervor, daß ein ungenannter Dichter
es zum Gegenstand eines komischen Gedichtes machte*), daß Oxforder
Studenten Lobgedichte auf dasselbe verfaßten**) und daß man den
Begriff Trunkenheit durch das Worte alecie bezeichnet. Allein
auch die Statistik des Bierconsums beweist es, in England macht
derselbe nämlich jährlich 60 Liter auf den Kopf aus, man hatte dort
1830 7,670,100 Barrels Bier erzeugt, davon waren 6,060,247
Starkbier und nur 1,609,853 Barrels Dünnbier, während in
Frankreich nur 3,809,935 Hectolitres Bier im Jahre 1842 erzeugt
wurden, in Paris aber doch auf jeden einzelnen Kopf aber im Jahr

---

*) The Beeriad or Progress of drink. Gosport 1736 u. 8.
**) S. The Oxford Sausage or select poet. pieces weitten by the
most celebr. wits of .. Oxford. Oxf. 1772. p. 55. sq.

14,5 Liter Biers kamen. Vergleicht man nun hiermit den Bier=
consum in Deutschland, so stellte sich für das Jahr 1840 hier
Folgendes heraus. Wenn man nämlich auf jeden Kopf im Mittel
Preuß. Quart rechnet, so findet sich folgende Tabelle.**)

24 in Preußen.

132 „ Baiern diesseits des Rhein.

65 „ der Rheinpfalz.

41 „ Sachsen.

71 „ Würtemberg.

20 „ Baden.

25 „ Kurhessen.

16 „ Hessen=Darmstadt.

61 „ Thüringen.

68 „ Braunschweig.

24 „ Nassau.

69 „ der freien Stadt Frankfurt.

10 „ Lippe.

49 „ Anhalt.

21 „ Luxemburg.

9 „ Birkenfeld.

Vergleicht man endlich den Gehalt der englischen Biere mit
verschiedenen Deutschen so hat der Chemiker Otto (bei Reich S. 288)
folgende Tabelle zusammengestellt.

	Malzextract.	Alkohol.	Kohlensäure.	Wasser.
Porter zu London gebraut . .	6,0	5,4·	0,16	88,44
. . . .	6,8	6,9		86,3
— zu Berlin	5,9	4,7	0,37	89,0
Burton Ale	14,5	5,9		79,6
Scotch Ale zu Edinburg gebr.	10,9	8,5	0,15	80,45
Ale zu Berlin gebr. . . .	6,3	7,6	0,17	85,93
Brüsseler Lambik . . .	3,4	5,5	0,2	90,9
— Faro	2,9	4,9	0,2	92,0
Münchener Salvator . . .	9,4	4,6	0,18	85,85

*) S. Reich, Nahrungs= und Genußmittelkunde. Gött. 1861. Bd. II. 1. S. 285.

	Malzextract.	Alkohol.	Kohlensäure.	Wasser.
Münchener Bockbier	9,2	4,2	0,17	86,40
— Schänkbier . . .	5,8	3,8	·0,14	90,26
16 Monate altes Baier. Lager= bier gebr. zu München . .	5,0	5,1	0,15	89,75
Münchener Lagerbier . . .	3,9	4,3	0,16	91,64
Baier. Schänkbier gebraut zu Braunschweig	5,4	3,5	0,15	91,1
Baier. Waldschlößchenbier . .	4,8	3,6		91,5
Prager Schänkbier	6,9	2,4		90,7
— Stadtbier	10,9	3,9		85,2
Braunschweiger Süßbier . .	14,0	1,36		84,7
Joftysches Bier in Berlin . .	2,6	2,6	0,5	94,3
Werdersches Braunbier daselbst	3,1	2,3	0,3	94,2
Berliner Weißbier	5,7	1,9	0,6	91,8
Bière blanche de Louvain .	3,0	4,0		93,0
Petermann, Louvain . . .	4,0	6,5		89,5
Braunschweiger Mumme . .	45,0	1,9		33,1

In den Vereinigten Staaten [108]) wird ebenfalls viel Bier gebraut. Die von sämmtlichen Brauern bezahlten Steuern betrugen im Jahre 1870 37,396,800. 00. Dollars, nämlich 36,007,055. 40 reine Biersteuer und 1,299,744. 33. Specialsteuern. Vom 20. Juni 1869 bis 30. Juni 1870 waren im Ganzen in allen Provinzen zusammen 5,081,520 Faß Bier gebraut worden. Es kommt also, da nach der vorhergehenden Volkszählung in den ganzen Vereinigten Staaten 38,547,229 Einwohner lebten, auf jede Person, Weiber und Kinder eingerechnet, auf dieses Jahr 78 Glas Bier. Die Anzahl der Brauereien aber war folgende:

1) New=York . . . . 367 liefern 1,992,958 Barrels*)
2) Pennsylvanien . . 353 = 788,034 =
3) Ohio . . . . . 270 = 550,921 =
4) Wisconsin . . . 229 = 189,664 =

---

*) 1 Barrel = 153 Baierische Maaß oder $^{115}/_6$ Oesterreichische Maaß oder 36 Gallons.

5) Illinois	202	lieferten 432,278	Barrels
6) Californien	172	⸗ 196,368	⸗
7) Michigan	148	⸗ 129,626	⸗
8) Indiana	144	⸗ 224,302	⸗
9) Missouri	126	⸗ 249,111	⸗
10) Minnesota	123	⸗ 56,720	⸗
11) Jowa	121	⸗ 103,637	⸗
12) New-Jersey	76	⸗ 432,088	⸗
13) Maryland	68	⸗ 128,432	⸗
14) Kentuky	43	⸗ 66,640	⸗
15) Oregon	34		
16) Nevada	34		
17) Massachusetts	33	⸗ 313,950	⸗
18) Texas	32		
19) Kansas	26		
20) Montana	24		
21) Nebraska	21		
22) New-Mexico	9		
23) Utah	10		
24) Washington Territory	8		
25) Wyoming	9		
26) Distrikt Columbia	13		
27) Colorado	16		
28) Arizona	6		
29) Dacota	4		
30) Jdaho	3		
31) Alabama	14		
32) Arkansas	3		
33) Connecticut	20	⸗ 43,906	⸗
34) Delaware	5		
35) Georgia	4		
36) Louisiana	13	⸗ 48,636	⸗
37) Maine	3		
38) Mississippi	3		

39) New Hampshire . . 5 lieferten 77,036 Barrels
40) Nordkarolina . . . 2
41) Rhode Island . . 5
42) Südkarolina . . . 4
43) Tennessee 11
44) Vermont 3
45) Virginien 10
46) Westvirginien . . 15
47) Florida (erst i. J. 1871) 1

Ueber Schweden und Dänemark habe ich nichts erfahren können, allein über Norwegen hat mir mein Freund, der Märchensammler und Naturforscher, Herr Forstmeister Asbjörnsen in Christiania Folgendes mitgetheilt.

Da in Norwegen Jedermann in seinem Hause zu seinem Gebrauche frei brauen darf, ohne dafür Abgaben zu bezahlen, so läßt sich nicht einmal annähernd etwas über den Umfang der dortigen Bierproduction angeben. Im Allgemeinen weiß man aber, daß im Stifte Bergen (namentlich in Hardanger, Sogn und der Landschaft Vors oder Worsgeleien), in Nordland und den inneren Gebirgsthälern, auch in mehreren Gegenden des Stifts Drontheim sowie in den von den gewöhnlichen Fahr- und Wasserstraßen entfernt liegenden Gegenden, verschiedene Biere auf den Bauerhöfen gebraut werden, am Meisten zu Weihnachten, dann auch bei Hochzeiten und Leichenbegängnissen, leichte Sorten aber zur Heuernte und an den Erndtefesten, weil das liebe Vieh zur Sommerzeit weit entfernt auf den reichen Weiden der norwegischen Hochalpen weidet und in den Thälern keine Milch, nur essigsaure Molken (Syre, Myse) zum Trinken zu haben ist. Es giebt aber in Norwegen auch eigentliche Brauereien, welche untergähriges, sogenanntes Bairisches Bier brauen. Zwar stellt man es in Norwegen dem besten Bairischen Bier gleich, allein mit Unrecht, es schmeckt zu sehr nach Pech vom Fasse, hat einen nicht sehr angenehmen Nachgeschmack und zuviel Alkohol, so daß man leicht davon Congestionen bekommt, es ist aber sehr kräftig. Aus dem Fasse wird es eingeschenkt, eigentliche Bierkneipen wie in Deutschland giebt es nicht, die Restaurateure und Schenkwirthe verstehen auch nicht die Kunst das Bier auf dem Fasse zu pflegen, deshalb bekommt man es nur in Flaschen. An Malzereien waren in ganz Norwegen 1870—71 42 in Thätigkeit, die in Verbindung mit 40 Brauereien standen. Wieviel dieselben aber überhaupt Bier producirten, war nicht zu erfahren, weil die Brauer es geheim halten. Während desselben Termins betrug die gesammte Malzproduction dieser (bairischen) Bierbrauereien 125,566 Tonnen Gerste (die Tonne von 190 Pf. = 147 Pf. Malz). Da nun angeblich 1 Pf. Malz 2—2²/₃ Flaschen Bier oder 2 Potter (norw. Maaß) giebt, so giebt 1 Tonne Gerste oder 147 Pf. Malz 300—333 Flaschen Bier. Die ganze Production war 36,469,800 Flaschen (à ³/₄ Maaß oder 2 Seidel pro Flasche). Nachbier wird auch gebraut, und zwar so, daß eine Tonne Malz 300 Maaß Bairisches Bier und 375 Maaß Nachbier giebt. Ausgeführt wurden im Jahre 1870 im Ganzen aus Norwegen 960,476 Potter (Flaschen*) Bier, nämlich nach Schweden 1688 (= 24 Eimer), nach Dänemark 1945 (= 28 E.), nach Island und den Faröerinseln 2520 (= 34¹/₂ E.), nach Schleswig und Holstein 12,363 (= 176¹/₂ E.), nach Hamburg für China 486,947 (= 6943¹/₂ E.), nach Holland 3562, nach Irland 186,607, nach Spanien 2318, nach Italien 150, nach Afrika 1350, nach Australien 4680, nach den La Plata Staaten 92,356, nach Brasilien 88,191 und nach Westindien 5380. Eingeführt dagegen wurden in Norwegen im Jahre 1870, wahrscheinlich meist Porter und Ale, 32,894 Potter. Rechnet man nun, daß im Jahre 1870 die Bierproduction ohngefähr 36 Millionen Potter (oder 72 Millionen Flaschen) betrug und davon 1 Million verschifft ward, so sind die übrigen 35 Millionen im Lande getrunken worden, es trinkt sonach jedes Geschöpf in Norwegen, die

---

*) Ein Pot (Mehrheit: Potter) Wasser ist an Gewicht = 1¹/₄ Flasche oder 1 Kilogramm. Auf einen Liter kommen 1,036 norw. Potter, auf eine alte sächsische Kanne 0.9695 norweg. Potter. Ein sächsischer Eimer hält 70 Potter.

Kinder von der Wiege an mit gerechnet, 20 Potter jährlich.
Allah il Allah!!

Das beste Norwegische Bier, welches man im Hardanger in
den Brauereien und auf den großen Bauerhöfen wie Hildal, Utne,
Opedal 2c. bekommt, ist das Hardanger Bier*), welches von den
reisenden Engländern dem besten Schottischen Ale, dem Burton-
Ale gleichgestellt wird. Es schmeckt fast wie das Grünthaler Bier,
welches man im Erzgebirge an der Böhmischen Grenze bekommt,
leider verträgt es kaum die Seereise von Hardanger nach Christiania,
sondern verdirbt.

In Frankreich haben besonders die Städte St. Dié, Lille,
Arras, Amiens (sonst auch Metz), Lyon und Paris bedeutende Bierbrauereien, welche meist helles Bier brauen und namentlich ist Paris
reich daran, allein den Erfolg, den die Dreher'sche Commandite (mit
ihren vier Restaurationen) sowie die Münchner (neben der neuen
Oper) hier erzielten, beweist am Besten, daß den Franzosen ihr
eigenes Bier nicht recht schmeckt. Vor der Weltausstellung gab
es hier hauptsächlich Straßburger und Lyoner Bier, das in Paris
gebraute, welches meist aus Flaschen (ohne Hälse) verschenkt wird,

---

*) Das Recept dazu ist: Eine Tonne Malz wird auf gewöhnliche Weise
zu 1 Eimer (norw. Anker) von 40 Potter grob gemahlen, also $3/4$ Malz zu
$1/4$ Bierwürze, dazu kommen 3 Pf. englischer oder amerikanischer Hopfen. Wachholder wird mit Wasser aufgekocht und heiß über das Malz im Bottich gegossen.
Nun werden 4 Eimer Bierwürze so abgezogen, daß 1 bis $1\frac{1}{2}$ Eimer durch 3 Pf.
Hopfen im eigentlichen Braubottich durchgeseihet werden, ohne jedoch gekocht zu
werden. Die übrigen 2 oder $2\frac{1}{2}$ Eimer werden mit demselben Hopfen nachher
gekocht und zusammen abgekühlt, dann in den Gähr= oder Braubottich gegossen
und mit Bierhefe gemischt, diese wird erst in den Bottich gethan, dann erst die
ungekochte Bierwürze. Ist die Gährung vorüber (nach 24—36—48 Stunden)
wird das Bier abgezogen, darf aber dann nicht mehr als 3 oder $3\frac{1}{2}$ Eimer
ausmachen. Natürlich hängt die Qualität des Bieres von der des Malzes und
Hopfens und dem richtigen Kochen ab. Der große Alkoholgehalt dieses Bieres
rührt wahrscheinlich davon her, daß $1/4$ oder $1/3$ der Bierwürze roh oder nur als
Aufguß bereitet in Gährung kommt und wahrscheinlich bedeutenden Einfluß auf
die folgende Gährung oder die Umänderung des Zuckers in Alkohol hat.

da es sich nicht gut hält, was am Wasser liegt, wurde nur an den früher so genannten Barrièren (boulevards extérieurs) verschenkt und im café du grand balcon (Boulev. d. Ital.) bekam man Frankfurter Bier. Ein Local, wo man vorzugsweise Bier bekommt, heißt café brasserie, daher bekam man in der Brasserie Guillaume Tell (Boulev. Strassbourg) nicht Pariser sondern Straßburgisches Bier. Man hat berechnet, daß jährlich 290,000 Hektoliter deutsches Bier hier getrunken werden, es beträgt dies 85 % des ganzen Bierconsums, das kleine Bier (petite bière), der Haustrunk in den Familien betrug nur 15 % des Gesammtverbrauchs. Das Hektoliter des erstern, der 400 sogenannte Bocks (un bock = eine Tulpe Bier) enthält, kostet dem Cafetièr 40 Fr., er muß aber 12 Fr. 50 Cent. Eingangssteuer bezahlen.

In Süditalien trinkt man gar kein Bier, in ganz Norditalien importirtes aus Wien und Gratz: von italienischen Brauereien ist die beste und thätigste die zu Chiavenna.

Sechstes Capitel.

Das Bier im Orient, Africa, America und Australien.

Im Orient trank man, namentlich in Aegypten im Mittelalter eben=
falls Bier und man findet bei den arabischen Schriftstellern verschiedene
Beschreibungen derselben. Der Arzt Ebn Maswyya unterscheidet
vier Sorten, sämmtlich Fokka gennant, woraus die Neugriechen,
ihr phuca (φουκᾶ, φουκάδιον) gemacht haben, was bei den Türken
Posset, Chausset oder Chousset genannt ward. Eine ward aus
Gerstenmehl gemacht, der man Pfeffer, Spike, Gewürznägelein,
Raute und Petersilie zusetzte, die andere ward aus Brod, Peter=
silie und Krausemünze fabricirt, die dritte mit Honig, die vierte
mit Zucker bereitet. Ein anderer arabischer Schriftsteller schreibt
über diese Art Biere (Fokka) folgender Weise. „Es giebt eine
Sorte, welche man mit Mehl aus gekeimter, dann getrockneter
und gemahlener Gerste bereitet, die man dann durch Zusatz von
Krausemünze, Raute, Schwarzkümmel, Zitronenblättern und Pfeffer
zur Gährung gebracht hat. Dieses Bier ist warm, austrocknend,
oft faulig, mit einem Worte sehr schlecht für den Magen, es bringt
Blähungen und Poltern in demselben hervor, und greift die Kopf=
nerven an, worauf es dieses Organ mit dicken, warmen Dünsten,
die sich schwer wieder zerstreuen lassen, erfüllt. Manchmal bringt
es durch seine Schärfe und Fäule Diarrhöe hervor, und bei denen,
welche es gewöhnlich zu trinken pflegen, Krankheiten der Blase
und entzündeten Urin. Weniger gefährlich ist das Bier, welches
man aus Kornmehl, wohl bereitetem Brode, Petersilie und Mehl
aus gekeimter Gerste braut; es bekommt namentlich Personen von
hitzigem Temperament, wogegen Leute von milderer Constitution
um die Winde, Blähungen und das Kollern im Leibe, welches

dieses Getränk hervorbringt, zu vermeiden und überhaupt dasselbe
weniger erhitzend und mehr magenstärkend zu machen, Gewürze
zusetzen, welche dem Magen zuträglich sind und ihn durch ihr
aromatisches Naturell stärken, und seine überflüssige Feuchtigkeit
absorbiren, so Spike, Mastix, Zimmt, langen Pfeffer, Moschus,
Kardamom, Muscat und Gewürznägelein. Auf 20 Krüge Bier
zerreibt man das Gewicht eines Mitscal dieser Gewürze. Will
man das Getränk schmackhafter machen, so thut man in jeden
Krug ein Herz Schwarzkümmel, zwei Citronenblätter, ein wenig
Raute und Krausemünze. Man macht auch eine Art einfaches
Bier aus Wasser, in welches man ein Brod aus dem feinstem
Mehlauszug eingeweicht hat, man seihet es dann durch und setzt
hierauf Moschus und Mastix zu und thut in jeden Krug ein Körnchen
oder Herzchen Krausemünze und Schwarzkümmel. Es giebt aber
noch eine andere Biersorte, in Aegypten mazar genannt, aus
Roggen, Gerste und Hirse bereitet, dieses ist ein Getränk, welches
stark berauscht wie gewöhnlicher Wein, obgleich es bei weitem
nicht so stark und so zuträglich ist. Indessen erregt es eine heitere,
lustige und muthwillige Stimmung und macht wohlriechenden
Athem, jedoch in Uebermaß genossen verursacht es Uebelkeit, Erbrechen, viele Blähungen und Beklemmung". Hopfen oder Lupinen
scheinen weder zu dem einen noch zu dem anderen Biere gebraucht
worden zu sein, wiewohl er in Aegypten gebaut ward. Ob nun
aber gleich der Khalif Hakem Biamrallah Abu Ali Mansur im
Jahre der Hedschra 395 das Brauen und Verkaufen des Bieres
untersagte und Contravenienten hart bestrafte, weil Ali, der
Nachfolger Mohammeds den Gebrauch dieses Getränkes den Gläu-
bigen untersagt hatte, so erhielt sich das Biertrinken gleichwohl
in Aegypten fort, sonst hätte (um 1200 Chr.) der Arabische Arzt
Abdallatif in seiner Beschreibung von Aegypten (S. 314) nicht
sagen können, das Volk genieße dort als Getränk eine Art aus
Getreide bereiteten Wein, mazar genannt, denn im 16. Jahrhundert
fand es dort der Naturforscher Belon[109]). Es hieß damals bouza,
welcher Ausdruck persischen Ursprungs ist, und dasselbe Ge-

tränk, aus Gerste ohne Hopfen und Gährungsstoff zubereitet, fand auch in Oberägypten und Cairo der Reisende Wansleb, der es mit dem deutschen Bier vergleicht[110]), und heute noch ist in Aegypten ein stark berauschendes Getränk unter diesem Namen namentlich unter den gewöhnlichen Leuten und den Schiffern auf dem Nil ganz gewöhnlich. Man bereitet es, indem man stark gesäuertes Roggenbrod in ein großes mit Wasser gefülltes Gefäß zerbröckelt und eine gewisse Quantität Mehl aus gekeimtem Korn zusetzt. Nach der Gährung ist der Bouza fertig. Eine andere Sorte stellt man aus Gerstenbrod und Mehl aus gekeimter Gerste her. Indessen heißt auch das aus Europa nach Aegypten exportirte Bier dort Bouza[111]). Dasselbe Getränk gleich zubereitet fanden die Jesuiten im 16. Jahrhundert auch bei den Abyssiniern, die es offenbar von den Aegyptern erhalten hatten. Uebrigens fabricirt man in Aegypten noch ein anderes ähnliches Getränk aus Reis, den man in Wasser so lange sieden läßt, bis er zu einer Art Rahm wird. Dann gießt man wieder Wasser zu, damit er flüssig wird, und vermischt hierauf diese Mischung mit Zucker und Honig. So lange bei diesem Gebräu kein Gährungsproceß eintritt, ist es erlaubt, allein ist es gegohren, darf man es nicht mehr trinken[112]). Was will man aber sagen, wenn Olaus Magnus (De gent. Septent. XIII. c. 30) uns sogar das Recept eines in dem Reiche des fabelhaften Priesters Johann in Indien gebrauten Bieres mittheilt?

Die alten Peruaner wußten schon vor Ankunft der Europäer eine Art Bier zu bereiten. Wahrscheinlich war dies dasselbe, was man später in Nordamerika aus den jungen Nadeln der weißen nordamerikanischen Fichte oder Tannenschößlingen herstellte. Man kocht nämlich dieselben zu einem harzigen, klebrigen, bittern, aber wohlriechenden Extract, Sprüve genannt, ein und erhält daraus ein gutes Bier, wenn man zu 20 Kannen siedenden Wassers einen oder zwei Eßlöffel dieses Extracts thut und aufsieden läßt. Nach der Abkühlung giebt man ihm durch Syrup soviel Süßigkeit, daß das Getränk nur eine angenehme Bitterkeit behält. Ende des vorigen Jahrhunderts machte man auf einem Schiffe, welches von Philadelphia nach China fuhr die Erfahrung, daß das mitgenommene aus Tannenschößchen gebraute Bier das sämmtliche Schiffsvolk gesund erhielt[113]).

Ob die alten Chinesen Bier in unserem Sinne hatten, wissen wir nicht, allein Gmelin[114]) fand bei ihnen doch etwas Aehnliches unter dem Namen Tarasun. Es war ein Bier aus Weizen, wozu ein ziegelsteinförmig gepreßter Hopfen genommen ward.

Siebentes Capitel.

Von bierähnlichen Getränken.

Wir haben oben schon der Kräuterbiere gedacht, die in Deutschland bereits im 16. Jahrhundert üblich waren, wir wollen hier noch einige ähnliche Surrogate nachtragen.

Zuerst gehört hierher das Fichten= oder Tannensprossen= bier, in England spruce beer (aus pinus alba) genannt und oben schon erwähnt und sowohl hier als in Nordamerika für die Marine bereitet. Man kocht vier Theile zerstoßene Fichten= oder Tannen= sprossen so lange in Wasser, bis sie gelb werden und die Rinde sich leicht abschält, dann setzt man $\frac{1}{4}$ Theil Syrup oder 4 Theile Malz zu, läßt es abkühlen, zieht es ab und versetzt es durch bei= gefügte Hefe in Gährung. In Finnland und Ingermannland hat man das sogenannte Wachholderbier, was sehr angenehm süß schmeckt und sehr gesund ist, ob es sich gleich nicht lange hält, da es bald sauer wird. Es wird folgender Maßen bereitet. Man gießt auf 30 Pfund zerstoßene Wachholderbeeren $2\frac{1}{2}$ Eimer kaltes Wasser, das nach Abzug der auflösbaren Bestandtheile nach 24 Stunden abgelassen, im Braukessel gekocht und fleißig abge= schäumt wird, um den harzigen, bittern Geschmack des Wachholders zu entfernen. Ueber die Treber wird dann nochmals Wasser ge= gossen, dann wieder abgezogen und hierin der Hopfen gekocht und dies Decoct der ersten Würze zugesetzt. Ist das Ganze bis zur laulichen Wärme abgekühlt, setzt man es durch Hefe in Gährung und ist die Hauptgährung vorüber, füllt man es auf Fässer. Etwas Anderes ist das Recept dieses Bieres, welches der Franzose Kerandren für die französische Marine zusammengestellt hat. Man rührt in einem Gefäße von 28 Liter Inhalt 20 Kilogramm Melasse

(Syrup) mit 5 Hectogrammen Bierhefe und 20 Liter kochenden
Wassers an, füllt dann die Tonne mit kochendem Wasser voll und
hängt einen Sack mit 2 Kilogrammen zerquetschter Wachholder=
beeren hinein, läßt dann das Ganze drei Tage gähren und zieht
es auf Flaschen. Beiläufig gesagt bereitet man in England jetzt das
Fichtensprossenbier genau ebenso, nur hängt man in die Flüssigkeit
5 Hektogramme Fichtensprossenextract statt Wachholderbeeren.
Uebrigens behaupten die Franzosen, so bereitet halte sich das
Wachholderbier sehr lange, obgleich man es bereits 8—14 Tage nach
der Bereitung trinken könne.

Als dem Bier ähnliche Getränke nennt man nun folgende:
das Heidekrautbier auf den Hebriden aus Gerstenmalz, Heidekraut
und Hopfen, sowie den russischen Quas oder Quisitchy, welcher
auf folgende Art bereitet wird. Man mischt Roggenmehl, Hafermehl
und Gerstenmehl — zu 100 Flaschen von jedem 13 1/2 Pfund —
von gleichviel gekeimtem oder nicht gekeimtem Getreide (daher
brauner und weißer Quas) zusammen, rührt ihn ganz klar
und allmälig in kochendes Wasser ein, stellt ihn offen in einem
minder als zum Brodbacken heißen Ofen, rührt ihn in 1/2 Stunde
einmal mit einem Holze um, gießt den nach 3 Stunden entstandenen
hellen Brei von Rahmconsistenz in einen großen Zuber, rührt ihn
von Neuem in soviel Wasser als für 100 Flaschen genügt, thut
dann eine Handvoll trockne mentha piperita, eine Handvoll passulae
minores und eine Handvoll mit etwas weniger weißem Mehl ge=
knetete Bierhefe dazu, läßt dann den Zuber offen und setzt ihn
ohne Umrühren einer Wärme von 20 Grad R. aus, zieht ihn
hierauf nach 48 Stunden ab, wo die Gährung stattgefunden haben
wird, stellt das dazu benützte Faß so 5—6 Tage in den Keller,
zieht ihn hierauf auf Flaschen und kann ihn sodann nach Verlauf
von 8 Tagen trinken*).

Das Bragga der Kosaken. Hafer und Gerste werden dem
Keimproceß unterworfen, gequetscht, mit Hopfen gekocht, dann auf

*) Ein genaues Recept hierüber giebt der Reichsanzeiger 1803 Nr. 144
S. 1896 und darnach Gruner in seiner Ausgabe des Zosimus S. 58.

Roggen = oder Gerstenmalz geschüttet, Hefe hinzu gethan, gegährt und abgezapft. Dieses Getränk, das übrigens häufig noch mit Stutenmilch vermischt wird, ist sehr berauschend.

Die Scara der Kalmücken aus Roggenmehl und Gersten= malz mit achillea millefolium versetzt.

Der Sackky der Japanesen aus Weizen, Gerste und anderen Getreidearten.

Das Tchao = Mien der Chinesen aus Weizen, Reis und Hirse mit Zucker.

Der Atolla der Mexikaner aus Mais und Wasser, dem sie noch piper longum und dergl. Gewürze beigeben.

Das Romi der Araber und Mongolen aus Mais mit anderen Pflanzen, Getreide und Obst.

Die Chicha in Paraguay und Panama aus Mais und Wasser.

Der Kumyß (oder Kumya=Hyss) der Kirgisen aus saurer Stutenmilch, Mais, Roggen und Gerste.

Der Tarassun der Tungusen aus Gerste, Weizen und ähn= lichen Getreide (s. oben S. 109).

Der Saly oder Ur=Murt der Wotjaken aus Malz und Honig.

Der Hock=Schuh der Fidschiinsulaner aus Weizen.

Der Bas=Hee der Lukonen aus Getreide, Zucker und Brombeeren.

Der Quicou der Hindu's.

Das Cocouin der Antillen aus Mais und Maniokwurzel.

Das Lurike auf Madeira aus Getreide und Weintrauben.

Das Dhourra=Bouza der Nubier aus ägyptischem Hirse.

Das Sasois der Abyssinier aus Getreide.

Die Samsu der Koreïten aus Reis.

Das Bier der Sierra=Leone=Neger aus indischem Korn.

Das Bier der Neger*) im Innern Africa, welches Mungo Park[115]) bei ihnen antraf und welches aus Holcus spicatus und einer bittern Wurzel gebraut war.

---

*) Bei den Manganjas, einem afrikanischen Volksstamm am Schirwa=See, nordwestlich von Quilimane herrscht die Gewohnheit, daß wenn in einer Familie

Das Bier der Bajeije am Ngami-See in Südafrica aus sogenannter Neger-Hirse [117]).

Das Bier in Virginien, welchem Melasse (Syrup) und Kleien beigemengt ward.

Das Bier der Kaffern, welches sie aus Getreide und Senf bereiten.

Der Maby der Maracaiben aus Mais und Pataten mittels Sauerteigs.

Der Cerub der Mauren aus Weizen mit Gewürz und Hanf oder Haschisch gemischt.

Das Masum der Kamtschatkalen aus Getreide, Blättern von polypod. filic. mas. mit Honig untermengt und gegohren.

Die Argila im Orient mit Opium vermischt.

Die Cicca der Insel Mocha aus Mais, den die alten Weiber angeblich mit ihren Zahnstumpfen kauen müssen, wobei ihr Speichel als Hefe dient. Dieses Gemisch wird in ein Faß gethan und gähren gelassen, nachdem es mit Wasser übergossen ist. Voraussichtlich geräth dieses Bier desto besser, je älter das Weib ist, welche den Mais gekaut hat.

Das Bier der Finnen und Lappen aus Wachholderbeeren, tamarix german. und andern Kräutern auf Wasser gesetzt und mit Rennthiermilch versüßt.

Die Blauta der Isländer aus Getreide, isländischem Moos und sauren Molken (Syre), wozu noch Thymian oder die Blätter ihres Holta Sollyg kommen.

Das Bejay der Tunkinesen aus Getreide, Mais und Lechea, einer Lorbeerart. Die weniger Bemittelten trinken ein Getränk Cham-Beng genannt aus Getreide und blutrothem Thee (Ziegelthee), die Armen ein ähnliches Getränk Chiaway genannt.

Bier (aus Korn) gebraut werden soll, man die Nachbarn einladet. Alles, Männer und Weiber, kommt mit Sicheln: wenn nun das genossene Getränk seine berauschende Wirkung äußert, macht sich die ganze Gesellschaft auf und schneidet für ihren Wirth ein Feld Korn oder verrichtet andere landwirthschaftliche Geschäfte, um durch Arbeit die geistige Aufregung zu dämpfen. Aehnliches S. ob. S. 13.

Die Oka (Acua) der Peruaner.

Die Tabby auf der Insel Savu in Neuguinea aus dem Saft der Fächerpalme.

Das Getränk aus der Drekapflanze auf Drea in Australien.

Das Aracle der Javanesen.

Das Aux auf Otaheiti, ein Getränk aus verschiedenen Getreidearten mit Taumelpfeffer gemischt.

Der Uyka auf Martinique aus Cassava, Pataten, Bananen, Zucker 2c.

Der Perino auf Barbados.

Der Muchumor der Korjacken, ein Gebräu aus Fichten, Tannen, Roggen, Gerste und einer bei ihnen wachsenden Pflanze Naliv genannt, das angeblich so gut schmeckt, daß die Armen, die sich dieses Getränk nicht erzeugen können, da nur die Vornehmen es bei ihren Festen genießen, sich um die Häuser derselben lagern und wenn einer derselben sein Wasser abschlägt, dasselbe in Schalen auffangen und sich von demselben berauschen sollen.

Der Sorbet oder Scherbet der Orientalen, ein Getränk von abgezogenem Wasser aus Rosen, Veilchen, Lindenblüthen, Safran 2c. mit Saft von Citronen, Limonen und Pomeranzen gemischt und mit Ambra, Moschus 2c. gewürzt*).

---

*) S. Hopff, Das Bier. S. 91 u. fg.

Achtes Capitel.

Von merkwürdigen Wirkungen des Bieres und wunderthätigen Bieren.

Schon die Alten haben das Bier für sehr gesund gehalten: von dem Doppelbiere ($\delta\iota\zeta\upsilon\vartheta\varsigma$) hat man ein Epigramm des griechischen Dichters Palladas in der Anthologie*), welches in der Uebersetzung also lautet: „Nicht ohne Grund habe ich gesagt, daß im Doppelbier ein gewisses göttliches Getränk enthalten sei. Gestern habe ich einem, der am viertägigem Fieber krank war, solches gegeben, und er ward sofort gesund", wenn nämlich die vorge= schlagene Lesart $\delta\iota\zeta\upsilon\vartheta\varsigma$ richtig ist! Ich halte sie für die wahre, denn warum sollte denn nicht Doppelbier gegen Fieber helfen? Glücklicher Weise sind wir im Stande, eine andere durch Bier be= werkstelligte Wunderkur hier zu berichten.

Ein Werk über schottische Statistik (Edinb. 1795, Th. XV. S. 201) erzählt nämlich folgende Geschichte: In der Grafschaft Clackmannan in Schottland lebte ein armer Kohlenbergwerkarbeiter, Namens William Hunter, der schon lange an acutem Rheumatis= mus oder hartnäckiger Gicht gelitten hatte, welche ihn des Ge= brauchs seiner Glieder beraubt hatte. Am Neujahrsabend des Jahres 1758 kamen einige Nachbarn zu ihm, um den Abend bei ihm zuzubringen. Ale ward getrunken, und man ward lustig,

---

*) Anthol. Graeca, I. c. 39 p. 126. (Anth. Pal. IX, 503), in der Aus= gabe von Jacobs Bd. II. S. 136 Nr. 109. „$o\dot\upsilon\varkappa\ \dot\alpha\lambda\dot o\gamma\omega\varsigma\ \dot\varepsilon\nu\ \delta\iota\zeta\dot\upsilon\varphi o\iota\varsigma\ \delta\dot\upsilon\nu\alpha\mu\iota\nu\ \tau\iota\nu\alpha\ \vartheta\varepsilon\tilde\iota\alpha\nu/\varepsilon\tilde\iota\nu\alpha\iota\ \dot\varepsilon\varphi\eta\nu\cdot\ \chi\vartheta\dot\varepsilon\varsigma\ \gamma o\tilde\upsilon\nu\ \delta\dot\iota\zeta\upsilon\varphi o\nu\ \dot\varepsilon\nu\ \chi\rho o\nu\dot\iota\omega/\ \dot\eta\pi\iota\dot\alpha\lambda\omega\ \varkappa\dot\alpha\mu\nu o\nu\tau\iota\ \tau\varepsilon\tau\alpha\rho\tau\alpha\dot\iota\omega\ \pi\varepsilon\rho\iota\dot\eta\psi\alpha/\varkappa\alpha\dot\iota\ \gamma\dot\varepsilon\gamma o\nu\varepsilon\nu\ \tau\alpha\chi\dot\varepsilon\omega\varsigma\ o\dot\iota\alpha\ K\rho\dot o\tau\omega\nu\ \dot\upsilon\gamma\iota\dot\eta\varsigma.$" Jacobs liest $\zeta\omega\ddot\upsilon\varphi\dot\iota o\iota\varsigma$ und $\zeta\omega\ddot\upsilon\varphi\dot\iota$. $\zeta\omega\ddot\upsilon\varphi\iota o\nu$ ist nach dem griechischen Lexicographen Hesychius $\mu\iota\varkappa\rho\dot o\nu\ \zeta\tilde\omega o\nu$, $\varkappa\nu\dot\omega\delta\alpha\lambda o\varsigma$, $\pi\tau\eta\nu\dot o\nu$ oder $\sigma\varphi\dot\eta\xi$.

der luftige Bruder verfehlte nicht, sein Glas bei jedem Rundge=
sang zu leeren und da Schottisches Ale ein verführerisches Getränk
ist, aber auch ein ebenso treuloses und gefährliches, da es die
Sinne verwirrt und zuletzt die Vernunft ganz überwältigt, so
verlor zwar der gute William Hunter für den Augenblick seinen
Verstand, allein von Stund an waren seine Beine wieder in Ord=
nung und er machte für noch zwanzig Jahre einen bewunderungs=
würdigen Gebrauch von ihnen. Seit diesem glücklichen Abende
durfte sein alter Feind ihm nicht wieder zu nahe kommen und der
gute Bergmann sorgte dafür, ihn in respectvoller Entfernung zu
halten, indem er das Mittel, welches sich für ihn so wohlthätig
bewiesen hatte, so oft als möglich wiederholte. Wer hätte ihn
deshalb auch tadeln sollen?

Ebenso wunderbar ist die Geschichte, daß in Seeland ein
Bierbrauer, mit Namen Tholen, wunderbarer Weise von den
Todten auferstand und von da an einen so gottesfürchtigen Wandel
führte, daß er nicht ohne Wunderwerk von dieser Welt schied.

Von einer Wittwe zu Sousberg im Köllnischen Gebiet erzählt
Cäsarius von Heisterbach (B. III. c. 31), sie habe ein Brauhaus
gehalten, das Handwerk durch ihre Leute getrieben und ihr Bier
ausgeschenkt. Einst entstand nun an jenem Orte eine große Feuers=
brunst, die zuletzt auch bis an ihr Haus vordrang. Da stellte sie
in ihrer Herzensangst, weil Menschen ihr keine Hilfe brachten, in
aller Eile alles Geschirr, womit sie für Geld Bier auszumessen
pflegte, vor die Hausthür, faltete die Hände und betete also: „all=
mächtiger Gott, ist es, daß ich einigen Menschen an dem Maaße
wissentlich Unrecht gethan habe, so verzehre das Feuer, gleichwie
Anderen geschehen, auch diese meine arme Behausung; habe ich
aber Jedermann das Seine rechtmäßig und wie es das Gewissen
erfordert, gegeben, so sei Deine göttliche Barmherzigkeit dermalen
mit mir!" Siehe, das Feuer, welches Alles ringsherum verzehrte,
verbrannte der Frau Bierbrauerin auch nicht einen Strohhalm.

Indessen sind die Brauer nicht alle von so weißem Gewissen
gewesen, als das Bier war, welches sie siedeten. Man erzählt,

es gebe Leute unter ihnen, die mit Teufelskünsten zu wege gebracht, daß ein anderer Gewerbsgenosse kein Glück im Sieden hatte.[118]) Der bekannte Anecdotenjäger Hans Wilhelm Kirchhof erzählt in seinem Wendunmuth B. III. Cap. 190, folgende den Brauern nicht gerade Ehre bringende Geschichte. Es habe der Magistrat in verschiedenen Städten, damit das Publikum nicht durch schlechtes Bier betrogen werde, im Brauhause in der großen Bütte ein „Zückel" und Gemerk gemacht, darüber nicht sollte gegossen werden, außerdem unter dem Strich noch ein Loch, damit ja die Verordnung in Bezug auf das richtige Maaß an Malz und Wasser nicht überschritten werde. Die Brauer aber, namentlich einige habsüchtige Bürger bestachen den Braumeister, besagte Bohrlöcher mit einem Zapfen zu verstopfen, sie betrogen also den geschworenen Aufseher und verdächtigten ihn bei seiner Behörde. Allein dieser ging des Nachts ins Brauhaus, wozu er einen Schlüssel hatte, und da er die Zapfen eingemacht fand, zog er sie ganz heraus und ließ das Bier auslaufen, also daß das Sprichwort wahr war, daß sie Hopfen und Malz, so viel sie in das ausgelaufene Bier verwendet hatten, sammt der Arbeit verloren.

Ein anderes Mal aber, vielleicht weil der Patron der Brauer in den katholischen Ländern ein Heiliger ist, St. Adrian oder St. Amandus, geschah mit dem Biere großes Wunder, denn es wird von dem H. Harthak, einem irländischen Bischof, geschrieben, Gott habe seiner großen Verdienste wegen ihm das Bier auf gleiche Weise vermehrt, wie einst der Wittwe zu Sarepta das Oel. Daher kommt wohl auch die in Deutschland oft vorkommende Verbindung der Kirche und Brauerei an einem Orte, wie z. B. im Voigtlande im 16. Jahrhundert noch manche Pfarrer Bier schenken durften, ja in der Capelle zu (M.) Arles daselbst schenkte man zur Kirchweih selbst viel Bier.[119])

Neuntes Capitel.

Aberglauben vom Bier und Brauen.

Es fragt sich nun aber, in welcher Beziehung eigentlich das alte Bierzeichen zu nehmen ist, von dem wir gleich sprechen wollen. Als Merkmal für das Publikum trug nämlich sonst jedes Haus, wo der Bierschank ausgeübt ward, entweder, wie noch jetzt, einen Bierkrug auf ein ausgehängtes Schild gemalt, oder ein soge= nannter Bierkegel, ein hölzerner kegelförmiger Krug, oder ein bunt= bemaltes Kreuz mit zwei solchen Töpfchen darüber zum Zeichen frischen Bieres war vor den Schenken ausgestellt, oder an einer Stange, Bierstange*) genannt, hing am Endtheil entweder ein grüner Laub= kranz (Bierkranz), oder eine grüne Ruthe oder auch nur dürres Reisig (Bierreisig). Aber man findet dafür noch das bekannte sechs= eckige Zeichen ✡ zwei Dreiecke aus Latten bestehend, symmetrisch vereinigt und bierfarbig angestrichen: dasselbe hat große Aehnlich= keit mit dem fünfeckigen Alpkreuz oder sogenanntem Trudenfuß

⛤ der in manchen Ländern dem Vieh gegen den Alp und das Behexen um den Hals gehängt wird. Wahrscheinlich stehen beide im Verhältniß zu einander.

Uebrigens hat man vom Bier in unserem deutschen Vaterland mancherlei Aberglauben. So trinkt man auf dem Lande in

---

*) In England bestand ein solches an den Bierschenken ausgestecktes Bier= zeichen, ale-stake, gewöhnlich aus einem Busch Epheublätter. Derselbe heißt auch oft maypole (Maibaum), wahrscheinlich mit Beziehung auf die in England so beliebten Maifeste (s. Halliwell, Diction. of archaic words. London 1850, T. I. p. 45. Wright, Provinc. Diction. T. I. p. 49).

Norddeutschland und im sächsischen Erzgebirge zu Fastnachten und
am Weihnachtsabend viel Bier und Warmbier, denn sonst schwinden die Kräfte und man muß noch in demselben Jahre sterben.
In Mecklenburg ließ man noch im vorigen Jahrhundert am Ende
jedes Roggenfeldes einen Streif unabgemäht, flocht die Halme in
Büschel zusammen und besprengte sie mit Bier (wie bei den alten
Wodansopfern S. oben S. 7), die Arbeiter schlossen dann darum
einen Kreis, nahmen die Hüte ab, richteten die Sensen in die
Höhe und sprachen dreimal: „Wode, hole Deinem Roß nun Futter,
nun Distel und Dorn, auf's andere Jahr besser Korn." Das den
Arbeitern gegebene Bier hieß dann Wodelbier. In Oldenburg
heilt man Schlangenbiß dadurch, daß man Bier trinkt, in welchem
Eschenlaub gekocht ist. Auf ähnliche Weise curirt man in Mecklenburg Magenbeschwerden, indem man Bier trinkt, welches auf ein
gefundenes glühend gemachtes Hufeisen gegossen worden ist. [120])
Ich weiß nicht, ob der bekannte Frühlings- oder Pfingstvogel
oriolus galbula, jenes muthige aber zänkische Geschöpf, der auch
Vogel Bülow oder Schulz von Bülow im Volke heißt, seinen Namen
Pirolt, Tirolt oder Berolt, Bierholer, Bierhold, von seine Ge-
schrei oder von irgend einem mit dem Bier in Verbindung stehenden Sage hat.

Ebenso ist es mit den Brauern und Brauhäusern. Bekannt
ist der Aberglaube, daß Glücklichen in alten Brauhausgemäuern
oft Braupfannen voll Gold erschienen sind. Will ein Brauer viel
Abgang haben, so verschafft er sich den Strick eines Gehängten,
an dem aber der Daumen desselben noch hängt, und legt ihn in's
Bierfaß. [121]) Einmal ist im Jahre 1516 in einem Orte bei Schleiz
eine Frau zu diesem Zwecke früh hinaus nach dem Galgen gegangen, um dieses Experiment vorzunehmen, da ist ihr aber der
todte Körper mit den Füßen um den Hals gefallen und hat sie so
festgehalten, daß sie sicher gestorben wäre, wenn nicht auf ihr
Hülferufen Leute herbeigeeilt wären und sie erlöst hätten. [122]) Eine
Hauptsache aber ist, daß nie eine Frauensperson, welche ihre Periode hat, in eine Brauerei oder Bierkeller kommt, da schlägt das

Bier sicher um. Ebenso muß heute noch im Oldenburgischen die Bierhefe, ehe sie in die Maische kommt, mit einem grünen Eichenzweige bestrichen werden. In Süddeutschland legen die Brauer Nesseln bei Gewittern neben das junge Bier, um es vor dem Umschlagen zu schützen. [123]) Wenn in Schweden beim Brauen ein Fremder eintritt, versäumt man nie, einen Feuerbrand in die Braupfanne zu stecken. [124])

Der Verfasser der bekannten Chemnitzer Rockenphilosophie (Chemnitz 1759), Joh. G. Schmidt, bringt ebenfalls mancherlei hierher Gehöriges bei. Wir lesen hier:

(II. Hund. 1) Wer aus einer Birken, die mitten in einem Ameisenhaufen gewachsen ist, lässet hölzerne Schläuche oder Hähne drehen, und verzapft Wein und Bier dadurch, der wird geschwinde ausschenken.

(II. H. 72) Wer die erste Kanne Bier aus einem Fasse bekömmt, soll geschwinde damit fortlaufen, so gehet das Bier bald ab.

(III., 99) Wenn einer dem andern den Kofend zutrinkt, und der Andere gesegnet's dem Ersten und thut auch Bescheid, so kriegt er Läuse.

(IV., 1) Wer den Schlucken hat, der stecke ein blos Messer in eine Kanne mit Bier und trinke einen guten Trunk in einem Odem davon.

(IV., 63) Wenn man Bier brauet, soll man einen guten Strauß großer Brennnesseln auf den Rand des Bottigs legen, so schadet der Donner dem Biere nicht.

(IV., 77) Wenn bei dem Bierbrauen gesungen wird, so geräth das Bier wohl.

(IV., 86) Wenn ein Paar sollen getrauet werden, soll der Bräutigam vorher, ehe sie in die Kirche gehen, das Bierfaß anzapfen, und den Zapfen zu sich stecken, sonst können ihm lose Leute einen Possen thun, daß er der Braut die eheliche Pflicht nicht leisten kann.

(V., 65) Wer Bier schenkt, muß allezeit die erste Losung unter

Zu S. 120.   **Eine Wirthin vom Teufel geholt.**
Altenglische Sculptur.

Zu S. 146.   **Altnordische Saufgesellschaft.**

den Zapfen des Fasses legen und solche nicht ausgeben, bis das Faß ausgeschenket ist.

(V., 85) Wer am Charfreitage vor der Sonnen Aufgang drei Messerspitzen voll Hefen isset, dem schadet selbiges Jahr kein Trunk, er mag saufen, wie er will.

(VI., 53) Wer Bier holet, soll sein Wasser nicht abschlagen, sonst bekömmt man die kalte Pisse.

(VI., 67) Wer Bier im Bottige stehen hat, der soll, ehe das Bier gefasset worden, keinen Brotteig in seinem Hause einmachen, es wird sonst Alles sauer.

(VI., 74) Wenn man Milch, Bier oder Wasser im Ofen am Feuer stehen hat, zu einer Suppe oder Brei, soll man solches ja nicht lassen überlaufen lassen im Sieden, es werden sonst die Kinder fratt.

Wir haben hier also Regeln für Brauer und Privatleute, die man noch im vorigen Jahrhundert sehr sorgfältig beachtet hat.

Die Nixen und Kobolde haben besonders in Thüringen und im Voigtlande ebenfalls stets viel mit dem Biere zu thun gehabt. Die in der Stublacher großen Zwerghöhle wohnenden Zwerge halfen den Geraer Bürgern nicht blos beim Brodbacken, sondern auch beim Bierbrauen. Dasselbe thaten die Nixen, sie verborgten oft an Bürger, welche brauen wollten, gegen eine Art Naturalzins an Brod und Bier ihre Braupfannen (davon nennt man noch den Teich in der Lichtenau im Voigtlande den Braupfannenteich), so z. B. den Löffenern im Reußischen, allein einmal trank ein Spaßvogel das als Bezahlung dafür hineingethane Bier aus und aß das Brod, verunreinigte dann aber das leere Gefäß. Von da an borgten die Nixen sie nicht wieder weg. Die berühmte Perahta (Perchtha, Frau Holle) scheint das Bier auch gern getrunken zu haben. Bekanntlich pflügt sie auf einem dreieckigen Acker bei Döbritz im Voigtlande. Einst sollte ein kleines Mädchen von da Bier aus Bodelwitz holen, bei ihrer Rückkehr traf sie Frau Perchtha auf dem Pfluge sitzend, diese nahm dem Kinde den Krug ab, trank ihn aus und ließ dann ihr eignes Wasser hineinlaufen. Das arme Kind aber war so erschrocken, daß es schwieg, auch als es sah, daß sich die Leute zu Hause dieses Perchtenbier, das gar kein Ende nehmen wollte, köstlich schmecken ließen, sowie es aber das Geheimniß offenbarte, war auch der Krug leer.

Sonst hüten die Nixen und Kobolde auch die Bierkeller. In Reichenbach im Voigtlande ging einst eine Wöchnerin in den Keller, Bier zu holen, da trat der Nix sie an und sprach zu ihr: „hättst nicht Dornet und Dosten (bei Dir) solltest Bierle nicht kosten." Im Keller eines Hauses auf dem Steinwege bei Gera spukt einer, der im Leben ein Freigeist war und nie zur Kirche und Communion gegangen war. Man hört ihn oft dort singen, er hockt den Bier holenden Mädchen auf und drückt sie so zusammen, daß sie blaue Flecken auf den Achseln als Spuren seiner Finger tragen. Zuweilen scheinen diese Biergespenster die Form von Biertonnen anzunehmen. An vielen Oertern im reußischen Voigtlande kommt dem Wanderer des Nachts oft auf einmal eine schwarze Gestalt, in Form einer Biertonne, entgegen gerollt, wälzt sich vor ihm herum und verschwindet dann, nachdem sie ihn die Mitternachtsstunde so festgehalten hat. Zuweilen ist indessen diese Biertonne ganz feurig. Ein anderes Mal aber tanzen um Mitternacht sämmtliche Biertonnen im Braukeller, z. B. in der alten Pöstersteiner Brauerei. [125])

Bei dem Dorfe Fischbach im Baierischen Landgericht Nittenau am Regen erheben sich mächtig die Ruinen der alten Bergveste Starkenfels in die Wolken. In der Tiefe der alten Mauertrümmer geht es sehr lebhaft zu, denn da ist ein alter tiefer verschütteter Brunnen. Dorthin sind alle die abgeschiedenen Brauer der Nachbarschaft, besonders Regensburgs, welche ihr Bier mit Wasser tauften, hingebannt. Sie müssen einander vom tiefsten Grund bis an den Rand des Brunnens Wasser zutragen, welches dann der zu Oberst Stehende wieder hinabschüttet. Erst dann wird einer erlöst, wenn er so viel Wasser gereicht hat, als er über das Maaß Malz und Hopfen mit Wasser getauft hat. In neuester

Zeit soll aber kein Raum mehr für neu hinzugekommene Bewohner sein.*)

In der Normandie hat man einige sonderbare Gebräuche und abergläubische Meinungen, die den Namen bière führen. Man nennt dort eine blaue Ader, welche sich zuweilen in der oberen Nasenwurzel des neugeborenen Kindes zeigt, bière, und glaubt, daß ein Kind, welches dieselbe hat, bald sterben muß. Man sagt dann, es sei malade de la bière.

In derselben Provinz sieht man angeblich des Nachts auf den Kirchhöfen und auf der Chaussee große weiße Särge herumspaziren. Zuweilen legen sie sich quer über die Oeffnungen der Pfahlzäune, welche die einzelnen Besitzungen der Feldbesitzer begrenzen. Muß nun Jemand gerade durch einen solchen Weg, so muß er erst den Sarg höflich grüßen, dann ihn ganz von einem Ende zum andern umdrehen und ihn, wenn er durch die Oeffnung durch ist, gerade so wieder hinstellen, wie er gestanden hatte. Thut er dies nicht, so ist er verloren. Diese Särge heißen bières.**) Hier ist aber natürlich nicht an Bière, Bier, sondern an ein zweites ähnlich klingendes Wort Bière (Sarg, Bahre) zu denken und auf dieselbe Etymologie wird auch die erwähnte blaue Ader, bière, zurückzuführen sein.

---

*) S. Schöppner, Sagenbuch der Baierischen Lande. München, 1852, Bd. II., S. 106 und 550.

**) S. Du Chesnel, Dictionn. d. Superstitions. Paris 1856. in 4⁰ pag. 122.

Zehntes Capitel.

Der Bieresel.

Diese Kobolde in dem Bierkeller führen uns nun aber von selbst zu jenem wunderbaren Biergespenste, welches in den Bier= kellern zu Hause ist, dem sogenannten Bieresel, den man mit der Empusa*) der Griechen, aber ohne Grund verglichen hat. Eher könnte man ihn mit Mannhardt [126]) von dem eselreitenden Silenus des Alterthums ableiten.

Heimisch war derselbe sonst in Ruhla in Thüringen. Es war ein Gespenst in Gestalt eines großen Esels, bald drei= bald vier= beinig, der des Nachts in der zwölften Stunde im Orte herum= schlich und den Männern, welche erst aus dem Bierhause heim gingen, aufhockte und sich von ihnen eine Strecke, gewöhnlich bis an ihre Hausthüre, tragen ließ. Dann sprang das Gespenst herunter und war nicht mehr zu sehen, andern Leuten that es nichts, war nicht einmal für sie sichtbar. [127])

Bei Schwednitz in der Nähe von Altenburg liegt die soge= nannte Katzenmühle. Auf der Anhöhe oberhalb der Mühle hielt sich früher ein Bieresel auf, der kam alle Abende in die Mühle, wo ihm ein bestimmtes Maaß Bier hingestellt werden mußte, welches er austrank. Nun übernachtete einmal in der Mühle ein Bärenführer mit seinem Bären, und als der Bieresel ankommt, und bald auf den, bald auf jenen springt, machen sich diese über ihn her und zerzausen ihn gewaltig, so daß er nur mit genauer Mühe davon kommt. Da ist er nicht wieder gekommen, als er

---

*) Dieselbe kommt noch im heutigen Griechenland vor (s. B. Schmidt, Das Volksleben der Neugriechen. Leipzig 1871, Bd. I., S. 141.)

aber am andern Tage den Müller von der Höhe herab sah, fragte er ihn: „Müller haft Du Deine böfen Katzen noch?" und davon bekam diefe Mühle den Namen der Katzenmühle.*) [128]

Zu Steinbach in Thüringen, hinter dem Wirthshaufe am Waffergraben, geht er auch um. Einft kam ein gewiffer Poppo Johann Andreas, der ziemlich lange im Wirthshaufe gefeffen und tüchtig gepicht hatte, auf den Gedanken, es fei Zeit, nach Haufe zu gehen, kaum war er aber zur Thüre heraus, da fprang ihm auch der Bierefel auf den Rücken, und er wurde ihn nicht eher los, als bis er auf der fogenannten Kälberzahl, einer Gaffe, wo er wohnte, angelangt war. Darüber war er aber fo erfchrocken, daß er bald nachher ftarb. [129]

In Grimma im Königreich Sachfen ift er auch zu Haufe.**) Geht man hier zum Papifchen Thore heraus und wendet fich ftatt nach dem Kirchhofe zu gehen, rechts, fo ftehen da eine An- zahl Scheunen mit der Rückfeite an einen hohen Berg gelehnt. Eine davon enthält einen Keller, der in diefen Berg führt, da wohnt er. In der Nacht leidet er Niemanden darin, ja er kommt zuweilen heraus und erfchreckt die Vorübergehenden. [130]

Im Dorfe Grochwitz bei Torgau wohnt er auch in einem Keller. Dort macht er fich aber nützlich, er fchafft Bier in's Haus, fpült die Flafchen und Gläfer aus, wäfcht die Tifche ab 2c. Dafür aber muß man ihm des Nachts einen Krug Bier hinfetzen, fonft wird er ärgerlich und zerfchlägt Alles. [131]

Im Reußifchen Voigtlande, wo fein Name als Schimpfwort***)

---

*) Aehnliches S. b. Grimm, Deutfche Mythologie, S. 447. Müllenhoff. Holfteinifche Sagen, S. 346.

**) Als ich in Grimma auf der Schule war, fand ein junges Mädchen, Namens Herrmann, Vergnügen daran, Abends eine Kuhhaut über den Kopf zu nehmen und die nach dem jetzigen Seminar, damals Freihaus genannt, Gehenden als Bierefel zu fchrecken und ihnen aufzuhocken, allein einft kam fie an den Un- rechten, fie ward feftgehalten, entlarvt und furchtbar durchgebläut.

***) Wenn dort ein Kind recht laut lacht, fagt man „Du lachft wie ein Bierefel".

gilt, wohnt er in alten Gemäuern, in Häusern von Geizhälsen und in Wirthshäusern. Er besucht in Menschengestalt die Kneipen, setzt sich unter die Gäste und trinkt ihnen ihr Bier aus*), thut Niemandem etwas zu Leide, wenn man ihn nicht neckt, und geht ruhig wieder fort, blos den spät nach Hause zurückkehrenden Säufern hockt er auf. [132])

*) Aehnliches that die im Muf. d. Wunderv. Bd. II. S. 305 u. X. S. 313 beschriebene Biernette, ein Hund, Biersäufer von Profession.

Eilftes Capitel.

Bierorden, Bierfestlichkeiten und Biergesellschaften.

Zu Anfang des 15. Jahrhunters scheint eine Art Bierorden
existirt zu haben. Der gelehrte Historiker J. Chifflet bildet nämlich in seinem Lilium Francicum (Antv. 1658 in Fol.), einer
Art Verherrlichung der französischen Lilie, (S. 80) einen burgundischen Orden ab, den Ordo lupuli oder Hopfenorden und sagt, derselbe sei von Johann ohne Furcht (Jean sans-peur), dem Herzog
von Burgund, gestiftet worden, um sich die Gunst der flandrischen
Bürger, deren erster Graf er durch Erbschaft geworden war, zu
erwerben, weil der Hopfen eine der Haupterwerbsquellen dieses
Landes war. Das Ordenszeichen war das vollständige Wappenschild dieses Fürsten mit dem Hobel oben auf. Es ist ein großes
Schild mit vier Feldern, von denen je zwei die französische Lilie,
die beiden andern aber drei Querbalken führen: in der Mitte ist
wiederum ein kleines Schildchen mit einem schwarzen Löwen, der
die rothe Zunge heraussteckt und rothe Klauen hat, auf beiden
Seiten stehen horizontal die Worte ICH ZZICHE (Ich schweige,
ego sileo), das Ganze ist mit einem goldenen Kranze von Hopfenblättern und Hopfenblüthen umgeben. Wahrscheinlich ist dieser
Orden schon 1406 gestiftet worden, aber mit dem Tode seines
Stifters (1419) erloschen. Herr v. Biedenfeld in seinem Buche
über Ritterorden (Weimar 1841) erzählt (Bd. I. S. 117) zwar, ein
altes Lied spreche von diesem Orden und sage, der Hopfenkranz
sei lediglich das Zeichen einer fürstlichen Trinkgenossenschaft gewesen, die dem heiligen Gambrinus wöchentlich einmal gehuldigt
und den Herzog als Vortrinker gehabt habe, allein er giebt dieses
Lied nicht an und ich habe es ebenfalls weder unter den französi-

schen noch flandrischen Volksliedern entdecken können (S. aber S. 28).
Hr. Röse, der in Ersch und Gruber's Encyclopädie (II. Sect. Bd. XX.
S. 488) diesen Artikel behandelt hat, weiß ebenfalls von einem
solchen Liede als Quelle nichts und bemerkt, es sei auffällig, daß
weder ein Historiker aus jener Zeit noch ein Heraldiker vor Chifflet
denselben erwähnt. Er glaubt übrigens nicht, daß es eine Trink=
gesellschaft gewesen, sondern eher eine politische Stiftung zum Zu=
sammenhalten der Burgundischen Parthei gegen die Orleans und
Armagnacs. Wie dem auch sei, der Hopfenorden ist der erste
und einzige offizielle Bierorden gewesen, Schade nur, daß wir seine
Glieder und Ritter nicht mehr kennen, aber wahrscheinlich war
Johann von Burgund ein großer Bierfreund vielleicht gar das
Urbild des Gambrinus in den flandrischen Bierstuben (S. oben S. 11).

In Deutschland hat das Bier von jeher eine große Rolle
bei Festlichkeiten gespielt, noch heute besteht an vielen Orten auf
dem Lande das sogenannte Pfingstbier, d. h. eine Zusammen=
kunft, wo die Einwohner eines Dorfes oder die Glieder einer
Zunft in der Pfingstwoche an einem bestimmten Tage eine ge=
wisse Quantität Bier vertilgen. Auch der Taufschmauß in ver=
schiedenen Theilen Deutschland wird Kindelbier genannt, ja in
Westphalen dürfen selbst kinderlose Eheleute ein solches wenigstens
einmal veranstalten: an manchen Orten geht man nach einem Be=
gräbnisse sogar zu einem Leichenbier, Todtenbier oder Todten=
trunk. In Baiern und auch anderwärts in Deutschland auf den
Dörfern erklärt der junge Bursche seine Liebe damit, daß er seinen
Schatz „zu Biere" führt und in Altbaiern sagt man: „wer unver=
muthet oder jählings mit Jemandem in Streit geräth, der ist mit
diesem beim schlechten Bier zusammengekommen". Statt einfachem
Trinkgeld giebt man endlich Biergeld. Schlußbier heißt an manchen
Orten ein von dem Brauherrn seinen Maurern beim Schlusse eines
Gewölbes gegebenes Fest. Auch bei den Bergleuten spielt das
Bier bei vielen Festen eine große Rolle. Ein Erndtebier
geben noch heute viele Gutsbesitzer am Schlusse der Erndte

ihrem Gesinde und Tagelöhnern, wenn aber solches im Schaum=
burgischen am Schlusse der Roggenerndte Wadelbier*) genannt
ist, so ist dies weiter nichts als das oben erwähnte Wobel=
bier (S. 119). In Königsberg in Preußen feierte man sonst
(ob noch jetzt?) das sogenannte Schmeckebier, worüber
folgende Sage existirt. Es hat nämlich ein gewisser Hans
von Sagan, seines Zeichens ein Schuhknecht und Bürgers=
sohn aus Königsberg in der Schlacht von Rudau (1369), als die
Seinigen geflohen, die schon von ihnen weggeworfene Fahne auf=
gehoben und die Flüchtigen gesammelt und abermals zum Angriff
geführt. Nach Andern wäre er, als er die Feinde auf Königsberg
rücken gesehen, vom Haberberge herabgeeilt, habe die Brücke auf=
gezogen und die Bürger gewarnt. Dadurch sei der Kneiphof dem
deutschen Orden erhalten worden und derselbe habe ihm zur Be=
lohnung seiner Tapferkeit die Erfüllung einer Bitte zugesagt, er
aber habe für sich und seine Genossen eine gute Collation an
Bier erbeten und erhalten, der Orden aber habe bestimmt, daß
zur Erinnerung jährlich am Himmelfahrtstage im Königsberger
Schlosse ein prachtvolles Abendessen veranstaltet werde, wo sich
Jeder mit Essen, Trinken und Tanzen gütlich thun solle, und dieses
habe den Namen Schmeckebier bekommen, weil es Vielen dort oft
so geschmeckt habe, daß man sie zu Hause führen müssen[133].

Das Bier nimmt auch eine wichtige Stelle bei den Pfingst= oder
Maifestlichkeiten in Deutschland ein.**) In der Umgegend von Pilsen
wird jährlich im Mai ein Pfingstfest gefeiert, welches das Königs=
spiel heißt, bei diesem figurirt außer dem König, dem Richter,
dem Ausrufer und dem Scharfrichter oder Froschschinder (dem
Spaßmacher) auch der sogenannte Bierreiter, der die Fahne trägt

---

*) So bei Grube, Geogr. Bd. III. S. 71.

**) S. Reinsberg=Düringsfeld. Das festliche Jahr. (Leipzig 1863)
S. 156, 161.

und die Pflicht hat, von Zeit zu Zeit bei dem Aufzuge, der zu Pferde erfolgt, aus dem Wirthshause das Glas mit frischem Biere zu holen und den ebengenannten Hauptpersonen zu überreichen.

In Norddeutschland, namentlich in Thüringen werden noch heute die sogenannten Pfingstbiere abgehalten, welche vom Sonnabend vor Pfingsten bis zum Dienstag dauern. Sind nämlich die Burschen eines Dorfes darüber einig, ein solches Pfingstbier zu veranstalten, so wählen sie einen Einschenker, das Factotum bei der ganzen Festlichkeit. Dies geschieht natürlich lange vor Pfingsten. Nun fährt derselbe in Begleitung eines der jungen Burschen im Sonntagsputz feierlich von Gehöft zu Gehöft, ladet in wohlgesetzter Rede im Namen der Pfingstgesellschaft zur Theilnahme an dem Pfingstbiere ein und fordert zum „Einschütten" auf. Man giebt entweder Geld oder einige Metzen Gerste, welche auf den Wagen geladen werden, und nun wird unter Beihilfe einiger jungen Burschen Bier gebraut und in den Kellern der Schenke aufgespeichert. Dann versammeln sich die Pfingstburschen zu weiterer Besprechung über die Festlichkeit, denn am Pfingstabend muß Alles in Ordnung sein, da die Pfingstjungfern dann schon durch Maien ausgezeichnet werden. Junge Birken, Buchen oder Pappeln werden mit Musik aus dem Walde geholt und in der Nacht vor die Thüren der Pfingstjungfern, des Pfarrers, Schulmeisters und Ortschulzens und der Kirche gepflanzt und ein Platz vor dem Wirthshause wird festgestampft oder mit Dielen belegt und mit grünen Zweigen geschmückt: dies ist der Tanzplatz, die sogenannte Sommerlaube. Der Pfingstsonntag ist nur zur kirchlichen Feier bestimmt, erst nach dem Nachmittagsgottesdienst des zweiten Feiertages fängt Spiel und Tanz an. Die Pfingstjungfrauen werden von ihren Tänzern einzeln mit Musik abgeholt, man zieht paarweise zur Sommerlaube und der Tanz beginnt. Der Einschenker in weißen Hemdärmeln mit einem mächtigen Blumenstrauß geschmückt zapft das Pfingstbier an und reicht jedem Festtheilnehmer unter Musiktusch den Festtrunk in einem mit Bändern und Blumen verzierten Steinkruge. Zeigt sich ein Fremder in der Laube und thut dem Freitrunke Bescheid, wird er mit dem sogenannten Rund= blasen geehrt. Am dritten Feiertage halten die Burschen einen Umzug in Verkleidungen, bei denen, welche sich am Freibier be= theiligten, wird Halt gemacht, die Musik spielt auf und der Ein= schenker, der auf einen Karren eine Tonne Bier mit sich führt, reicht dem Hauswirth einen Trunk. Die Hausfrau muß nun Lebensmittel spenden, die in der Schenke verzehrt werden, wo dann der Einschenker mit einem Teller voll Salz bei den Tänzerin= nen herumgeht, sich von diesen Geld in dasselbe stecken läßt, hierauf auf einen Stuhl steigt und in gereimter „Aufsage" seinen Dank ausspricht.

Bei den Polen und alten Preußen gab es bekanntlich einen Biergott. Bei ersteren hieß er Rauguzemapat (von rugti gähren, d. h. Herr der Gährung), beim Bierbrauen brachte man ihm ein Trinkopfer und jeder erste Trunk von frischgezapftem Bier und Meth, Nulaidimos (d. h. das Ablassen, Abzapfen) genannt, mußte vom Hausherrn als Opfer für ihn genossen werden. Auch dem Schweine= gott Cremara wurde als Opfer Bier auf den brennenden Heerd gegossen. Die alten Preußen, welche ihren Glauben von den Polen hatten, nannten ihren Biergott, der auch dem Meth vor= stand, ebenfalls Rauguzemapati, was offenbar das obige Wort ist. Wie sie ihn darstellten, wissen wir freilich nicht, allein dafür sind wir darüber vollständig unterrichtet, daß das Bier in ganz Preußen, Curland, Litthauen und Lievland bei gewissen Festen eine große Rolle spielte. Dahin gehört das dem Gott Pergubros am 22. März oder 23. April von den Letten und Litthauern gefeierte Frühlings= fest. Die Bauern eines Dorfes kamen, ehe der Feldbau begann, mit einigen Fässern Bier zusammen. Der Priester nahm eine Schale voll, hielt eine Lobrede auf Pergubros, faßte den Rand der Schale, ohne die Hände zu gebrauchen, mit den Zähnen, schlürfte sie aus und warf sie dann mit dem Munde rückwärts über den Kopf. Ein anderer Priester fing sie auf, füllte sie und rief den Gott Perkunos an, leerte sie, und nachdem er sie wieder gefüllt, rief der Priester wieder die Götter Schwaixtix und Pelvit an und bat sie um ihre Hilfe und Schutz für Feld und Haus. Dann wurde wieder getrunken, und nachdem man noch mehrere Götter angerufen, ging die Schale unter sämmtlichen Anwesenden herum, Jeder leerte sie, und schließlich wurde getanzt und ge= schmaußt. Ziemlich ebenso verfuhr man bei dem ersten Erndtefest, welches den russischen Namen zaziuek (d. h. Anfang der Erndte) trägt, weil es vor der Erndte gefeiert ward, desgleichen bei dem zweiten, welches ozinek (Ende der Erndte) hieß und Ende Octobers abgehalten ward. Auch bei dem zu Ehren des Flachsgottes Waiz= ganthos in Litthauen gefeierten Jungfrauenfeste (am 5. Novbr.) vergaß man das Bier nicht. Das an Statur größte Mädchen im Dorfe füllte ihre Schürze mit Kuchen (Sikies genannt), trat dann mit einem Fuße auf einen Stuhl und in der linken Hand ein Stück Lindenbast, in der rechten aber einen großen Krug Bier haltend, betete sie zu dem Gotte, er solle ihnen hohen Hanf geben, trank dann den Krug aus, füllte ihn wieder und goß nun das darin enthaltene Bier dem Gott als Trankopfer auf die Erde, und warf den Kuchen für die Anwesenden zum Schmauße hin. War sie während dem mit dem einem Fuße fest und gerade stehen geblieben, war es ein gutes Zeichen, wo nicht, ein schlechtes*).

In England, wo das Bier (ale) eine große Rolle spielte, nannte man, wie übrigens noch heute in Holstein, nach demselben eine Anzahl Feste, so lesen wir von bride-ales, clerk-ales, give-ales, lamb-ales, leet-ales, Midsummer-ales, Scot-ales, Whitsun-ales 2c.[134]). Die merkwürdigsten sind das Whitsun-ale in Orford= shire, das Lamb-ale und das Church-ale. Bei dem ersten, dem Pfingstbier erwählt man zuerst einen Lord und eine Lady of the ale, welche sich so phantastisch als möglich für dieses Amt heraus= staffiren. Dann wählt man eine große leere Scheune als Local für die Festlichkeit und setzt Stühle für die Gesellschaft darein.

---

*) S. Eckermann, Religionsgeschichte des Alterthums. (Halle 1848.) Bd. IV. S. 66 2c. Schwenk, Mythol. der Slaven. (Frankfurt a. M. 1853.) S. 113 2c.

Nun kommen die jungen Burschen und Mädchen aus dem Dorfe dorthin um zu tanzen und zu schmaußen und jeder Jüngling schenkt seiner Schönen ein Band oder irgend einen Putzgegenstand. Dann kommen der Bierlord und die Bierlady dahin, begleitet von ihrem Oberhofmeister, Schwertträger, Seckelträger und Schleppenträger, von denen jeder die Zeichen seines Amtes an sich trägt. Gewöhnhaben sie auch noch einen Pagen, der der Bierlady die Schleppe trägt, und einen Hofnarren in einer buntscheckigen Jacke, bei sich und der durch Fratzenschneiden und schlechte Witze die Gesellschaft zu erheitern sucht. Die Musik, welche der Bierlord bei sich führt und die aus einer Pfeife und einer Handtrommel besteht, spielt zum Tanze auf. Dieses Fest stammt aus der Zeit der Normännischen Könige her und hieß damals drink-lean. Das Lamb-ale ward zu Kidlington in Oxfordshire also gefeiert: Montag nach Pfingsten ward ein fettes lebendiges Lamm angeschafft und fortgejagt, die Mädchen aus der Stadt mit zusammengebundenen Händen mußten ihm nachlaufen, welche es mit den Zähnen fest hielt, ward zur Lady of the lamb ernannt, dann ward das inzwischen getödtete Lamm mit dem Felle auf einer Stange von dieser Dame und ihren Gefährtinnen auf den Gemeindeanger getragen und dort zwei sogenannte Mohrentänze, einer aus lauter Männern, der andere aus lauter Frauen bestehend, aufgeführt und dann der Tag mit Essen, Trinken und Tanzen hingebracht. Am andern Tage aber ward das Lamm gebraten, gekocht und gebacken und auf die Festtafel gesetzt, wo die Lammdame mit ihren Gefährtinnen am oberen Ende der Tafel den Ehrenplatz hatte und hier wurde dann das Thier unter Musikbegleitung vertilgt[135]).

Das Church-ale war ein Fest, welches zum Angedenken an die Einweihung einer Kirche gefeiert ward, eine Art Kirmeß. Es wurden aus der Gemeinde zwei Aufseher oder Herolde gewählt, welche im Dorfe herumgingen und bei den einzelnen Dörflern einsammelten, was jeder geben wollte. Dafür schafften sie Getränke und Backwerk an und dies ward gegen Pfingsten verzehrt. An andern Orten schafften sie aus dem Kirchenvermögen und aus

freiwilligen Beisteuern der Einwohner eine bestimmte Quantität
Malz an, daraus ward starkes Bier gebraut und theils in der
Kirche, theils an einem andern bestimmten Orte zum Besten der
Kirche verkauft [136]). Etwas Aehnliches war das am 22. Mai
jeden Jahres zu East-Bourn, einem Dorfe in Sussex, in der
Kirche gefeierte Fest Tops and ale genannt[136b])

Zwölftes Capitel.

Bierspiele auf den deutschen Universitäten.

Eine eigentliche Sauf- und Singgesellschaft entstand in Straßburg im Jahre 1860 unter dem Namen Académie du Petit Cheval Noir, so genannt nach dem Wirthshausschilde der berühmten Voltz'schen Bierbrauerei daselbst, wo sie sich versammelte. Sie wählte bei ihrer Gründung einen Präsidenten, der seine Erwählung mit einem Bierlied feierte, von dem folgende Strophen eine Probe sein sollen*):

> De mon pouvoir pour montrer la sagesse,
> Je veux, messieurs, ne pas légiférer,
> En mes Etats la bière est la maîtresse
> Et Meinherr Voltz la fera respecter.
> Mais s'il allait — en vérité, je n'ose
> Prévoir ce fait — la laisser décliner,
> D'y plonger Voltz, messieurs, je vous propose;
> Jusqu'à cent ans je veux vous presider (bis).
>
> En nos chansons, la muse gracieuse
> Tant en jouant, saura se limiter;
> Elle saura sans être précieuse
> Faire sourire, et non pas chuchoter;
> Mais si, parfois, et malgré ma défense
> Un chant trop gras venait à résonner,
> Honni soit-il, celui qui mal y pense;
> Jusqu'à cent ans je veux vous présider (bis)

Ob diese Académie noch besteht, weiß ich nicht, bezweifle es aber.

Jeder, der auf einer deutschen Universität studirt hat, weiß, daß in den Kneipen an gewissen Tagen eine sogenannte Bierver-

---

*) S. A. Dinaux, Les sociétés badines, bachiques etc. Paris 1867. T. II. p. 133.

bindung, die den Namen Bierstaat führt, zusammen kommt. Diese tagt in einer sogenannten Burg oder Schacht und commersirt, hat einen besondern Trinkvorsteher, der sonst den Namen Bierkönig*), Bierherzog, Großherzog, Naßgraf, Biergraf, Aar, Popp, Trunklieb oder Durstenreich, je nachdem, führte und an der Biertafel oben an, womöglich unter dem an der Wand aufgehängten Bilde des Gambrinus saß, eine unumschränkte Gewalt als Leiter des Biercomments hatte und so das Haupt des sogenannten Bierstaates war. Wie alt diese Sitte ist, läßt sich heute nicht mehr sagen, obwohl wir oben S. 50 eine Art Saufcomment des Mittelalters erwähnt haben, doch mag sie nicht älter sein, als die Landsmannschaften, jedenfalls fällt die Ausbildung des jetzigen ausgebildeten Bier- und Weincomments, welch letzterer aber nur in Bonn, Würzburg und Heidelberg existirt, erst in die Jahre 1820—40, allein im 16. Jahrhundert scheint sie schon geherrscht zu haben, denn der Pfarrer Schönberg in seinem Sendbrieff an die vollen Brüder (im Theatrum diabol. Bl. 286b.), spricht schon von Wein- und Bierspielen, allein der von Fischart im Gargantua S. 52 erwähnte Bierbischoff war durchaus nicht der Vorsitzende einer Biergesellschaft. An solchen Hoftagen dient ein dickes Bierfaß dem Bierherzog zum Throne, ein Humpen ist sein Scepter, ein Hopfen- oder Aehrenkranz ist seine Krone. Die vor ihm stehende Biertafel wird von dem sogenannten Bierfuchs, einem im ersten Semester stehenden Studenten bedient, auf ihrer Veränderung oder Verfälschung steht der berühmte Bierverschiß. Außerdem ist ein sogenanntes Biergericht vorhanden, d. h. eine richterliche Behörde von 3 Mitgliedern oder bierehrlichen (rechtsfähigen, befugt vor- und nachzutrinken) Studenten, die in Biersachen erstinstanzlich zu entscheiden hat und von welchen an den allgemeinen Convent, eine zweite Instanz von 7 Mitgliedern appellirt werden kann. Bei manchen Biervereinen oder Quasicorps

---

*) In den Jenenser Bierstaaten zu Kahla, Winzerla, Wöllnitz und Ziegenhain hieß ein solcher z. B. Ehrenfest Trunklieb von Knüllwitz und zählte man seine Nachfolger genau wie bei den Fürsten von I. bis in die LXX. und LXXX.

vertritt dieses Biergericht der sogenannte Bierdoctor, ein Auser=
wählter, der an den Kneiptagen den Comment zu handhaben hat
und über alle Bierfälle erstinstanzlich entscheidet. Er kann zum
Setzen (pro poena, bezahlen), Stürzen 2c. verdonnern und sogar Ver=
schiß*) verhängen, sowie der ganzen Gesellschaft Quanta dictiren.
Die schwarze Tafel, welche auf jeder Corpskneipe sich finden muß
und auf welche alle Bierschisser, Erklärten und Viertelsetzer kommen,
steht unter ihm und der Bierfuchs ist sein Herold. Auf verschiedenen
Universitäten hatte er auch am Feste des h. Gambrinus, am ersten
Sonntag im Mai, die dem Bierherzog zukommende Lobrede auf
das Bier zu halten.

Nicht älter ist nun aber der sogenannte Biercomment, das Buch
der Bücher jedes einer Verbindung angehörigen Studenten es wäre denn,
daß er aus dem im Anhang mitgetheilten ältern v. 1685 entstanden
wäre. Im Allgemeinen stimmt derselbe auf allen deutschen Univer=
sitäten, auf denen überhaupt in Bier commersirt wird, überein, allein
im Einzelnen sind die Gesetze doch zuweilen verschieden. Uebrigens treten
in demselben auch Veränderungen ein und der Text ändert sich.
So ist z. B. der „Marburger Bier=Comment herausgegeben zu
Nutz und Frommen academischer Bier=Gemüthlichkeit von der in den
Jahren des Heils 1870 und 1871 niedergesetzten, hochwohlweisen,
stets infalliblen Bier=Comments=Revisions=Commission. Neueste
verb. Aufl. Marburg, D. Ehrhardt o. J. in 18" wesentlich ver=
schieden von dem älteren Marburger Biercomment, wie solcher in
dem „Burschicosen Wörterbuch v. J. Vollmann, (Ragaz 1846 2 Thle.
in=12.) Th. I. S. 52—68" abgedruckt ist, und von diesem differirt
wieder der „Leipziger Biercomment. Offizielle Ausgabe revidirt
und festgestellt 1864. Celle, Schulze 1869 in 18". Ebenso wird
es mit den übrigen Biercomments, z. B. dem Hannöverschen,

---

*) Dies Wort kommt angeblich von dem altfranzösischen Ausdrucke verchu,
unreifer Traubensaft, womit namentlich in Prag das schlechte Bier bezeichnet
wurde, welches in den früheren Studenzeiten die Pennäle (crassen Füchse) trinken
mußten. Jenes französische Wort ist aber apokryph und findet sich in keinem
Wörterbuch: es ist jedenfalls verjus, saure Wein, gemeint. Die deutschen Wör=
terbücher erklären es gar nicht.

Braunschweiger 2c. fein. In allen ift ein vollftändiges Saufcere=
moniell aufgeftellt. Der Leipziger zerfällt z. B. in folgende Rubriken:

I. Subjecte und Objecte des Biercomments.
 A. Perfonen. B. Sachen.
II. Vom Vor= und Nachtrinken.
III. Bierfcandal.
IV. Vom ex pleno Bieten.
V. Von der Bierimpotenz.
VI. Beweismittel in Bierfachen.
 A. Grand Cerevis. B. Zeugen.
VII. Biergericht.
VIII. Bierconvent.
IX. Von den Bierftrafen überhaupt.
X. Vom Bierverfchiß.
XI. Vom Bierfetzen.

Der Marburger von 1871 ift kürzer, nach § 73 deffelben
hebt er aber alle frühern auf. Er zerfällt in:
A. Allgemeine Beftimmungen und B. in Specielle Beftimm=
ungen. I. Vom Vor= und Nachtrinken. II. Vom Bierfcandal.
III. Von den Bierkranken. IV. Vom Bierconvent (A. dem fpeciellen,
B. dem allgemeinen). V. Vom ex pleno Bieten. VI. Vom Bier=
verfchiß. VII. Vom Herauspauken.

Außer diefen ceremoniellen dem Civilproceß nachgebildeten
Biercomments find nun aber gleichzeitig mit der Ausbildung des
letzteren verfchiedene fogenannte Bierfpiele aufgekommen. Manche
tragen jedoch diefen Namen mit Unrecht, denn fie find eigentlich
keine, fo der fogenannte Salamander, über deffen eigentliche Ent=
ftehung und Namenbedeutung Zweifel herrfcht*). Hierbei wird näm=

---

*) Angeblich ift er erft in den 40er Jahren diefes Jahrhunderts aufge=
kommen und zwar zu Bonn und fpeciell foll die Benennung von dem Spitznamen
eines dortigen Univerfitätsrichters hergenommen fein. Damit ift aber das Reiben als
Ehrenbezeugung nicht erklärt, denn welcher Student hätte wohl je eine derartige
einem Univerfitätsrichter erweifen wollen. Die Erklärung von H. Schramm im
Dresd. Journ. 1871 19. und 20. April ift ebenfalls gezwungen und deshalb

lich so verfahren. Er wird nur zu Ehren eines Studenten (meist
bei seinem Abgang) gerieben. Die Burschen werden an den Tafeln
in Kränze getheilt und diesen Aufseher oder Exercirmeister vorge=
setzt, hierauf die Gläser gefüllt und sodann auf dem Tische unter
Aussprechung der Worte „Salamander, Salamander!" gerieben,
bis vom Senior das Commando „Eins" ertönt. Nach diesem ist
eine kleine Pause und sodann wieder fortgesetztes Reiben bis zum
Commando „Zwei", dann nochmals Pause und Fortsetzung bis
„Drei". Nach diesem Commando wird das Quantum bis auf die
Nagelprobe geleert, die Gläser aber erst mit dem Commando
„Vier" auf dem Tisch gesetzt. Während des Reibens müssen die
Deckel der Gläser offen, und in den Pausen bei Strafe geschlossen
sein. Wer sich dagegen verfehlt und zu früh reibt oder zu spät trinkt,
muß nachexerciren d. h. den Act wiederholen, bis er vom Senior
für legal erklärt ist.

Auch die sogenannten Bierorden gehören hierher, d. h. die zu Ehren
eines Bierheiligen gestifteten Corporationen mit dem Zwecke des
Toll= und Vollwerdens, die auch ohngefähr seit 1830 aufgetaucht sind.
Als solche nennt man den Orden des h. Gambrinus, des h. Cerevisius,
des h. Bock, des St. Salvator, des großen h. Felix Schnabel, des Meister
Seelensprenger, des h. Dr. Suff, des St. Stiefelmeyer oder der
Stiefelorden (in Baiern), der St. Tonnenorden und der Lanzen=
orden (in Sachsen), der Maaßorden, der Orden der h. Knüllia,
der Schoppenorden (in Baden), der Seibelorden (in Hessen), der

bleibt nur Scheffel's Erläuterung (Nr. 122) zu seinem Ekkehard S. 95 wo
es heißt: „die Männer hatten ihre Krüge ergriffen, sie rieben sie in ein-
förmiger Weise dreimal auf dem geglätteten Fels, daß ein heulendes Getön entstand, hoben sie gleichzeitig der Sonne entgegen, tranken aus und in gleichem
Takte setzte Jeder den Krug nieder, es klang wie ein einziger Schlag", hier noch aus
dem Trankopferceremoniell der alten Deutschen übrig. Allein erstlich ist diese ganze
Sitte überhaupt apokryph und erst vom studentischen Salamanderreiben wahrscheinlicher Weise hergenommen, und welches alte Haus in den Landsmannschaften
ist jemals so in der Sittengeschichte seiner Vorfahren so bewandert gewesen, daß er
bei der Einsetzung besagter Ceremonie hieran gedacht hätte?

Stangenorden (in Preußen). Diese Orden hatten als Auszeichnug einen Stern, der an einem farbigen Bande auf der linken Brust getragen ward.

Eine Art Anfang der studentischen Bierspiele scheint noch in der sogenannten Saufmesse und dem bekannten Fürst von Thoren, die bei den Commersen aufgeführt zu werden pflegen, gefunden werden zu können. Sie scheinen offenbar Ueberbleibsel einer im Mittel= alter in Deutschland, Frankreich und England üblichen Festlichkeit zu sein, welche bekannter unter dem Namen des Festes der Sub= biaconen oder des Narrenfestes ist. Am Nicolaustage nämlich wählten die Chorknaben und die Schulknaben mit der niedern Geistlichkeit einen Bischof, der bis zum Tage der unschuldigen Kindlein (28. Decbr.), anderwärts bis zum Tage Epiphanias in seiner Würde blieb. An einem dieser Tage wurden nun alle kirchlichen Functionen von närrisch aufgeputzten, in Anzug und Ge= berden die hohe Geistlichkeit persiflirenden Knaben vollzogen. In priesterliche Gewänder gekleidet ertheilten sie den Segen, lasen Messe, führten Schauspiele auf, hielten Tänze und Gelage ab und dies alles in der Kirche. Dazu wurden lustige meist unan= ständige Messen und Lieder gesungen. Wir haben ein derartiges aus dem Officium missae umgedichtetes Officium lusorum in einer Benedictbeurn'schen Hdschr. des 13. Jhrts.*) und eine sogenannte Trunkne Messe aus dem 16. Jhdt.**) noch jetzt vor uns und eben dahin gehört auch das unten (S. 150) mitgetheilte französische Bierlied aus dem 13. Jhdt. Dieselbe Sitte ging auch in die Gesellenceremonien einzelner Handwerker über: man weiß, daß bei der Gesellentaufe einzelner Zünfte eine Messe parodirt und dabei ein Ora pro nobis gesungen wurde***), es liegt also sehr nahe, daß etwas Aehnliches

---

*) In den Carmina Burana, herausgeg. v. Schmeller. Stuttg. 1847 in 8. S. 248.

**) Bei Hoffmann v. Fall., In dulci jubilo. S. 100—103. (Hannov. 1854.)

***) S. Schade im Weimar. Jahrb. Bd. IV. (Hannov. 1856) S. 299.

auch auf den Universitäten bei der sogenannten Fuchstaufe**), die wiederum aus der berüchtigten Deposition hervorging, aufgeführt worden sein mag und wahrscheinlich hat man bei diesen Feierlich= keiten nicht Wein, sondern Bier getrunken, denn ersterer war doch wohl auf manchen deutschen Universitäten zu theuer, um ihn so oft und in solchen Massen zu trinken**). Leider wissen wir aber von dem Studentenleben in den Bier= und Weinkneipen eigentlich sehr wenig und selbst in den Schriften des Paulus Niavis (der um 1494 zu Leipzig die schönen Wissenschaften lehrte), aus denen man eigentlich noch das Meiste hierüber, freilich an zerstreuten Stellen erfährt, ist hiervon nichts zu finden, wiewohl es oft sehr nahe lag, daß er darauf hätte kommen müssen. Wahrscheinlich aber ist es, daß die deutschen Studenten des 15. bis 18. Jhdts. gerade so zusammen gekneipt und gesungen haben, wie die des 19.

Obengenanntes den Namen Biermesse (missa cerevisiaca) führende Bierspiel, an die wohl Wohlbrück, der Dichter des Textbuches zu Marschners Templer und die Jüdin, bei Anfertigung des berühmten Klaußnerliedes Ora pro nobis dachte, ist nun folgender Bieract. Der Bierheld singt solo und das Chor respondirt, wie folgt:

Solo. Ei, guten Abend, meine Herren confratres!

Chorus. Ei, guten Abend, mein Herr confrater!

Solo. Ist's den Herrn confratribus nicht gefällig, eine kleine Saufmette mit anzustellen?

Chorus. Ei, warum denn dieses nicht?

Solo. So belieben die Herrn confratres nur zu bestimmen, in wie viel Zügen es geschehen soll?

Chorus. In den bekannten sieben Zügen!

---

*) Der Name Fuchs ist sehr alt (s. Böttiger, Deutsche Gesch. Bd. I. S. 91. Deutsche Viertelj. Schrift. 1841. H. II. S. 206).

**) In dem unten abgedruckten Jenenser Bierliede a. d. J. 1667 „Sa sa sa Ihr Deutschen Brüder ꝛc." ist ebenfalls nur von Bier die Rede, ebenso in dem Altdorfer Studentenliede v. J. 1700 (b. Keil, Deutsche Studentenlieder. Lahr o. J. in-12. S. 139) ꝛc., in dem Jenenser Liede v. 1770 „Ermuntert Euch Ihr Brüder (ebend. S. 147) ꝛc.

Solo. So belieben die Herrn confratres nur fein richtig nach=
zuzählen! (Trinkt.)

Chorus. Eins — Zwei — Drei — Vier!

Solo. Ei, das Bier das mundet mir! (Trinkt.)

Chorus. Fünf — Sechs — Sieben.

Solo. Ist auch nicht die Nagelprobe drin geblieben.

Chorus. Solche Brüder müssen wir haben, die versaufen,
was sie haben, Strümpf' und Schuh, Strümpf' und Schuh, laufen
dem Teufel barfuß zu. Zum Zipfen, zum Zapfen, zum Kellerloch
'nein, heute muß alles versoffen sein.

Möglicherweise Weise gehörten einst auch die sogenannten
Runda Lieder („Sa Sa Sa" ist ein solches) wie das von Keil,
Deutsche Studentenlieder S. 134 abgedruckte Lied „Sa lustig Courage
getrunken 2c." a. b. J. 1667 und ein zweites „Im Kluck Kluck
leben wir 2c." (ebend. S. 190) a. b. J. 1763" hierher. Denn
Hoffmann v. Fallersleben theilt in seinen Findlingen (H. I, S. 88)
aus Mich. Kautzsch's „Frisch und voll eingeschenktem Bier=Glas
(Merseb. 1685 S. 82) Folgendes mit: „Wie sie denn ein sonderlich
hatten, da das Glas auf drei Schläge mußte ausgesoffen sein und
Runda lautete also:

> Es saß ein feines Mägdelein hum hum
> Auf einem grünen Gräselein hum hum
> Es pflückte schöne Blümelein
> Und macht daraus ein Kränzelein hum hum.

Bei den ersten „hum hum" mußte der da trank absetzen und das
„hum hum" selbst sagen, also auch bei dem andern und dritten,
da das Glas ganz geleert sein mußte. Und hierauf wurde ein
Runda gesungen." Auch die Lieder unten VII.—XII. waren Runda=
Lieder, ebenso die von Hoffmann a. a. O. S. 127 2c. mitgetheilt.

Wirkliche Bierspiele sind dagegen folgende.

Zuerst gehört hierher der Bierscat, der von dem gewöhnlichen
mit der deutschen Karte gespielten Scat nur dadurch verschieden
ist, daß man um die Bezahlung des Bieres, welches beim Spiel ge=
trunken wird, spielt und daß dabei einzelne Formalitäten zu beobachten
sind, welche bei dem gewöhnlichen nicht vorkommen.

Ein anderes Bierspiel, von 2—6 Spielern gespielt, heißt Rammes. Man spielt mit den 32 Blättern der deutschen Karte, die schellene Sieben, die sogenante Belle, ist nächst dem Daus der höchste Trumpf.

Viele dieser Bierspiele sind mit Gesang verbunden, z. B. das Cerevisspiel oder Pereat, ferner Schlauch, der Graf von der Luxemburg 2c. Ferner gehören hierher auch die Lieder: Vom alten Hauschild, Die Bigolinen, Es lief ein Hund in die Küche 2c., Das Concert 2c. Eins der bekanntesten ist das Quodlibet. Dieses lautet so:

Eröffnungsgesang: Wiederum sind wir vereint, uns hier zu erfreu'n, was man draußen von uns meint, kann uns Schlucke sein, ist uns auch ganz schnurz!

Chorgesang beim Ritterschlag: Daß freut sich des entmenschte Paar, daß wiederum ein Ritter war.

Auf den in der Bataille Besiegten: Herr Buffert ist ein braver Mann, trinkt gerne cerevisiam, und hat er kein pecuniam, versetzt er seine tunicam.

Das Quodlibet als Spiel besteht aus 12 verschiedenen Touren und kann von 4 oder 5 Personen gespielt werden. Man spielt mit deutscher Karte und eine Taille ist gespielt, wenn besagte 12 Touren durchgespielt sind. Wie in jedem andern Bierspiele wird nach Maaßgabe der dabei herausgekommenen Points oder Striche die Bezahlung der Zeche unter die Mitspieler vertheilt.

Ein Hauptbierspiel ist das sogenannte Cerevis auch Pereat genannt, welches unter 2 Personen mit einer deutschen Karte von der Sieben bis zum Daus gespielt wird. In demselben hat der Verlust des Spieles nicht die Zahlung der Zeche zur Folge, sondern eines Jeden Verlust und Strafe wird mit einem gewissen Bierquantum abgetrunken. Es wird, nachdem eine Cerevisfigur, ein Bierkrug mit Henkel und Ausguß auf den Spieltisch gemalt ist, durch das lateinische Lied

Cerevisiam bibunt homines, animalia caetera fontes.

Absit ab humano gutture potus aquae.

Sic bibitur, sic bibitur in aulis principim-pam-pum :,:

eröffnet ober man fingt auch folgendes blödfinnige Lied:

Der Bürgermeifter Freudenreich hat uns hierher befohlen
Euch hundsverfoffnen Schneiderlein das Bockfell zu verfohlen.
Man fieht's Euch an den Federn an, was Ihr für Vögel feib.
Der Vater ift ein Pferdedieb
Die Mutter hat Soldaten lieb
Die Schwefter fteckt im H—haus
Euch hängt man an den Galgen!
Schneiderlein, zieh ein, zieh ein!
Bock ift dein Vater, Meck deine Mater.
Schneiderlein zieh ein.

In biefem Spiele heißt die Karte Löffel, ber Stich Löffelei,
Geben Rühren ober Löffeln, Abheben Ablöffeln, Kreide Dreck, Bier
Cerevis ober Stoff, Trinken Abcerevifiren ober Abftoffen, Daus
Großer Leichtfinn (ober Sau), Zehn Kleiner Leichtfinn, König Rülps,
Ober ober Dame Menfch, Unter ober Bube Kaffer ober W.. bf.. z,
Neun November ober Nonnchen, Acht October ober Octavchen,
Sieben September ober Septimchen. Jeder Wortverftoß wird mit
einer Schwalbe (†), das Nichtwiffen ber letzten Karte fogar mit
brei Schwalben (†††) geftraft, zehn Schwalben machen einen
Galgen, zwanzig ein Rad aus. Das Cerevis wird mit bem Liebe
Cerevisia clausa, cerevisiam bibunt homines etc. gefchloffen.

Ein anberes beliebtes Stubentenfpiel ift die fogenannte Bieruhr, die folgenbermaßen arrangirt wird. Man fchlägt einen Nagel
in die Mitte bes Tifches, hängt einen Schlüffel baran, zieht zwei
Kreife barum, zählt bie Spieler unb macht ebenfo viele Felder als
Spieler finb, jeboch noch ein pro patria Feld, hierauf verfieht
man bie Felder unb die Mützen ber Bieruhrfpieler mit gleichen
Nummern, bann wird ber Schlüffel gebreht unb die Nummer,
auf ber er fitzen bleibt, fingt Solo unb trinkt ein Halbes ober
Ganzes. Sitzt er im Vaterland, fo trinken Alle, unb fo geht's
fort, bis Alles toll unb voll ift unb § 11 bes Bier-Comments,
welche lautet „es wird fortgefoffen", vollftändig zur Geltung ge-

Zu S. 147. Bierkrüge aus dem 16. Jahrhundert.

kommen ift. Der Text des nach abgelaufener Bieruhr gejungenen Canon's ift aber folgender: Es ging ein Mönchlein in die Mette, legt was auf den Altar, ein Tuch, ein Buch, ein blaues Brufttuch. Da kam die Nonne, „hem", fprach fie, „wer hat mir denn den Zimperling, den Zirum, Zarum, Zirkulum, Spectaculum, Miraculum, auf das Altar gelegt?"

Gewiffermaßen gehört auch das fogenannte Hospiz: „Es geht ein Saufcomment an unferm Tifch herum herum:,: Zehn Maaß und eine, Ihr wißt ja, wie ich's meine, zehn Maaß und nochmals zehn, fibibum! laß eine gehn, laß eine gehn! :,:" hierher, ein Rund= gefang, bei dem Jeder ein Lied zu fingen oder ein Glas zu trinken hat, die letzte Strophe wird gewöhnlich vom Chor recitirt; ein Lied, das fchon ein Anderer gefungen hat, darf nicht wiederholt werden. Desgleichen das bekannte Schmollis (d. h. von sis mihi mollis amicus, fei mir ein guter Freund), die Duweihe oder der Freundfchaftsfoff genannt. Dagegen rechne ich den von dem Kieler Profeffor Aug. Niemann (1761 — 1832) gedichteten Landesvater (zuerft in Deff. Academ. Liederbuch, Deffau u. Leipzig 1782, S. 111 — 120, u. m. f. zahlreichen Veränderungen in Hoffmann's v. Fallersleben Findlingen Bd. I, S. 36 — 51) nicht hierher.

———————•———————

Dreizehntes Capitel.

Von den Gefäßen zum Biertrinken.

Es bleibt jetzt nur noch übrig, einige Worte über die Gefäße zu sagen, aus denen die Deutschen von Alters her ihr Bier getrunken haben. Jedenfalls ist hierüber das älteste Zeugniß das des uns schon bekannten Historikers Olaus Magnus. Derselbe erzählt, die alten Norweger hätten sich kupferner oder eherner, auch eiserner Krüge bedient, thönerne, die zuweilen aus Deutschland eingeführt würden, wären ihnen zu zerbrechlich gewesen (B. XIII, C. 35). Die älteren Ausgaben seines Werkes geben zu diesem Capitel die Abbildungen der damals gebräuchlichen Trinkgefäße. Derselbe schildert auch (C. 37) ein solches Trinkgelage, auf dem dazu gehörigen Holzschnitt trinken die Gäste aus großen korbartigen Krügen (vermuthlich soll der halbe Reif oben einen Kranz darstellen) Bier und die Diener kredenzen ihnen den Trunk, welchen sie aus großen Bierkannen (Bierlasen) einschenken. Solche Krüge meinte wohl auch Fischart im Gargantua (S. 83b.), wenn er sagte „sie soffen (Bier) aus gestiefelten Krügen".*) Allein man hat auch Biergläser gehabt, denn in einem altdeutschen Gedichte des 15. Jahrhunderts (bei Keller, Faftnachtspiele, Stuttgart 1853, Bd. III, S. 1215) „Von allem Hausrot" heißt es: „Flaschen kandeln zu pir vnd wein Kopff krauß vnd glaß zu schenken ein Stuz Pirglas ein pecher dar bey". Allein die thönernen Krüge aus sogenanntem grès flamand, jenem flandrischen Steingeschirr, welches sich besonders durch eine schöne stahlblaue Farbe, niedliche Form und reiche Ornamentik auszeichnet, meist mit einer aus

---

*) In f. Geschichtsklitterung (abgedr. b. Scheible, Schaltjahr Bd. II., S. 611) führt er auch eine große Anzahl Namen von Trinkgefäßen an.

Salz gemachten Glaſur überzogen iſt und faſt immer Reliefverzierungen bietet, übrigens meiſt in die Jahre 1540—1620 fällt,
rivaliſirten bei den Biertrinkern mit jenen altdeutſchen, durch
prächtige, ſculpturartige Reliefverzierungen geſchmückten, meiſt am
Niederrhein fabricirten Bierkrügen, die vlämiſch Jacob Kannetje,
franzöſiſch Jacques Cannette hießen. Uebrigens waren erſtere mehr
Luxusgegenſtände, letztere aber jedenfalls für den gewöhnlichen
Hausgebrauch beſtimmt. Meiſtens enthalten ſie Gegenſtände
aus der bibliſchen Geſchichte, wie denn die freilich erſt ins
17. Jahrhundert fallenden Apoſtelkrüge davon ihren Namen tragen,
daß die 12 (ob. 6) Apoſtel (bunt gemalt) auf ihnen dargeſtellt ſind.
Zuweilen finden ſich aber auch andere, weniger heilige Gegenſtände
darauf, z. B. iſt in der Königl. Porzellan- und Gefäßſammlung
zu Dresden ein polniſcher Bierkrug (mit Henkel wie ein Seidel)
von gelber Farbe zu ſehen, der als Datum das Jahr 1538,
Cracoviae S. Florianus MDXXXVIII, trägt und in haut relief
(vielleicht das älteſte bekannte Exemplar dieſer Art) ganz abge-
hoben humoriſtiſche Figuren, einen beim Fortgehen den Hut lüf-
tenden Mönch, einen ſchief ſtehenden Ritter, einen Bürger um
Flaſche und Glas tanzend, einen Bauer, der auf ein Faß gelehnt
iſt und einem trunkenen Mönch ein Glas hinreicht ꝛc. zeigt. Ein
anderer braungelber Henkelkrug derſelben Sammlung ſtellt einen
Bauerntanz mit der Inſchrift dar: Gerhet: Du: Mus: Daper:
Plasen: so Danssen: Di: Buren: Als: Weren; Si: Rasen: Bis:
Vf: Sirich: Rastor: Jch: Ver: Dans: Di: Kap: Mit: Rock. Ein
dritter trägt auf dem Hals einen bärtigen Chriſtuskopf mit der Um-
ſchrift: GOT: DEM: SY: ALEIN: DYE: EHYRYN: AL. Auch der
in der Berliner Kunſtkammer befindliche Krug Luthers fällt in
dieſe Kategorie. Dieſe Krüge gehören jetzt zu den geſuchteſten
Gegenſtänden und werden mit wahnſinnigen Preiſen bezahlt. Reich
ſind an ſolchen die Muſeen zu Berlin, Dresden und München,
das weſtphäliſche Muſeum zu Minden, die Sammlung zu Tieffurt
bei Weimar, zu Löwenberg bei Caſſel, auf Schloß Arnsburg bei
Bückeburg und ſonſt die von der Belgiſchen Regierung ange-

kaufte Collection des Herrn Jean d'Huyvetter zu Gent*). Leider findet man eben wegen ihrer Seltenheit und hohen Preise jetzt viele nachgemachte bei den Kunsthändlern.

Etwas später ins 17. Jahrhundert fallen jene ebenfalls aus rheinischen Fabriken hervorgegangenen Krüge aus glasirtem Töpfer= thon, die Thier= und Menschengestalten vorstellen. Die Königl. Porzellan=Sammlung besitzt z. B. einen Bär, einen großen Hum= pen haltend, mit seinen beiden Jungen, welche aufrecht stehend auf Horn und Trompete Musik machen. Sie selbst sind schwarz und die Trompeten gelb. Die Köpfe sind die Deckel. Um die= selbe Zeit fallen auch die bunten und hellblau staffirten Krüge aus Delfter Fayence, welche namentlich in vornehmen Familien heimisch waren.

Es giebt auch viele Bierkrüge aus Elfenbein geschnitzt und meist kostbar mit Gold und Silber verziert, inwendig mit Silber ausgelegt (z. B. im Grünen Gewölbe zu Dresden), allein diese waren jedenfalls Schaustücke, getrunken ist wenig aus ihnen worden. Im vorigen Jahrhundert fand man auf den Dörfern viele Deckelkrüge aus Holz und diese Sitte hat sich in Thüringen bis in dieses Jahrhundert erhalten, z. B. 2c. auf der Rudelsburg, allein namentlich für Breyhahn zog man die Steinkrüge mit Zinn= deckel vor. Auf den Universitäten trinkt man meist aus ein Halb= maaß haltenden Deckelgläsern, Schoppen (in Heidelberg), sogenann= ten Seideln (für bairisches und Lagerbier), Töpfchen. Auf den schweizer Universitäten trank man aus Steinkrügen, die ein Quantum von vier Schoppen oder zwei Halben enthielten, Maaß genannt, in München aus steinernen Maaßerln, zwei bairische Halbe ent= haltend, in Jena und Halle aus verpichten hölzernen Holzhumpen, Lanzen genannt oder Stübchen (in Jena). Stiefel heißen dieselben Deckelgläser, bei Hauptwitzen der Landsmannschaften zieht der

---

*) Die Hauptstücke sind abgebildet auf 22 Kupfertafeln in dem Werke: Zeldzaamheden verzameld en uitgegeven door J. d'Huyvetter, in het Ko- per gesneden door Cl. Onghena. Gent 1829, in 4°.

Senior seinen Kanonenstiefel aus, dieser wird mit Bier gefüllt
und kredenzt. Der Name Stange galt eigentlich nur von hohen
dünnen Gläsern mit Henkeln für Berliner Weißbier und böhmi=
sches Bier, jetzt ist für ein halbes und dreiviertel Seidel der Name
Kind, Schnitt und Tulpe gebräuchlich geworden.

In den Norwegischen Gebirgsgegenden findet man heute noch
die alten hölzernen Bierschalen, Ohlboller genannt, ganz in der
Form der im Handel so oft vorkommenden russischen Holzschalen.
Sie enthalten oft sehr kernige Trinksprüche entweder eingeschnitten
oder aufgemalt, z. B. Ohl i Bollen, Vet i Skolten, Marg i
Knoken, Trumpf i Broken (Bier in der Schale, Witz im Kopfe,
Mark in den Knochen, F... in den Hosen). Auf einer Bierschale
im Hallingdal daselbst vom Jahre 1787 stand: Nogen holder sig
tel Krüse, andre holder sig tel Küse, hokken saar det
deedste Rüse (Einige halten sich zum Kruge, Andere ziehen die
F... vor, wer bekommt den besten Rausch?) Sie sehen so aus:

Vierzehntes Capitel.

Sprüche zum Lobe des Bieres, Trinklieder, Studenten- und Brauerlieder.

I. Aeltestes Bierlied aus dem 13. Jahrhundert.

Aus dem Roman d'Eustache le Moine p. Fr. Michel p. 114 — 115, bei Fr.
Wolf. Ueber die Lais, Sequenzen und Leiche. Heidelberg 1841 S. 439.
Musiktext dazu in der Mus. Beilage Nr. I.

Letabundus.

Or hi parra,
La cerveyse nos chauntera
Alleluia!
Qui que aukes en beyt
Si tel seyt com estre doit
Res miranda!

Bevez quant l'avez en poin;
Ben est droit, car nuit est loing,
Sol de stella
Bevez bien e bevez bel
Il vos vendra tel tonel
Semper clara.

Bevez bel e bevez bien
Vos le vostre et jo la mien,
Pari forma.
De ço soit bien porvéu;
Qui que auques le tient al fu,
Fit corrupta.

Riches genz funt lur brut
Fesom nus nostre deduit,
    Valla (**sic**) nostra
Beneyt soit li bon veisin
Qui nos dune payn e vin,
    Carne sumpta;

E la dame de la maison
Ki nus foit chere real!
Jà ne pusse-ele par mal
    Esse ceca!
Mut nus dune volenters
Bons beiveres e bors mangers:
Meuz waut que autres muliers
    Hec predicta.

On bewom al dereyn
Par meitez e par pleyn
Que nus ne séum demayn
    Gens misera
Ne nostre tonel wis ne fut,
Kar plein ert de bon frut,
Et si er tut anuit
    Puerpera.
    Amen.

II. Spruch vom Bier aus dem 15. Jahrhundert.

Vina valent forti cerevisia grata cubanti
Fons valet oranti, sed medo basia danti.

(Wein ist gut für den Starken, Bier für den der schlafen
will, Wasser für den Beter, Meth aber für den, welcher küßt.)

III. Biersegen aus dem 15. Jahrhundert.

Altdeutsche Handschrift zu Wolfenbüttel, 29, 6. Aug. in 4°, fol. 58 b.

Nun grüs dich got, du liebes pier,
Gu her vnd lesch mir den durst schier,
Und mach mich nit zu schanden vor den leuten
Und behut mich auch vor der snellen geuten,
Wann deyn nam der haist rumpel in der plasen,
Von dir so wachsen solch rosen
Dy nymant mit den henden thar abprechen
Darein die sew vnter den zewn zechen,
Wann man dich dann in einem Kessel gesewt
So heisst man dich dann pfladergewt
Swanckendarm vnd Juden swais
Vnd wer von dir wil lassen ein schais
Der muss gar seuberlich lassen sleichen
Das nit heffen werden streichen.

IV. Wer erstlich hat erfunden das Bier Und der vollen Brüder Turnier.

Schwank von Hans Sachs, gedichtet den 15. November 1553. (Werke Bd. I., S. 505 rc., und bei Scheible, das Schaltjahr Bd. II. S. 282 — 286.)

Jamprinius ein kühner Held
In Flandern und Brabant erwählt,
Ein König streng, gerecht und fromm,
Regiert in seinem Königthum,
Litt keine Räuberei noch Unrecht,
Er straft den Herren wie den Knecht,
Er hielt sein Volk getreuen Schutz,
Und handhabet gemeinen Nutz.
Derselb nach Iside der Frauen
Lehret sein Volk das Ackerbauen,
Düngen, ackern und besäen
Mit Gersten und Weiz in der Nähen,

Lehrt schneiden, sammeln und einführen,
Und dreschen, wie denn thut gebühren,
Nach dem ließ er malzen und wenden,
Dörren und mahlen an den Enden,
Nach dem ließ er Bier daraus bräuen,
Damit thät er sein Volk erfreuen,
Weil in sein Landen wuchs kein Wein,
Und dieser König lebt allein.
Zu Jacobs Zeiten, weil gubernirt
Belocus der neunt König regiert
Noch in dem assirischen Land,
Zu der Zeit er das Bier erfand,
Jedoch in Niederland allein.
Doch sagt die Chronica gemein,
Bacchus der hab den Wein erfunden
In Griechenland, nachdem zustunden
Hab er Teutschland auch lehren schier,
Aus Gersten machen gutes Bier,
Voraus in mitternächtig Landen
Hab er sich solches unterstanden,
In Liefland, Sachsen, Meißen und Harz
Und immer je weiter einwarts,
Das ist wohl glaublich allerweiß,
Denn diese Völker dien mit Fleiß
Dem Gott Baccho mit dem Biersaufen,
Weib und Mann, Jung und Alt mit Haufen,
Und mag das wohl mit Wahrheit gehen,
Wie ich es denn hab selbst gesehen,
Eines Tags am Harz bei dem Bier,
Da hätten ihrer zwölf ein Turnier,
Diese Bierhelden sah ich streiten,
Mit Stützen und Kandeln zsamm reiten.
Einer schrei: Gut Gsell es gilt Dir,
Der ander schrei: Frisch her zu mir,

Der britt schrei: Schenk, lieber schenk ein,
Der viert schrei: Bring frisch Bier her fein.
Der Wirthsknecht der hätt gnug zu laufen
Da sah man gar ein kühisch Saufen,
Welcher Held war verzagt im Handel
Bracht für sich vier oder fünf Kandel,
Ihr Brüst waren mit Bier begossen,
Man hätt kaum ein Pfeil dadurch geschossen.
Sie trunken sam wärens erdürst
Und fraßen dazu gsalzen Knackwürst,
Und rohen Speck gesalzen frisch,
Das Bier das floß über den Tisch,
Die Erd war naß wie ein Badstuben,
Zu saufen sie wieder anhuben.
Als auf sechs Stund währt der Turnier,
Austrunken war ein Tonnen Bier,
Ein Held hinter dem Tisch entschlief,
Der ander aus der Stuben lief,
War gar stud voll, mocht nit mehr trinken,
Der dritt thät darniedersinken,
Bei den Ofen auf die Leckbänk,
Der viert mit Fa.... macht ein Gstänk,
Dem fünften thät das Bier aufstoßen
Die Thür, daß er pfercht in die Hosen.
Der sechs grölzt, thut den Säuen locken,
Der sieben warf ein Haufen Brocken.
Der acht thät nach spielen schreien,
Man sollt ihm Würfel und Karten leihen.
Der neunt brunzt unterm Tisch herfür,
Daß es runn zur Stubenthür.
Der zehnt juchzend, schrei und sang,
Der eilft saß und sah leichnam strang,
Und auch nur immer balgen wollt.
Der zwölft der schrei, man rechnen sollt,

Die Uerten macht der Wirth nach Dunken:
Drei Groschen einer hat vertrunken.
Also zogens ab vom Turnier
Und rochen alle nach dem Bier,
Und glotzten all wie die Geißböck,
Etlich zu Pfand ließen die Röck,
Ihr etlich fielen ob die Stiegen,
Ihr zween auf dem Mist blieben liegen,
Ihr drei gingen an Wänden heim,
Waten hin durch Dreck, Koth und Leim.
So rittens ab vom Turnierplan,
Des andern Tags jeder gewann
Zwo faule Händ und ein bösen Kopf,
Ein leeren Beutel, ein vollen Kropf!
Da dacht ich gar heimlich bei mir:
Wer täglich reit in den Turnier,
Es sei zu Bier oder Wein,
Und wartet nicht des Handels sein,
Dem kommt endlich Armuth zu Haus
Und trägt ihm sein Hausrath aus.
Wer aber in Arbeit ist nit lässig,
Und brauchet sich ziemlich und mäßig,
Wein und Bier oder ander Gaben
Die wir vor Gott dem Herrn haben!
Mit Dankbarkeit sie geneußt allwegen,
Dem giebt Gott Gedeihen und Segen,
Daß er sich also mag hie nähren,
Nach seinem Stand mit Gott und Ehren,
Behüt ihn vor Armuth, Ungemachs,
Hie und dort ewig, wünscht Hans Sachs.

V. Neujahr=Wunſch für alle Bierwirthe, ſo das gerechte Bier verfälſchen.

Anno 1783. (Nürnberg in=fol. Abgedruckt b. Scheible, Schaltjahr, Bd. IV. S. 146 — 150.)

Wirth: Laß mir, ich bitte Dich, die Poſſen heuer bleiben.

Satyr: Wie? Poſſen, was meinſt Du? Vielleicht N.=Jahrwünſch ſchreiben.

Wirth: Ja dieſe meine ich, es läſſet gar nicht fein,
Daß ſie, ſtatt einen Wunſch, oft meiſt Satyren ſein.

Satyr: Geh alter Adamskopf, laß einen jeden machen,
Worzu die Luſt ihn treibt, und ſieh nach Deinen Sachen
Schenk ächten Püchlersgeiſt zum Dichten hurtig ein,
Denn ohne dieſen kann kein Poet glücklich ſein.

Wirth: So ſchreib und dichte denn, doch nur zu Niemands Schaden,
Verſchon ihr Excellenz, Hochwürden und ihr Gnaden:
Sonſt denkt die ganze Welt, Herr Bruder, Du biſt toll.

Satyr: Leg dieſe Sau ins Bett, er iſt ſchon wieder voll.
Mich jammern doch die Wirth', könnt' ich ſie ſcherzend beſſern,
Dies wär mein größter Wunſch, ich wollt ihn nie ver= größern.
Und dies iſt nicht erlaubt.

Wirth: Ja Bruder ſage mir
Du reimſt ſo ziemlich gut, und trinkſt ½ Fürther Bier,
Das Panſchen kann kein Wirth, ſo wahr der Himmel, laſſen,
Es liegt in der Natur, und wer kann dieſe haſſen.

Satyr: Und dieſes ſagſt Du mir ſo dreiſte ins Geſicht?

Wirth: Dir, Bruder, ſag ichs wohl, doch keinem andern nicht.

Satyr: Möcht Jovis Donnerkeil die Wirth doch all zerſchmeißen.

Wirth: Nein Morgen, da muß ich von hier nach Zirndorf reiſen,
Hätt unſer Gazeter in Mö. ſeht ihn jetzt an,
Das Bier nicht ſo gepeitſcht, wär er kein ſolcher Mann;
Doch ſcheints, es wollte ihn im Alter jetzt gereuen:
Ach Gott! ſeufzt er jetzt oft, Du wirſt mir doch verzeihen,

Ein Fuchs und Bock wird ihm zum Abscheu vorgestellt,
Drum wünscht er sich so oft aus dieser Welt.
Ein anderer Fuchs ist der, so jetzt um diese Zeit
Mit Verrätherei und Schimpf auf seine Nachbarn speit,
Und dort im Elend wohnt, doch dieses ist ein Traum
Da ich es überdenk, so glaub ichs selber kaum.
Doch die Erfahrung es jetzt aus den Werken zeiget,
So wird gewiß der Thor noch auf dem Weg gebeuget.
Ob gleich ein Schulmonarch schon auf dem † Weg geht,
Und auf der Karte sieht, wie seine Sache steht,
Wo seine Liebste sich mit andern amusirt,
Daß er im Spiel vor Zorn die Uhr sogar verliert.
Bei einem Schober Stroh kauft man ein fettes Schaaf,
Sein Nachbar hält auch mit, so träumt ihm in dem Schlaf.
Er kaufts, er bindt es an, er zahlts, dann will ers holen,
Bis er sich umgewandt, so war das Schaf gestohlen.
Dort jener hat sein Schild zum grauen Muff genannt
Bis daß man es vor Schnee und Koth nicht mehr gekannt.
Will er vielleicht dies Schild nicht länger sehen an.
Nun gut, so hängt man den H. Z. Hr. selbsten dran,
Dort in dem kleinen Dorf, wo neun Wirthshäuser stehen,
Daß man von einem kann hin zu dem andern sehen.
Dort ists ein Leib und Blut, ein Herz und auch ein Sinn,
Man fährt in Chais Roland, sogar in Brunzscherm hin,
Da lobt man alles Bier, es sei süß oder sauer,
Der Wirth im Conduit, als wie der g'lehrte Bauer,
Zwar in der Nachbarschaft schenkt man gerechten Wein,
Doch muß er öfters auch gelind gestrecket sein.
In diesem ganzen Dorf sind alle Wirth Careten,
So lang als sie das Bier so gottlos panschen werden.
Sogar die Hartel Waatsch schließ ich im Wunsch mit ein,
Daß in dem N. Jahr ihr Bier gerecht möcht sein.
In jenem großen Dorf — ich will es zwar nicht nennen —
Weil jeder Leser es vielleicht wird selbsten kennen,

Der gehe nur dahin, wer ein Bierkenner ist,
Und hör einmal davon den hochgelehrten Zwist;
Da kann man um ein Wort, um alle Kleinigkeiten,
Von 12 Uhr bis um 4 in einem Courier streiten,
Das hält manch gelehrter Geck viel höher als die Welt,
Den nur der Püchlersgeist für einen Narren hält,
Wenn man im Sommer oft verliebte Vers erdichtet,
Beim Hummelsteiner Wein gelehrte Werk errichtet,
Des Abends in der Maus — entwerfen die Kritik,
Notarisch peinigen heißt da ein Meisterstück.

Wirth: Wie lange, lieber Freund, wirst Du dann bei uns bleiben,
Und wie lang wirst Du noch an dem N. - Jahrwunsch
schreiben,
Du weißt, daß dieses Blatt doch nicht erlaubet ist?

Satyr: Das weiß ich, daß Du auch ein dummer Esel bist.

Wirth: Nein glaube Du es nicht, zum Rößlein wirds genannt.

Satyr: Hör, packe Dich vor mir, es ist mir schon bekannt.

Wirth: Mein Bier hat große Kraft, es bläht die Leute auf,
Sag, Brüderchen, mir doch, was kost das Heu im Lauf?

Satyr: Sechs Büffel Köpfe Stück — — das habe ich vernommen
Um aber noch zum Schluß auf meine Wirth zu kommen,
Wer sind die Schelmsten dann, wurd ich ohnlängst gefragt,
Giebt es denn Schelmenwirth, hab ich darauf gesagt.
Ja, ja, in Eibach, Buch, in Dennenloh, in Feucht,
In Erlestegn, Fach, und was sich dortrum schleicht,
In Fischbach, Lichtenhof, Loh, Leyh und Lauferholz,
Da sind die Wirth fast all auf Schelmereien stolz,
Dort auch in Ziegelstein, in Schnepfenreuth, in Thon,
In Zabelshof, Steinbühl, und in der Fürther Kron,
Nachdem beim Himpfleshof, am Bleicher, bei den Ställen
Da wollt ich manchen Bock und manche Ziege fällen.
Zu Kalchreuth, Poppenreuth — Zirndorf und Gnadenberg,
Dort giebt es Riesenwirth, und keine kleinen Zwerg.
Zu Großreuth geht man zwar dem Bier vor andern allen

Der Wirthin aber mehr als dem Bier zu gefallen.
Weil denn nun alle Wirth in Kellern Schelmen sind,
So zeigt es, daß man sie doch alle einig sindt.
Die stete Einigkeit soll Euerer Wirthschaft nützen,
Und Euch der Himmel auch dieß Jahr vor Unfall schützen.
Gelinget mir der Wunsch, so ists vor mich auch gut,
Vor Freuden sehe . . . ich*) Euch alle unter einen Hut,
Sechs Kreuzer kost der Wunsch, doch 12 sind mir noch
lieber.

A Dieu votre Serviteur ⎫
A de wort Serwiteer ⎬ Jetzt mit dem Streusand drüber.
⎭

VI. Alter Spruch vom Bier.

Mart. Zeiller, Episteln oder Sendschreiben. II. Hundert Nr. 18. S. 130. (Fol.
Ausg. — in der 8⁰. A.=Ulm 1641, S. 105.)

Das Bier giebt grober Feuchte viel
Stärkts Geblüt und mehrets Fleisch ohn Ziel,
Es leert die Blaß und weicht den Bauch,
Es kühlt ein wenig, und bläst auch auf;
Es soll sein klar und alt von Jahren,
Nicht saur gekocht, von gutem Korn.

---

*) Hierzu gehört ein Kupferstich (auch bei Scheible copirt) auf welchem eine
Art Kellerstube mit zwei hoch oben angebrachten Fenstern dargestellt ist. Zwischen
denselben ist an der Wand ein langes Bret, wie ein Topfbret, angebracht, auf
dem ein nackter gehörnter Teufel, der in der Hand ein Blatt mit der Aufschrift
Alle darunter haltend, in kauernder Stellung den Rücken und Hintern nach dem
Beschauer zu, dargestellt ist. Derselbe verrichtet seine Nothdurft in den Kopf
eines ungeheuren Hutes, unter welchem wie unter einem Dache eine Menge
Wirthe oder Bierschenken in Jacken und Schürzen, jeder ein Seidel in der Hand
stehen. Ihre Haare steigen wie ungeheure Besen zu Berge und werden alle nach
dem vorhin erwähnten Loche in dem Hutkopfe gleichsam magnetisch gezogen, so
daß es scheint, als zöge sie der Teufel durch das Loch an sich. Links von ihnen
ist ein Brunnen, aus dem Wasser in einen großen hölzernen Deckelkrug läuft,
rechts liegt ein Faß, auf dessen Spundloch ein großer Trichter steckt.

Dünn Bier, dem Malz oder Farb gebricht,
Das sauer oder jung ist, trinke nicht.
Trink doch nach Noth und Füll den Kragen,*)
Nur daß nicht werd beschwehrt Dein Magen.

VII. Lob des Bieres.

Aus der Einleitung zu Chr. Kobrer Carinthius, Kurze und gründliche, auch sehr nütze Beschreibung des allgemeinen Brauwerks. b. i. wie man allerlei Straid so zum Byerbrewen tauglich, Malzen d. i. Waiken, Ausbringen, Swelken, Dören u. s. f. ein recht und wohlgeschmaches Byer warten kann. rc. 1581.

wo kein Weinwachs ist
In Landen gegn Mitternacht allfrist
Darzu in andern Landen weit,
Da es viel Traid und Hopfens geit,
Gebrewet wird guet Getrank,
Dabei manchem die weil nit langh,
Genenet Byer, welches sonst auch gemacht
In Landen viel und wird geacht.
Ein guet Getrank zu aller Zeit,
Welches Menschen und Vieh die Nahrung geit;
Es trenkt und speiset jedermann,
Der uns zu nutz guet machn kann;
Guet machn heißt aber nit allein,
Wie etlich sagen in Gemein,
Wanns nur guet Malz und Hopfen hat,
So wollens machn ohn ablan.
Ein guet Getrank, das menigkleich
Soll schmecken Arm und auch Reich,
Drauff Antwort solchen Rhümern Ich,
Und sag Ihn ohn Scheüch kecklich
Obgleich das Malz und Hopfen allein

---

*) Ziemlich ähnlich ist der alte deutsche Prosaspruch a. d. 17. Jhdt., bei Scheible, Schaltjahr. Bd. I., S. 46.

Des Byeres beste Materien sein,
So mag dochs Malz mancherlei weiß
Am waikn, Ausbringen durch aufleiß
Erfauern, verwachsen, verdorrt werden,
Durch böse zuefall leicht verderben.
Gleichfalls so kann und mag das Byer
Verderbet werden in der Gyer.
Durch unfloß und ungeschmahn zeug;
Das glaub du mir, weil ich nit treig;
Durch gschwindt und überflüssig Gyer
Und von unsauberkeit der Geschirr
Saur werden und gar abstehn;
Wie muß man dann damit umgehn?
Hilft nu das Maltz und Hopfen guet?
Das sagst du mir mit küenem mut!
Nein ꝛc.

———

VIII. Bierlied im Thon: O weh Du armes Prag.

Aus M. Kautzsch, Das frisch und voll eingeschenkte Bier=Glaß in allerhand für=
fallenden Begebenheiten denen Curiosen Gemüthern zu Sonderbahrer Ergötzlich=
keit vorgestellet, Merseburg druckts Chr. Gottschicks, F. S. Hoff=Buchdr. 1685
in=18 S. 9 — 13.

Bonjour, Bonjour, Monsieur,
  Mein Herr, ich schenk ihm dieses ein,
    Sa faites bonne Cher!
  Hei wollen wir eins lustig sein
  Bei Bier und nicht bei Reine=Wein
    Dies frischet corps et coeur.

    O Biergen Du bist gut,
  Exhilarasti mit offtmahl
    Mein Hertz, Gut, Muth und Blut.
  Propino tibi Domine

Vis tu latina loquere
Was? Biergen macht ein Muth.

A la santé! Hör hie,
En tibi hocce poculum
A toute compagnie
Juch allegro, Sa praesto, frisch!
Sa lustig über Bank und Tisch,
So übt man courtoisie.

Nunc tibi wiederumb
Saluti dieses Kännelein,
Das Salus wird nicht stumm.
A vous mon*) frere! voulez vous
Ich trink Euch diese neune zu,
Couragie umb und umb.

Nunc in principio
Ihr lieben Freunde hey, Juch hey,
Hey lustig und seid froh.
St! Audiantur Canora,
Bis quina voce sonora,
Juchhey; Juch allegro.

Omitte Traurigkeit
Pergamus omni studio,
Sa lustig allezeit.
Bon Biergen ist kein Lumpen-Trank
Das . . . . . Bier macht gar nicht kranck
Das Hälschen wird fein weit.

Frisch à moy nur zu,
En! moveatur Cyathus
à cest seur in schnell nu.

---

*) Im Text steht mem, was keinen Sinn giebt.

Ad te bis gantze Römſche Reich
In sanitatem ſo zugleich
Thue hi Beſcheid Du, Du.

Amice, mit dem Glaß
Herumb, herumb in stando bald
O Bacchus, wie ſchmeckt das.
Kluck, kluck, kluck, kluck, kluck, kluck, hinein,
Sa laſt uns friſch und frölich ſein
Es iſt noch mehr im Faß.

Seht, haec est tessera
Diß iſt die Loſung, merkets doch
Runda, runda, runda.
So ſetzt das Gläslein an den Mund
So trink es aus biß auf den Grund
Runda, tra, ra, ja! ja!

En! Sa Heroicum
Sic faciamus allezeit
Ni sit negotium.
Wem labor iſt fastidio
Der bleib hier bei dem Methodo,
Diß iſt das Unicum.

Freund Bacchus machets all,
Drumb ſagt ihm grand mercus*)
Landate hunc mit Schall
En Bacchus creat Nobiles
Et Principes et Caesares
Heut und nicht allemahl.

---

*) Doch wohl merci?

Zu guter Nacht, ſa, ſa,
Den Zapfen ſteck ich auf den Hut,
Couragie voila,
Lobt Bacchus all in folio
So muß heut raus ex dolio
Runda dinellula
Runda dinellula — (piano)
Runda dineltula — (Allegro)

IX. Bierlied (Runda).

Aus Kautſch's Bierglas a. a. O. S. 20.

1. Sa! Luſtig Ihr Herren, Hop he,
Trinkt tapffer herummer, Hop he.
Das Gläßlein ich Dir bringe,
Es muß in einem Schlunge
Rein ausgeſoffen ſein,
(piano)
Rein ausgeſoffen ſein.

(Allegro)
2. Runda, Runda, Rnnda, Runda dinellula,
Runda, Runda, Runda, Runda dinellula,
3. Runda, Runda, macht Tauben=Neſt,
Runda dinellula, das Stroh iſt Meiſter Hanſen geweſt
Runda dinellula,
4. Und wärs nicht Meiſter Hanſen geweſt,
Runda dinellula,
So hätten wir jetzt kein Freudenfeſt
Runda dinellula,
Laß Merten immer murren,
(piano)
Laß Merten immer murren.

X. Bierlied (Runda).

Aus Kautzsch's Bierglas ꝛc. S. 40.

Rapsa he, Rapsa he, luftig mein Mütgen
Weil mir die Mutter will schicken das Gütgen
    Daß ich kann leben
    In Ehren schweben,
Und trinken mit Freuden ein Gläselein Bier;
    Bruder, das bringe ich Dir.

Trinke, mein Bruder, sa, kanstu noch schlingen
Setz an das Gläßlein, wir wollen eins singen
    Daß es wohl flüsset,
    Trotz den es verdrüsset,
Laßt uns nur luftig sein, weil wir noch können
    Mit Gläsern rennen.

Runditschen, Rundätschen, Runda
Runda, Rundabinellu hap he sa sa sa.
Runditschen, Rundätschen, Runda
Runda, Runda binellu hap he sa sa sa
    Hap he sa sa sa.

Recht so mein Bruder, Du hast Dich gelößet,
Weil Du das Biergen in Magen geflößet.
    Nun will ich schlingen
    Wer wird mir singen,
Daß ich auch luftig und frölich kann sein
    Bei Bier und bei Wein.

XI. Sa sa sa Ihr deutschen Brüder.

Aus dem 17. Jahrhundert nach einem Studentenstammbuche vom Jahre 1667, abgedruckt bei R. u. R. Keil. Deutsche Studentenlieder. Lahr v. J. in-12. S. 132.

Sa sa sa Ihr deutschen Brüder,
Stimmt ein frohes Vivat an,
Singt die allerbesten Lieder,
Schreie, wer da schreien kann!
Hier ist der Gersten=Safft,
Der labt das abgematte Hertz
Und mehret unsern süßen Schertz.
    Du liebstes Bier,
    Du bist die Zier,
    So 1000 Freuden schafft.

Andern mögen 1000 Grillen
Tag und Nacht im Sinne sein,
Jenen mag die Venus trillen,
Und in Fesseln schlagen ein —
Hier ist ein freier Geist,
Der keine Geld=Venus liebt
Und keinen Grillen sich ergiebt.
    Drum her zu mir,
    Du werthes Bier,
    Das meine Zunge preist.

Komm Du Labsal deutscher Herzen,
Komm verdopple unsre Lust,
Komm und lindre unsre Schmerzen
Komm und tränke unsre Brust,
So küß ich auch das Glas,
Ich trinke es aus, ja ja es schmeckt,
Ein Schelm der was davon verkleckt.
    Drum liebstes Bier,
    Bleibst für und für,
    Das angenehmste Naß.

Sa Herr Nachbar zu der Lincken
Bier ist meine rechte Hand,
Die will in die Deine sinken,
Als das deutsche theure Pfand,
Der kleine Finger auch,
Und forder' gleichsam auf den Schmauß,
Auch Deinen kleinen Finger aus.
   Jetzt da das Bier
   Soll Dir und mir,
   Sich senken in den Bauch.

Auf Gesundheit aller Sachsen,
Und auch Brandenburg dazu
Beide Häuser müssen wachsen
In vergnügungsvoller Ruh,
Es lebe Sachsen-Hauß,
So lange Sonn und Mond steht,
Biß dieser Erden-Ball vergeht,
   Biß daß man hier,
   Nicht ferner Bier
   Wird bringen auf den Schmauß.

Nun so kommt, Ihr lieben Säffte,
Fließt mir in die Kehl hinein,
Kommt und gebt mir neue Kräfte,
So es muß getrunken sein,
Singt Brüder ein Runda.
Es schreie, wer nur schreien kann,
Allo ich setze tapfer an,
   Juchhe, Burhe,
   Juchhe, Burhe,
   Sa sa sa sa sa sa.

Nun ich hab es ausgetrunken,
So wer schenkt ein frisches ein?

Bruder wie bei mir gefuncken,
Muß es auch getrunken sein,
Sa sa sa sa sa sa.
Wem diese Lust nun nicht gefällt,
Der räume mir die lustge Welt,
Denn nichts gilt hier,
Denn ein Glaß Bier
Und als auch ein Runda.

XII. Bierlied (Runda).

Aus Kaußsch's Bierglas 2c., S. 88.

Sa Sa Wir Herren sind da,
Wer dem Baccho ein Opffer will bringen
Der muß sich befleißen zu schlingen,
Sa Sa Wir Herren sind da.

Herr Nachbar zur Rechten, Herr Nachbar zur Linken
Wir wollen einander eins freundlich zutrinken.
Sa Sa Wir Herren sind da.
Runda, Runda, Runda, etc.

So leben wir im Schmauße Runda dinellula,
In unsers Freundes Hause Runda dinellula,
Die Welt laß immer murren
Murre wie Du wilt :/: ich wil nicht murren :/:
Die Welt laß immer murren.

XIII. Bier- und Weinlied: Eins vor!

Aus: Newe und lustige weltliche Deutsche Liedlein mit Bier 2c. Stimmen durch
Ant. Scandellum (Dreßben 1578) bei Hoffmann v. Fallersleben, Gesellschaftslieder S. 163.

Diese Stimme singt einer allein
Und soll haben ein Glas mit Wein.

Der Wein der schmeckt mir also wol
Macht mich Sommer und Winter, voll
So will ich jetzund fangen an,

Dies Gläslein, das soll rummer gan,
Den guten Wein ich trinken soll,
Ihr trinkt auch gerne all zumal
Ich will austrinken zu der Stund,
Trinkt Ihr auch aus bis an den Grund.

*) Lieber Bruder, wir gläubens wol,
Frisch auf :/:, mein Brüderlein!
Es sei gleich gut, Bier oder Wein,
So muß es doch getrunken sein.
Wir wollens thun ohn alles Leid,
Frischauf :/:, mein Brüderlein!
Es sei gleich gut Bier oder Wein,
So muß es doch getrunken sein,

Das Glas ist aus, wie Ihr da seht
Ihr sollt nur auch recht thun Bescheid!
So laß ich wieder schenken ein,
Thut voll Bescheid, Ihr Brüder mein!

————

XIV. Bier- und Weinlied: So lebt sichs gut.

Aus: Newes liebliches Musikalisches Lustgärtlein d. Melch. Franken (Coburg 1623)
bei Hoffmann v. Fallersleben, Gesellschaftslieder des 16. und 17. Jahrhunderts.
(Leipzig 1844) S. 149.

Frisch auf mein Herz, sei guter Ding,
Brauch Dich der Fröhlichkeit,
Die Zeit und Weil mit Freud zubring,
Laß fahren all Traurigkeit!
Weil wir beisammen seyn
Bei Bier und kühlem Wein,
Thut frisch rum trinken! Fa la la 2c.

————

*) Diese Strophe wurde wahrscheinlich neben der ersten gesungen.

Warum sollt ich jetzt traurig sein,
Nicht haben ein fröhliche Muth,
Weil Bier und Wein fein schleicht hinein,
Und schmeckt so trefflich gut,
Und ist zur Hand auch da!
Ein gute Musica,
So alle erfreuet. Fa la la 2c.

Drum Bruder mein, die Gläselein
Mit Bier und kühlem Wein
Laß nicht lange stan, laß rummer gan
Und wieder schenken ein!
Alsdann, wie sichs gebührt,
Drauf wieder eins musiciert!
Das ist gut Leben. Fa la la 2c.

XV. Schwäbisches Bierlied.

A. W. Walter, Sammlung Deutscher Volkslieder, welche noch gegenwärtig im Munde des Volks leben. Leipzig 1841, in 8, S. 252, und Commers-Buch für den deutschen Studenten. XVII. Aufl., Leipzig 1871 in 12, S. 114.

Das Jahr ist gut, braun Bier ist gerathen,
Drum wünsch ich mir nichts als drei tausend Ducaten,
Damit ich kann schütten Bier in mein Glas[1],
Und je mehr ich davon trinke, desto besser[2] schmeckt das. :/:

[3]Erblick' ich ein Braun Bier, o welch ein Vergnügen!
[4]Gleich thu ich vor Freuden die Mütze abziegen,
Betracht' das Gewächse, o große Allmacht!
Die oft aus einem Traurigen :/: einen Lustigen macht. :/:

---

[1]Var. Loch.   [2]Var. Schmeckts noch.   [3]Sch .... o welch.   [4]Da.

Kann einer vor Schulden nicht bleiben zu Hause,
So geht er ins Wirthshaus und setzt sich zum Schmauße;
[1]Und setzt sich zum Braunen, und trinkt was er kann,
Und wer da [2]was haben will, der kommt übel an.

Unser Herrgott muß endlich[3] wohl selbst darüber lachen,
Was die Menschen für närrische Sachen [4]hier machen!
Planiren, plattiren; plattiren, planiren,
Und am Ende da thun sie noch gar appelliren.

Bei der ersten [5]Bouteille, da ist's mäuschenstille,
Weil keiner mit [6] dem andern was anfangen wille,
Die zweite ist kritisch, die dritte muß[7] ziegen,
Bei der vierten setzt's Schläg, daß die Haare darum fliegen.

[8]Wenn ich einstens sterbe, so laßt mich begraben
Nicht unter dem Kirchhof nicht über den Schragen;
Hinunter in den Keller, wohl unter das Faß,
Lieg' gar nicht gern trocken, lieg' allweil' gern naß!

Auf meinem Grabsteine da könnt ihr's einst lesen,
Was ich für ein närrischer Kauz bin gewesen,
Beständig besoffen, [9]bisweilen ein Narr,
[10]Aber ein ehrlicher Kerl, und das Letzte ist [11]wahr!

XVI. Bierlied in der Bauernmundart zwischen Springe
und Rodenberg im Deister Gebirge im Hannöverschen.
Aus Firmenich, Germaniens Völkerstimmen, Berlin o. J. in 4°., Bd. I, S. 190.

Brauer! kumm to Bair (Bier).

Brauer (Bruder), kumm to Bair' un laßt üsch suhpen
Sieh eis,~wo (einmal) deck (wie) doch de Brailße (Bier) schühmt!
Schöll (sollte) eck ok up allen vairen krupen (kriechen)

---

[1]Wenn einer . . . . . nicht kann. [2]Er setzt . . . . . und thut. [3]fordert der. [4]endlich selbst, [5]thun machen. [6]Halben, da, [7]Einer was. [8]siegen. [9]Und wenn ich einst. [10]zuweilen. [11]doch ein. [12]rar.

Blihw eck bet dat Fat is uperühmt.
Laht se in der Stadt man jümmerst jaulen (nur immer schrein)
Dat Schampanjer bäter sih;
Könt se doch darnah nich bäter schraulen (brüllen)
Suhpt se seck nich dicker da as wih.

Höhr! dohrt gift et deck der Kehrls en Hupen (Haufen),
Dei von nicks as Rihnschen Wihne singt;
Singt davon, un mötet (müsset) Water suhpen
Bet eis (bis einmal) einer öhre Lihre (ihre Leier) dingt.
Davor schmeckt us use Brailsse bäter;
Keimen (kämen) geern to üsch heruht!
Sind sau mager, mihne Zeeg is fetter,
Seiht (seht) as upgedrögte (aufgetrocknete) Hehrje uht.

Brauer! fülle meck de ganze Stanne!*)
Hüte Abend sin wih jo so luht,
Un meck dörstet. Süh! de dumme Kanne
Is jo alle Ogenblicke uht.
In der Stadt da gift et lütge (kleine) Glase,
Gaftrig (Garstig) Bair, un weinig Trohst.
Water suhpt se; Wäter süpt (säuft) de Hase,
Doch wih suhpet Brailsse! Brauer, prohst!

XVII. Bierlied aus dem Osnabrückschen in westphälischer
Mundart.

Bei Firmenich, Bd. I, S. 243.

(Der Mann.)
Hör Fruwwe (Frau), be Grönlänner drinket kein Beer
(Die Frau) O heh!

---

*) Hohes Faß, welches unten weiter als oben ist.

He drinckt sick den schlibbrigen Thraun*) vor Plaseer
    (Die Frau) O weh!
De Frumwe — de drünke auk geren dat Fett,
Doch nei — in dem Himmel — dar kricht se wat met!
    (Die Frau) O weh, o weh, o weh!
         O wehja, o wehja, o weh.
Ick hewwe hier, Frumwe, en Krögsken met Beer!
    (Die Frau) Juchhe!
Ick weet wohl, Du drünkest et geren woleh'r (ehemals)
    (Die Frau) Juchhe!
Ick heww' er en Krömelken Sucker in daun (gethan)
Üm dat et Die sööter (süßer) herunner sall gaun (gehen)
    (Die Frau) Juchhe, juchhe, juchhe!
         Juchheja, juchheja, juchheja.

    (Die Frau, nachdem sie getrunken hat.)
Dat mott ick doch seggen, düt weet ick Die Dank!
    (Der Mann) Juchhe!
Et ees doch een gans allerleewesten Drank!
    (Der Mann) Juchhe!
Ick weet nich, if weere sau munter un licht —
Wenn mie man (nur) dat Krögsken to Koppe nich stiggt!
    (Der Mann) Juchhe ꝛc., Juchheja ꝛc.
Godd Dank, dat wie (wir) beeden in Grönland nich send!
    (Der Mann) Juchhe!
Un dat wie en beteren Hemel doch kennt,
    (Der Mann) Juchhe!
Und dat Du nich lichte wat Gooes (Gutes) genüst,
Wat Du nich van Harten mie geren auk büst (bieteft)!
    (Der Mann) Juchhe ꝛc., Juchheja ꝛc.

---

*) Thran. Da die Jagd auf die Seehunde nicht immer glücklich ist, so läßt der Grönländer die Frau dann nicht mittrinken und vertröstet sie mit der Jagd im Himmel, wo es dann besser gehen werde und sie immer mittrinken könne.

(Der Mann.)
Der send auk wol Männer, de drinket sick Wien,
  (Die Frau) O heh!
Un gläuf ar, dar mööt (müssen) er vull Dalers bi sien!
  (Die Frau) O weh!
Un lichte, dat se er bedrunken van weerd (werden)
Nu kannst Du wol denken, dann geht er vorkehrt!
  (Die Frau) O weh 2c., O wehja 2c.
Un Veele — de supet dat Brannewiensgift —
  (Die Frau) O weh!
Dann send se, als wenn se de Bösewicht drifft!
  (Die Frau) O weh!
Se bringet de Frumwe in Jammer un Naut,
Un straffet sick sülwens met Krankheed un Daud!
  (Die Frau) O weh 2c., O wehja 2c.

(Die Frau.)
Godd Dank, dat Du Die van dem Wiene enthältst
  (Der Mann) Juchhe!
Un dat Du auk nich up den Brannewien fällst!
  (Der Mann) Juchhe!
Mann wullt Du wat hewwen vor Lust un Plaseer,
Sau drink Die man geren sau'n Krögsken met Beer!
  (Der Mann) Juchhe 2c., Juchheja 2c.
Un wenn ick nich kann off to ielig ens (einmal) ben —
  (Der Mann) O weh!
Dann gan Du auk geren alleine man hen —
  (Der Mann) Juchhe!
Un drink Die en Krögsken met fröhlichen Mood
Es schmeckt allerleewest — bekümmt Die auk good!
  (Der Mann) Juchhe 2c., Juchheja 2c.

XVIII. Westphälisches Bierlied im Osnabrückischen Dialect.

Bei Firmenich Bd. I., S. 244.

Sau'n Krögsken Beer — wat schmeckt dat allerleewest!
 O singet em een Leed!
Un haulet (haltet) alle jüst be rechte Wiese —
 Un bat es munter geht!

Sau'n Krögsken Beer — wat schmeckt dat allerleewest!
 De Wien ess düür un suur!
He ess kein Drank vor uss hier in Westfalen.
 En drink' de rhienske Buur!

Sau'n Krögsken Beer — wat schmeckt dat allerleewest!
 Weg met dem Brannewien!
He stiggt to Koppe, tehrt (zehrt) an Lief un Lewen!
 He ess een wahr Vernien (Gift)!

Sau'n Krögsken Beer — wat schmeckt dat allerleewest!
 Un't kosset grauts kein Geld!
Sau dann un wann kann't Jeder wol betalen,
 Wenn he't' er (er es da) man to stellt.

Sau'n Krögsken Beer — wat schmeckt das allerleewest!
 Un't maakt nich knüll un dick!
Doch stillt et den Vordreet (Verdruß) un auk den Aerger,
 Un maakt vorgnögelick!

Sau'n Krögsken Beer — wat schmeckt dat allerleewest!
 Un et bekümmt auk goob!
Et maakt nich kault (kalt) et maakt auch nich to hitzig
 Et paßt in't düütske Blood!

Sau'n Krögsken Beer — wat schmeckt dat allerleewest!
 Un't maaket stark un stolt!

Drüm brünken 't auk de aulen (alten) büütsken Helden!
Dat hemm't (haben) be Römer follt!

Sau'n Krögsken Beer — wat schmeckt dat allerleeweft!
Jau wunnerleef un sööt —
Dat sülfs be Fruwwe, met ben leewen Kinnern
Uss geern befchehen (Befcheid thun) böht!

Sau'n Krögsken Beer — wat schmeckt dat allerleeweft!
Drüm ftäutet (ftoßet) Alle an!
Unb Jeber brink' un rope em tor Ehre
Dat Höchfte, wat he kann!

XIX. Bierlied in Düsseldorfer Mundart.

Bei Firmenich Bd. I., S. 434.

Och, wat fehe mer fo ftief?
Lot ons büchtig brenke,
On lot bat Bier en onfe Lief
So lantfam 'rongerfenke (herunterfinken)!

Dat Bier bat eß bä beßte Drank,
Dat fät (fagt) ons, wat hefch (heißt) läwe.
Ä Möske (Mäßchen) Bier, 'ne löft'ge Sank,
Wat kann et Beßtres gäwe?

Dröm, Bröder, brenkt, on brenket us
On lot öch neu Bier brenge!
Mer läwe he (hier) en Suus on Bruus
On bonnt (thun) öch Ledches fenge.

Dat Bier jäht (jagt) all die Oefchel (Aerger) fott,
Dröm lot ons büchtig fuffe!
On fint be Köpp och noch fo kott (böfe),
Dat Bier beet fo verknuffe (zurechtftellen).

Völl (Viele) fage: Mer fint he am Rhing (Rhein)
On Bier möff' mer nit drenke,
He wächs jo all bä gobe Wing (Wein)
Kickt, wie hä klor beet (thut) blenke.

Doch die dat fage, fpreche goob!
Wo foll mer'n ewwer kriege?
Hä wat! dat Bier göt (giebt) ons och Bloob
Wat foll am Wing ons liege?

On wemmer (wenn wir) fatt gedronke fint
On et nit mir (mehr) well facke*)
Denn ftonnt (ftehen) mer op on gamt dann fchwint
        (gehen dann gefchwind)
On bonnt (thun) ä Känntche**) packe.

XX. Baierifche u. Salzburger Schnabahüpfle vom Bier.

Bei Firmenich, Bd. II. S. 700, 715.

O Du liaba Gerftnfoft
Gibft mein Glidan fo viel Kroft!
Foll i's Togs wol neumol niba,
Steh ollamol auf und fauf glei wiba.

Vor de Mittanacht geh = n = i net hoam:
Wos macht des brau (braun) Biar für an Foam (Schaum)!
Vor da Mittanocht geh = n = i net wegk,
Weil ma (mir) des brau Biar gor fo guat fchmeck'.

Süaß Bial (Bierlein!) füaß!
Wenn i d'Stümpf (Strümpfe) und d'Schuah vofauf,
So hon i do no b' Füaß,

---

*) Enger zufammenhalten, daß mehr Raum entfteht.
**) Das kleinfte Branntweinmaaß.

A schweinanö Wurst
   Und a frischö Moß Bier,
Und a schworzaugats Dierndl
Dos schodat ma nie.

A frischö Moß Bier
   Mit an Foam (Schaum) an weißen,
Und heunt gehni nöt hoam
Bis s' mö aussöschmeißen.

XXI. Tyroler Trinklied.
Bei Firmenich. Bd. II., S. 675.

Wer hot denn's Bier umgschitt?
Wer wor denn gor so gschickt?
Wer hott denn dös thon? (gethan)
Wer hott denn dös thon?

I nit, i nit, i nit, i nit,
I ah (auch) nit, i nit, i ah nit, i nit
I ah nit, i nit, i nit, i nit
I nit, i ah nit, i nit, i nit.

Koaner von uns hot's thon,
Dös wissen wür jetz schon.
Wollen wür ein Ondern frogn,
Vielleicht woaß uns der wos z'sogn.

Sog amol, host es denn Du nit thon gonz in Ghoam?
Sog amol, host es denn Du nit thon gonz in Ghoam?
Sog amol, host es denn Dn nit thon gonz in Ghoam?
Sog amol, host es denn Du nit grob thon?

Schau' der thut gor nicks sogn,
Der muß gwis umgschitt hobn.
Jetz hobn wür in (den) Rechten schon
Der hot's gwis thon.

Jetz loß nur grob glei, stott Bier,
Wür moanen's jo gut mit Dir,
Uns a Poor Flaschen Wein her thoan,
Dö trinken wür jo ganz alloan (allein).

Schaff nur amol on,
Und loß Dir sogn:
Wür möchten hobn ein guten Wein,
Koan schlechter derf's sein.

Lieber ein Rothen ols ein Weißen,
Und a Bißerl wos zum Beißen.
Sog amol, hobn wür nit Recht?
Jo, jo, jo, dös wor nit schlecht.

Du derfst dabei zuschaugn (zuschauen),
Dös wolln wür dir erlaubn,
Du derfst jetz zohln den Wein,
Schenk nur amol glei ein!

Trink amol, trink amol!
Schenk ein und trink amol!
Du sollst löbn, Du sollst löbn,
Und Dein Schotz ah dernöbn (auch daneben).

XXII. Trinklied der Fischer auf Hiddensee bei Rügen.

S. Firmenich, Bd. III., S. 101.

Einer:

Hans Naber, ick hebb et ju (Euch) togebrächt
Sett ji (Ihr) man den Duumen un Finger torecht.
Hei! kuck emol drin!
Noch Oele (Bier), noch Oele, veel Oel noch darin!
Bist 'n Super (Säufer), sup ut Du Lumpenhund
Bist 'n Super, sup ut bet (bis) up den Grund!

Der Andere:

Hei! kuck he mol drin!
Nicks Oele, nicks Oele, nicks Oele mehr darin.

XXIII. Das Hopfenzopfen.

In der Mundart von Memmingen. Bei Firmenich, Bd. II., S. 418.

So, Leutla, iaz dond (jetzt thut) luschtig zopfa!
Grad haut ma di erscht Buschel rei,
Huir hammer (heuer haben wir), 's ischt a Freud, an Hopfa
Ar könnt oimaul net schöner sei.

Ju Gretle! was haun i scho g'fonda,
An Hopfa= Ma, guck, dear ruicht rar,
De (den) haut g'wis Hans miar z'Liab xeibonda,
Dear haut an Bart, als wia a Husar.

Se hauscht (so hast Du) an, be will i diar schenka,
Vargiß net des guat Hopfa=Jaur,
Der ältescht Ma ka kois so denka,
So viel ond guat, 's ischt g'wis ond waur.

Iaz wenn ar send reacht (Ihr seid) fleißig Alla,
So wiard darfür au hendabrei
Dar Hopfa=Hahna guat ausfalla,
Daß iar g'wis wearat (werdet) z'friba sei.

Dau wiard mei Batle broit nafitza,
Koi Aug vom Brautes (Braten) net ahlau (ablaffen)
Und 's Mäule nauch de Kiachla fpitza,
Ar ka darmit gar guat omgau (umgehn).

Ja, Muatar, miar wend uns fcho b'fleißa,
Und wemma reacht guat g'löft wiard hau (haben),
So wearatar (werdet Ihr) wohl miar und Deißa (Matthäus)
An nuia Schopa (Jacke) macha lau.

XXIV. Die Hopfenlefe.

B. Johannes Müller. Mundart von Memmingen. Bei Firmenich, Bd. III.
S. 310 bis 312.

Hörfch, Weib, wia hammers (haben wir es) mit am Hopfa?
Uf b' Wocha fang alz (alles) a mit Zopfa,
Am Mittwoch hammer kett (gehabt) fcho Mang*)
I glaub, daß ich gau**) au afang.

Ja, aber nemm da kleina Garta
No zerfchtes (zuerft), denn dar oi (der eine) ka warta;
Dau wills fcho rotha Träubla ge (geben),
Im Großa ifcht alz zwifelgre.

So b'ftell no heit gau Leut zum Zopfa,
Nimm Jackla, woifch, da n' arma Tropfa,
Und drüba 's Nauchbars Lifabeth,
D'Bäs Kenget (Kunigunde) denn no 's Schuafchters Gret.

Au Better Michla muaßma's faga,
Ear foll heit richta no da Schraga.
Mar (wir) wöllet mitanander naus,
As geab bei oim fonfcht gar nex aus (es gäbe bei Einen fonft gar
nichts aus).

---

*) Magnustag, an welchem die Hopfenlefe beginnt, nach dem Sprichwort:
„Mang legt die erfte Stang."
**) Unüberfetzbares Wörtchen.

Und i will richta gau da Waga,
Ann, dua's die Kammaräbna saga,
   Si sollab komma moara (morgen) z'Nacht,
Ma häb an Hopfa, 's sei a Pracht.

   So, Vetter, miar wends (wir wollen es) halt gau wauga,
Was fär a Meaßer buatna tauga?
   Du Deiß (Matthäus) komm mit am Karra glei,
Mar hand (haben) gau g' schwend a Buschla drei.

   Dia Stanga dond se (thun sich) prächtig lega,
Wear hätt's z' Jakobe glauba möga,
   Daß gäb so Trauba stark und fett
Dett (dort) haut ar no koin Aflug (Blüthe) kett.

   Guck Bäbe, unsern schöna Hopfa!
Gelt, du kommsch heit Nacht au zum Zopfa?
   Mei Hauswiarts Töchtara kommet au,
Und Lis saits heit no iarar Frau.

   Wenn dia kommt, derf ma uf Konraba
Ganz g'wis, so waur i dau stand (stehe), warta
   Und bear bringt, i woiß, glaub du 's miar,
No mit a Kammarata viar.

   So guata n' Aubab (Abend) mitananber,
Ar (ihr) kommet doch au glei selbander,
   Ar hands (habt es) grad prächtig troffa heit,
Miar hand an Hopfa, 's ischt a Freud.

   Wia (Wohlan, he), Mari, ruck a wenk detthenda (dorthinten)
Laß mi zum Liacht i be a G'schwenda,
   J ka mit Zopfa umgau (umgehen) wohl,
Hau allig (habe immer) glei a Fäßle voll.

Diar isch (ist es) net grab om's Füßle fülla,
Ma kennt an scho, dein guata Willa,
    As ischt uf eppes (etwas) anders g'spitzt,
J woiß scho, wear gau zua biar sitzt.

Wia, ziehet auf, ma haut grab klopfet,
Heut griagat (bekommen) mar brav Leut en Zopfet.
    Griaß Gott, iar Herra, 's ischt a n' Ehr,
Kotz tausad, des ischt Vetter Wehr.

So isch a maul a Freud zum Zopfa
A netta G'sellschaft und an Hopfa,
    Ma könnt an schöner maula (malen) net,
So, Nauchbare (Nachbarin), haut se nia koin kett (gehabt).

Mei Schwaugar haut grab au an selcha,
Ar kennatan ja donda (drunten), Melcha,
    J hau n'am's g'sait, huir (heuer) ka's gau sei,
Du nimmscht a hundert Thaler ei.

Ja, sait ar, wett's (wollte es) wohl geara (gern) lösa,
J hau koi oiz'ga Traub, koi bösa,
    Do schlächt ma miar heit zwölf Karle,
So gieb i, denk, no luschtig he.

Was zwölf Karle? sait do sei Kromma,
Gang (gehe), onterstand di's, mach da Domma,
    Ar kommt, wenn reacht agaut (angeht) dar Kauf,
G'wis uf zwoihundert Gulde nauf.

Narr vom a Weib, willts wieder macha,
Daß Jadarma uns duat auslacha,
    Wia do, wo hauscht Dreihundert g'sait,
Und Viarzg glöst in ara kurza Zeit.

Huir laß mar i da G'walt (die Gewalt) net nemma,
As mach di boißa ober grimma,
  Halt's Maul, an Dreck wiarscht Du verstau (verstehen),
Nauch meim Kopf muaß as desmaul gau (gehen).

  Was geit's (giebt es) denn Nuis, iar junge Herra?
Wia luschtig, bondanna (thuet Euch) net so sperra!
  Mei Koonrad muaß da Stilla heu,
Der laut (läßt) alz über 's Zopfa gau (gehen).

  Des glaub i, bear sait heit koi Woärtle,
Ar denkt iaz grad no an a' Därtle
  Wo beim Hoimfiara geschtert z'Nacht,
Ear haut a saftigs Mäule g'macht.

  Sei still Du, wo bist Du heganga?
Du hauscht g'wis au no eppes g'fanga?
  Wear woißt, wo Du Dein Stand hauscht ghett,
Du bischt no lang nauch miar ins Bett.

  So hellauf, Leutla, wia, bond singa,
Dia Jungfara bond scho fascht versprenga,
  No, Crischtian, munter fang ear a,
J woiß, daß ers am beschta ka.

  Mari, wo bischt doch geschtert blieba?
Narr, send dar dau g'weast Stucka sieba,
  Woisch, dia so weiße Schürzla hand,
Ma haut halt fürchtig uf di g'spannt (gewartet).

  Woiß wohl, i be ja ogeduldig,
Gnuag g'weast, dia Donders Wäsch ischt schuldig,
  'S wär oina komma alleg g'wis
Endtweder i sell (selbst) oder Lis.

Wia, bringet net so, iar detthenba,
D'Frau Nauchbare möchts sonscht z'stark empfinda,
Des wur a schöner Lerma sei,
Wenn heit no fial dar Ofa n'ei.

Dear Schneider duat se (sich) reacht wohl halta,
Sei Muatar hauts erscht g'sait, sei alta,
Si moi (meine) oft, Pfleagare (Wärterin) sei kaum naus,
Stand (stehe) b' Kutscha scho me (wieder) voar am Haus.

Gelt, Lis, was i hau g'sait, ischt komma,
Hauscht alleg (immer) g'sait, des sei a Fromma,
As Dengs*) sei Magd , gang, hilf mar drauf,
Du kennscht si scho — die gaut (geht) reacht auf.

I woiß scho, donda (drunten) 's hoilig Bille,
Bei dear trift's Sprichwort ei: di stille
Und glatte Wässerle gründat (gründen) tief,
As Sprüchwoart ischt a waurer Briaf.

Gret, wo bischt geschtert z'Nacht heganga?
Nauf zua meim Sprechar, woisch, zum langa,
Send g'weast no i und b' Töchtra zwo,
Und sonscht so Weatar-Hexa**) no.

Dau haun (habe) i's wohl no netter troffa,
I wär dar aber bald verbloffa (verlaufen),
Be nomm (bin hinum) zua meiner Annamie,
Dau semmer (sind wir) g'weast, ear, sie und i.

Ma haut grad mitanander kiefet (gekeift),
Sie haut g'sait: no so ruhig schliefet,
Miar (wir), wenn ma, was dar Hopfa trait (trägt),
An Zins dät, statt daß feirig (liegt) leit (hinlegen).

Wia hauſcht iaz ſo domm ſchwäza möga,
Sait ear; wills liaber dod nalega (hinlegen),
    Griagſcht ſcho da Zens net, wia ſi's g'hört,
Vom Kapital iſcht gar koi Red.

Noi, noi, as leit miar wohl im Kaſchta,
Derf doch denn net im Alter faſchta,
    Geiſch (giebſt es) naus, kommſcht dromm, hanſcht nia koi Rua,
Koi Teufel hilft diar me (wieder) darzua.

Wia, Mate, ſchlauffſcht du ſcho detthenda?
Gang, duar gau die Latern azenda (anzünden),
    Und holl im großa Kruag a Biar,
Mach woitle (ſchnell), 's iſcht ſcho zehna ſchiar.

Jar junge Herra und Jungfraua,
Gand (gehet), höret auf, as duat ſi naua (die zu Ende gehen),
    Und trinket, brengets romm anand,
Wia, Vetter, nemmet's Brod zuar Hand.

Miar wend (wollen) dau no a Kurzweil macha,
Daß heit no eppis geit (etwas giebt) zum Lacha,
    Komm, ſtihl da Fuchs und zahl da Balg,
Und d'Pfänder hebt dau auf dar Schalk.

No, Konrad, duar bi (thue) net lang wera,
Was ſoll des, dem des Pfand duat kera (gehören)?
    Uf 'm Beaſam reuta nauch Paris,
Guck, wia Du's triffſcht, 's kert Deiner Lis.

Und, Stanas, des? i wills net nenna,
Des ſoll iaz macha, daß muaß brenna,
    Wia Fackel auf und auf ſei Hand,
Guck, i moi (ich meine), 's ker gar Dei des Pfand.

Jaz wemmar (wollen wir) aber au aufhöra,
Ma möcht uns mit am G'stäud nauskehra,
   Guat Nacht, iar Leutla, schlaufet wohl,
I dank, 's sind alle Fäßla voll.

XXV. Bierlied.
Von Joachim Perinet.

Ich hab den ganzen Vormittag,
Auf meiner Kneip' studirt
Drum sei nun auch der Nachmittag
Dem Bierstoff dedicirt!
:/: Ich geh' nicht eh'r vom Platze heim,
Bis daß die Wächter zwölfe schrei'n!
   Vivallerallallerallera. :/:

Schlepp er, Herr Wirth, nur immerhin
Mal einen Stiefel bei,
Es kommt mir vor in meinem Sinn,
Als ob ich durstig sei.
Und dir mein lieber Freund sei jetzt
Ein halber Schoppen vorgesetzt.
   Vivall.

Was ist des Lebens höchste Lust?
Die Liebe und der Wein!
Wenns Liebchen ruht an meiner Brust
Dünk' ich mich Fürst zu sein;
Und bei dem edlen Gerstensaft
Träum' ich von Kron' und Kaiserschaft.
   Vivall.

Wer nie der Schönheit Reiz empfand,
Wer sich nicht freut beim Wein,
Dem reich ich nicht als Freund die Hand,

Mag nicht sein Bruder sein,
Sein Leben gleicht, wie mir es dünkt,
Dem Felde, das nur Dornen bringt.
    Vivall.

Schon oft hab' ich, bei meiner Seel',
Darüber nachgedacht,
Wie gut's der Schöpfer dem Kameel,
Und wie bequem gemacht;
Es trägt ein Faß im Leib daher,
Ach wenn's doch voll Champagner wär'!
    Vivall.

Herr Wirth, nehm er das Glas zur Hand
Und schenk' er wieder ein!
Schreib er's nur dort an jene Wand,
Gepumpet muß es sein!
Sei er fidel, ich laß ihm ja
Mein Cerevis zum Pfande da!
    Vivall.

Zu guter Letzte scheint mir's noch,
Als wär' ich fast bekneipt;
Ihr lieben Freunde sagt mir doch,
Wo der Verstand mir bleibt,
Mein Aug' wird matt, die Nas' ist schwer
Und meine Zunge lallt nicht mehr!
    Vivall.

XXVI. Commentlied.
Von Göthe.

Mit Männern sich geschlagen,
Mit Weibern sich vertragen,
Und mehr Credit als Geld,

So kommt man durch die Welt,
Heidi, heidi, heidi, heidoh,
Bei uns geht's immer so.

Die Wirthe müssen borgen,
Für gute Stoffe sorgen,
Sonst kommen sie gewiß,
Bis morgen in Verschiß.　Heidi 2c.

Heut' lieb' ich die Johanne,
Und morgen die Susanne,
Die Lieb' ist immer neu,
Das ist Studententreu.　Heidi 2c.

Und kommt der Wechsel heute,
So sind wir reiche Leute,
Und haben Geld wie Heu,
Doch morgen ist's vorbei.　Heidi 2c.

Und fehlt's an Geld zuweilen,
So heißt es gleich verkeilen!
„Für diesen Rock, Hebräer,
Gieb gleich die Spieße her!"　Heidi 2c.

Bestäubt sind uns're Bücher,
Der Bierkrug macht uns klüger,
Das Bier macht uns Genuß,
Die Bücher nur Verdruß.　Heidi 2c.

Das Hemd vom Leib' verkeilen,
Und beim Champagner weilen,
Bespitzt nach Hause gehn,
Das heißt Comment versteh'n.　Heidi 2c.

———

XXVII. Bierlied

v. G. Frdr. Sterzing nach der Mel.: Wenn Alle untreu werden.

Schnalzt immer mit der Zunge
Und singet hell und laut,
Der lust'ge Brauerjunge
Hat dieses Bier gebraut.
Sang nützt zu allen Dingen,
Doch nirgens so wie hier:
Beim Brauen muß man singen,
Nur dann geräth das Bier.

Und dieses ist gelungen,
Da steht's in aller Pracht,
Weil er dazu gesungen,
Weil er dazu gelacht.
Drum laßt die Gläser klingen
Ihm aller Burschen hier!
Beim Brauen ꝛc.

Rinnt durch die Kehle nieder
Ein Schluck bis auf den Grund,
Gleich tönen lust'ge Lieder
Aus eines Jeden Mund.
Kaum von den Lippen bringen
Kann ich das Glas vor Gier.
Beim Brauen ꝛc.

Man könnte Todte wecken
Mit diesem Zaubertrank,
Hei, wie sie würden schlucken,
Die Augen voll von Dank!
Es kostet gar kein Zwingen,
Es geht von selber schier.
Beim Brauen ꝛc.

Auf! Jubelt tausendtönig,
Daß krache Deck' und Wand!
Gambrinus gilt's dem König,
Weil er den Trunk erfand.
Seit ihm es that gelingen,
Ist Wasser nur für's Thier;
Er that beim Brauen singen
Und ihm gerieth das Bier.

XXVIII. Bierlied

v. A. Woycke nach der Mel.: Was ist dies für ein durstiges Jahr.

Könnt besser nun und nimmermehr,
Wenns auch im Garten Eden wär'
Ein Lebenskraut gedeih'n,
:,: Als jung und frisch und lebensfroh
:,: Dabei ein flotter Studio :,:
Mit Leib und Seel :,: zu sein.

Ein Leben, mannigfalt und bunt
Wie schöngeblumter Wiesengrund
Das wurde unser Theil
:,: Wär' uns für's goldne Einerlei
:,: Der gährenden Philisterei :,:
In Ewigkeit :,: nicht feil!

So sprachen unsere Väter schon,
Und Jeder, der kein Bastardsohn,
Der ehret diesen Brauch;
:,: Sie wußten wohl, was sie gewollt
:,: Sie wußten, wo Luchs Bier geholt; :,:
Da holen wir es :,: auch.

So lang das Bier noch gut gegohr'n,
Noch Hopfen nicht und Malz verlor'n,
So lang noch laß uns schrei'n.
:,: O Glück, wie wir so frisch und froh
:,: Dabei ein flotter Studio :,:
Mit Leib und Seel zu sein.

XXIX. Preis des Doppelbiers
v. Buchmayer mit Melodie im Commers-Buch S. 71.

Heute bin ich kreuzfidel
Bei dem Gerstensaft,
Seh' auf keinen Menschen scheel,
Trink' mit Jugendkraft,
Denn das Herz, das baumelt mir,
Sag es frank und frei,
Gar zu gern im Doppelbier
Valleri Juchhei.

Keine Sorgen drücken mich,
Kein Philister tritt,
Kümmre mich um gar nichts mehr,
Bin mit Allem quitt,
Denn das Herz 2c.

Sagt, was brauchen wir den Wein?
Laßt den alten Herrn,
Trinke lieber Bier als Wein,
Trink es gar zu gern.
Denn das Herz 2c.

Keine alte gute Lehr,
Die man je erdacht,
Kommt mir jetzo inhaltsschwer
Durch den Kopf gejagt.
Denn das Herz zc.

Komm Euch drum ein volles Glas,
Freunde, singt und trinkt!
Und die Seele, glaubt mir das,
Sel'ger einst entspringt,
Wenn das Herz im Doppelbier,
Sag es frank und frei,
Stets im Leib gebaumelt hier
Valleri Juchhei.

XXX. Lothringer Bierlied

v. Wollheim. nach der Melodie: Ich bin der Doctor Eisenbart.

Jetzt kenn ich das gelobte Land
     Valleri juchhe!
Wonach so lang der Sinn mir stand,
     Valleri juchhe!
Das Herzogthum des Herrn Lothar
     Valleri juchheirassa!
Das ist's gelobte Land fürwahr,
     Valleri juchhe! Valleri, vallera!
Lothringen ist nicht weit von hier
     Valleri, Vallera!
Lothringen ist nicht weit.

Da ist's so schön, so wonniglich,
Da ist der schönste Himmelsstrich,
Die Gerste blüht in voller Pracht,
Daß Einem's Herz im Leibe lacht.

Wenn irgendwo ein Wagen fährt
Mit hundert Tonnen Bier beschwert,
Dem Wagen folgt! Ich wette drum,
Der Wagen fährt ins Herzogthum*).

Ein Fluß geht mitten durch's Revier,
Das ist der sogenannte Bier,
Der fließet ohne Rast und Ruh',
Und friert im Winter niemals zu.

Und um den lieben Fluß herum,
Da liegt das ganze Herzogthum!
Sie trinken d'raus zu jeder Stund
Und kommen doch nicht auf den Grund.

Dort geh'n die Menschen nie allein,
Es müssen drei beisammen sein;
Der Mittelste, der kann nicht steh'n,
Es müssen zwei zur Seite geh'n.

Der Herzog thront, ein Glas zur Hand,
Sorgt väterlich für's ganze Land,
Die Ritter fest, die Bürger treu,
Die helfen redlich ihm dabei.

So sitzen sie die ganze Nacht,
Stets auf das Wohl des Land's bedacht,
Und wenn kein Mensch mehr trinken kann,
So ist die Sitzung abgethan.

Doch sintemal und alldieweil
Die Flaschen voll, der Kopf noch heil,
So trinken wir in froher Schaar,
Und rufen: vivat Herr Lothar.

---

*) Nicht das Herzogthum Lothringen ist gemeint, sondern der Bierstaat einer Landsmannschaft unter diesem Namen. So hieß der Theil von St. Giles, des schlechten Viertels des alten London, wo die Bettler und Diebe wohnten, Savoy (Savoyen.)

XXXI. Bierlied.

A. d. Rostoc. Liederbuch v. 1808 m. Melodie im Commers-Buch S. 110.

Auf singet und trinket den köstlichen Trank;
Auf singet und bringet der Freud' Euern Dank!
Trinkt, vornehme Sünder, aus Gold Euern Wein,
Wir freu'n uns nicht minder beim Bierkrug von Stein.
Vivallerallerallera.

Aus gold'nen Pokalen trank Rom seinen Wein,
Bei festlichen Mahlen des Sieg's sich zu freu'n,
Der Deutsche der Gerste weit edleren Saft,
War dafür der Erste an Muth und an Kraft.
Vivaller.

Sanft schnarchten Roms Krieger, besieget vom Wein,
Und wähnten, die Sieger der Deutschen zu sein,
Da stürmten, wie Wetter, wie Wirbel im Meer
Des Vaterlands Retter, Teut's Söhne daher.
Vivaller.

Im Osten erblinkte der Morgenstern schön,
Sein Flammen, es winkte, ins Schlachtfeld zu gehn.
Da schwangen die Mannen im fürstlichen Rath
Ihr Trinkhorn zusammen der trefflichen That.
Vivaller.

Vom Schlachtfeld erschallte das Jammergeschrei,
Und Römerblut wallte in Strömen herbei.
Da hatten Roms Krieger den blutigen Lohn,
Und Hermann der Sieger zog jubelnd davon.
Vivaller.

Da konnte Rom's Kaiser des Sieg's sich nicht freu'n,
Er weinte sich heiser und trau'rte beim Wein.
Doch höher nun schwangen die Mannen im Fried'
Ihr Trinkhorn und sangen der Freiheit ein Lied.
Vivaller.

XXXII. Lob des Bieres

von P. A. Hoffmann. M. Melodie v. W. A. Müller im Commers-Buch S. 112.

Der Gerstensaft, laßt uns ihn preisen
Er ist des Lobes wahrlich werth :,:
Durch Liedersang in mannigfachen Weisen
Sei er von uns gar hochgeehrt :,:

In den berühmten Ritterzeiten,
Da trank man viele Humpen leer,
Und that mit allen Nachbarn streiten,
Und trank nach jedem Kampf noch mehr.

Ja selbst in unsern Lebenstagen
Trinkt man das Bier oft kannenweis'
Und wen die Sorgen häufig plagen,
Der giebt sich gutem Biere Preis.

Drum wollen wir an's Bier uns halten,
Und laben uns an seinem Trank,
Dann wird uns gleich den braven Alten,
Die Zeit im Leben nie zu lang.

Auf, hebt das Glas in Eurer Rechten,
Und trinkt es aus auf Freundes Glück;
Und wer das Bier nicht will verfechten,
Den stoßt aus unserm Kreis zurück.

Zum Schlusse laßt die Brüder leben,
Die reines gutes Bier uns bräu'n,
Gesundheit zu erhalten streben
Und nicht sie stör'n durch Arzenei'n.

Gesundheit macht das Leben fröhlich
Und wehe dem, der sie verstimmt;
Es wird der Brauer hier und dort nicht selig,
Der Kräuter zu dem Biere nimmt.

XXXIII. Lob des Bieres.

Nach der Melodie: Bekränzt mit Laub ꝛc. Im Commers-Buch S. 113, aus der Auswahl d. vorzügl. Rund- und Freundschafts-Gesänge. Nürnberg und Leipzig 1795.

Der Gerstensaft, Ihr meine lieben Brüder,
Ist schon ein alter Trank;
Drum füllt die großen Stiefelgläser wieder;
Habt dem Erfinder Dank!

Thuiskon's Söhne schon, Ihr Brüder, tranken
Euch dieses Säftlein fein,
Durch deren Schwert die stolzen Römer sanken,
Und denkt — die tranken Wein.

Aus diesem nun könnt Ihr ganz richtig schließen,
Er sei ein edler Saft,
Wenn auch sogar Eroberer fallen müssen
Durch seiner Trinker Kraft.

Es stimmen auch viele edle Nationen
Hierin uns, Brüder, bei
Von denen an, die an der Themse wohnen,
Bis in die Tartarei.

Gesteht's nur selbst, in Baiern und in Franken
Giebt's Männer voller Kraft.
Was mag die Ursach anders sein? sie tranken
Den edlen Gerstensaft.

Und als die Enkel Hermanns Bier noch tranken,
Da sah'n sie stolz herab:
Als sie es aber eitel schmähten, sanken
Sie ruhmlos in das Grab.

Drum schämt Euch nicht der Väter, meine Brüder:
Mit Freuden sehn sie das!
Sie singen in Walhalla Bardenlieder
Und greifen nach dem Glas.

XXXIV. Bierlied.

Aus d. Melod. v. Schneider, 1801, im Commers=Buch S. 113.

Auf Brüder laßt uns lustig leben, Vivallerallerallera!
Auf daß das ganze Haus mag beben! Vivallerallerallera!
Bei Bier, Taback und nicht bei Wein,
Da wollen wir jetzt lustig sein!
Vivallerallerallera, Vivallerallerallera, Vivallerallerallera!

Man kann nicht immerfort studiren,
Man muß zuweilen commersiren,
Man muß zuweilen lustig sein,
Drum schenkt die leeren Gläser ein!
Sonst mag der Teufel Studio sein.

Weg Corpus juris, weg Pandecten,
Weg mit den theolog'schen Secten!
Weg mit der Medicinerei!
Vor solchen Musen hab' ich Scheu!

Es leb', Herr Bruder, Deine Schöne!
Es leben alle Musensöhne!
Es lebe hoch das Vaterland,
Und fremde Thorheit sei verbannt!
(Es lebe, wer flott commersirt,
Wenn's sein muß, auch den Hieber führt.)

XXXV. Bier und Wein

von Wollheim, nach der Melodie: „Gott grüß Dich Bruder Straubinger!"

Es war ein Edelmann vom Rhein,
Gar fürnehm und gebildet,
Der trug ein Kleid wie Demantschein
Mit Perlen baß vergüldet,
Und zog zu aller Christenheit
Und übte tausend Wunder,
Denn wo er war, war pure Freud',
Gang Alles drauf und drunter.

Und wie er mal in Baierland
Thät seine Künste macken,
Da kam ein schlichter Bürgersmann
In einem braunen Jacken;
Thät Alles, was der Andre kunnt,
Behexte Alt' und Jungen,
Daß Keiner auf den Füßen stund
Und Alle sungen und sprungen.

Der Edelmann war auch nicht dumb,
Thut sich zusammenraffen
Und sprach: „packt Euch nur fort
Ihr Lump, Ihr seid ein alter Affen!
Ich bin der Herr von Wein,
Und Ihr sollt mir mein Recht nicht streiten!" —
„Und ich, Eu'r Gnaden, bin der Bier,
Und wollt' Euch gern begleiten."

Und wie sie lang herumgeschmollt
Mit eitel Narretheien,
Sind sie zusammen fortgetrollt,
Die Menschheit zu erfreuen
Und thun noch heute weit und breit
Selbander Wunder macken,
Der Herr von Wein im güld'nen Kleid,
Der Bier im braunen Jacken.

XXXVI. Drei durstige Engel.

v. Frdr. Sterzing nach der Melodie: „Es ritten drei Reiter zum Thore."

Gott sandte einmal gen Bamberg hin, haha!
Drei Cherubim und drei Seraphim, haha!
Zu sagen Bischof und Klerisei,
Daß Maaß im Trinken zu halten sei.
Haha, haha, haha! bald waren die Englein da.

Und weil sie vom Reisen Durst gekriegt, haha!
So ha'n sie sich in eine Kneipe verfügt, haha!
Da saßen den ganzen Tag sie hier
Und vergaßen ihr Amt beim Bamberger Bier.
Haha 2c. Ihr Englein, die Nacht ist schon da!

Auf einmal schrie Petrus: kommt hurtig herfür! haha!
Ihr Englein, sonst schließ ich die Himmelsthür, haha!
Da stolperten trunken zum Himmel hin
Drei Cherubim und drei Seraphim.
Haha 2c. Unsre Englein sind wieder da!

XXXVII. Vivat die Bier-Republik.

Nach d. Melodie: In jedem Haus ein Klimperkasten. M. Mel. im Commers-Buch S. 433.

Der Bierstaat, nur der Bierstaat sei es,
In ihm liegt unser Heil allein,
Und ganz Europa wird ein freies,
Ein permanentes Lichtenhain*)!
Man säuft als wie ein Kannibale,
Im Katzenjammer kommt das Glück;
Das ist die neue sociale,
Die veilchenblaue Republik.

---

*) Bezieht sich auf das bekannte Lichtenhainer Bier, welches in Jena getrunken wird.

Auf jedem Dach ein Nest voll Storchen,
In jedem Keller ein Faß Bier,
Allüberall Wirthe, die gern borgen,
Und schöne Mädel vor der Thür.
Man säuft 2c.

Gebrat'ne Häring, die da fliegen
Mit Senf in's offne Maul hinein,
Vor keinem Mensch die Mütz abziegen,
Ein Dalai Lama selber sein.
Man säuft 2c.

XXXVIII. Bierstaat

von Wollheim, nach der Melodie: Brüder lagert Euch im Kreise.

Ha, wie die Pokale blinken,
Brüder kommt, und laßt uns trinken;
Zur Erholung, zur Erquickung
Labet uns der Purpurtrank.

Von dem Dunst gelehrter Tröpfe
Schwirren uns die armen Köpfe;
Weckt die Geister, labt die Herzen
Beim Gesang an Freundes Brust.

Wer einst Flanderns Thron beglückte,
Nektar aus der Gerste drückte,
Seinem edlen Angedenken
Weih'n wir unsern Zecherstaat.

Wie so schön ist's hier bei Hofe,
Hier scharwenzelt keine Zofe;
Keine Schranzen, keine Neider,
Freude führt das Regiment.

Wenn der Rausch das Hirn durchsauset,
Jubel durch die Lüfte brauset,
Dann umarmen sich begeistert,
Bürger, Fürst und Edelmann.

Friede lacht im Reich der Zecher,
Wir turniren mit dem Becher.
Füllt die Schranken, brecht die Lanzen,
Singt, daß das Gebälk erdröhnt!

Einst, wenn unser Lenz entschwindet,
Wenn ein ernster Staat uns bindet,
O dann denket unter Thränen
An den schönen Bund zurück.

Nun so laßt die Gläser klingen,
Trinkt, bis Euch die Schädel springen:
Vivat, princeps potatorum!
Vivat tota civitas!

XXXIX. Bier-Königreich

von Wollheim nach der Melodie: Brüder zu den festlichen Gelagen.

Sind wir nicht zur Herrlichkeit geboren,
Sind wir nicht gar schnell emporgedieh'n?
„Malz und Hopfen sind an Euch verloren!"
Haben unsre Alten oft geschrie'n.
Säh'n sie uns doch hier, vallerallera!
Bei dem lieben Bier, vallerallera!
Das uns Amt und Würde hat verlieh'n.

Ganz Europa wundert sich nicht wenig,
Welch ein neues Reich entstanden ist,
Wer am Meisten trinken kann, ist König,
Bischoff, wer die meisten Mädchen küßt.
Wer da kneipt recht brav, vallerallera
Heißt bei uns Herr Graf, vallerallera!
Wer da randalirt, wird Policist.

Unser Arzt studirt den Katzenjammer,
Trinkgesänge schreibt der Hofpoet,
Der Hofmundschenk inspicirt die Kammer,
Wo am schwarzen Bret die Rechnung steht.
Und der Herr Finanz, vallerallera!
Liquidirt mit Glanz, vallerallera!
Wenn man contra usum sich vergeht.

Um den Gerstensaft, Ihr edlen Seelen,
Dreht sich unser ganzer Staat herum;
Brüder zieht, verdoppelt Eure Kehlen,
Bis die Wände kreisen um und um.
Bringet Faß auf Faß, vallerallera!
Aus dem Faß ins Glas, vallerallera!
Aus dem Glas ins Refectorium.

Im Olymp bei festlichen Gelagen,
Brüder, sind wir uns einander nah,
Wenn dann Hebe kommt um uns zu fragen:
„Wünschen Sie vielleicht Ambrosia?"
„Wie kommt Sie mir für, vallerallera!
Bring Sie Bairisch Bier! vallerallera!
Ewig bairisch Bier! Hallelujah!"

XL. Bei der Fuchstaufe.

Melodie: Gott grüß Dich Bruder Straubinger.

O, heiliger Cerevisius, hör' unser Flehn und Singen,
Thu Lustigkeit und Fröhlichkeit in unsre Mitte bringen!
Die Lustigkeit und Fröhlichkeit
Und ungeheure Heiterkeit
Die soll heut' dirigiren
Und alle Herzen zieren.

Sieh hin auf unsrer Füchse Schaar; sie wollen sich Dir weihen,
Gieb ihnen Bierstoff immerdar, dann werden sie gedeihen.
Gieb Gerstensaft, gieb Gerstensaft
Und stets zum Saufen neue Kraft,
Laß stets sie commersiren
Bei goldesreinen Bieren.

Und uns, die Alten, stärke auch, daß wir Dich stets erkennen,
Zum Biere stets und nicht zum Wein herzinnig uns bekennen,
Und Bier soll's sein und nimmer Wein
Und dabei woll'n wir lustig sein
Nur darin uns besaufen,
Damit die Füchse taufen.

Mel.: Crambambuli das ist mein Titel.

Wir sind getauft in Deinem Namen,
Du großer Cerevisie, Vallera,
Gieb gute Früchte Deinem Samen,
Daß er in uns bald aufersteh', Vallera.
Denn beß'res giebt es wahrlich nie,
Als stets ein Glas Crambambuli.

Mel.: Zu Freiburg lebt und that viel Buß.

So schütze denn die Füchselein,
Du Cerevis, Du großer Held,
Und gieb stets ihrem Suff Gedeih'n,
Gieb Kraft, wenn Katze sie befällt:
Denn Saufen ist das Allerbest,
Das schon vor tausend Jahr'n gewest.

XLI. So studirt man in Halle.
Mel.: Das Schiff streicht durch die Wellen.

In Halle angekommen, cerevisia, cerevis!
Als Füchslein aufgenommen, cerevisia, cerevis!
Da geht es gleich an ein flottes Commersiren,
Denn studiren darf ein krasser Fuchs noch nicht. Cerevisia, cerevis!

Und wenn mich wer touchiret, cerevisia, cerevis!
Mit dem wird contrahiret, cerevisia, cerevis!
Da heißt es gleich, die Waffen sind egal,
Studenten und Paukanten sind bereit zu dem Scandal. Cerevisia,
cerevis!

Die Schuster und die Schneider, cerevisia, cerevis!
Die pumpen uns die Kleider, cerevisia, cerevis!
Und kommt der Wechsel endlich angeflogen,
Ach betrogen ist das arme Volk ja doch. Cerevisia, cerevis!

Und hat man ausstudiret, cerevisia, cerevis!
Collegia wohl testiret, cerevisia, cerevis!
So reist man gleich in die Heimath seiner Lieben,
Doch geblieben ist des Burschen flotter Sinn. Cerevisia, cerevis!

XLII. Das Lied vom Bierlala*).
M. Melod. im Commers-Buch S. 271.

Der Bierlala war der einzige Sohn von all' seines Vaters sein Gut.
„Du bist mein Sohn und all' mein Gut, sieh' Du nur zu, wie Du's
machen thust."
„'s recht!" seggt Bier, „la la, comme ça! 's recht!" seggt Bierlala.

---

*) Das Lied von Bierlala ist eigentlich gar kein Bierlied, es ist offenbar
aus einem niederländischen entstanden und nur der Name „Bierlala" mag Ursache
gewesen sein, daß man es in die Commersbücher aufgenommen hat. Das nieder-
ländisch-vlämische Original ist eher ein politisches Lied zu nennen. Dasselbe ist
abgedruckt bei Willems, Oude vlaem. Lieder. (Gent 1848) S. 300—304. In
einer andern Redaction existirt das Lied von Pierlala bei Coussemacker, Chants
populaires des Flamands de France (Gand 1856) p. 303—306. Entstanden
ist es zur Zeit des Einfalls Ludwigs XIV. in die Niederlande und nimmt bei
jedem neuen, politischen, wichtigen Ereigniß im Volksmund eine neue Form an. Die
Idee ist die, daß Pierlala aus dem Grabe aufsteht und als eine Art vlämischer
Epimenides seine Landsleute vor einer aufsteigenden Gefahr warnt und dann
wieder in seinen Sarg zurückkehrt.

Als Bierlala in's Wirthshaus kam, ein luſt'ger Bruder war er,
Frau Wirthin ſtand wohl vor der Thür, ſie hatte 'ne weiße
Schürze für.
„Komm' rein!“ ſeggt ſie „la la, comme ça! Komme rein“, ſeggt
Bierlala.

Als Bierlala hinter'm Ofen ſaß, da trank er ſo nippe zu.
„Frau Wirthin ſchenk' ſie ein Seidel ein, der Bierlala will luſtig ſein!“
„Habe Durſt“ ſeggt Bier „la la, comme ça, habe Durſt!“ ſeggt
Bierlala.

Als Bierlala auf Schildwach ſtand, mit ſeinem gelad'nen Gewehr,
Da kam ein Mann von Oeſtreich her, der wollt gern wiſſen, wo
Deutſchland wär!
„Will he furt“ ſagt Bier, „la la, comme ça, will he furt“ ſeggt Bier.

(Langſam und leiſe)
Als Bierlala war todtgeſchoſſen, da lag er im ſchloweißen Kleid.
Er ward begraben mit der Trommel, die Glocken, die gingen
bimbommel, bimbommel!
(Schnell und ſtark)
„Lebe noch“ ſeggt Bier „la la, comme ça, lebe noch“ ſeggt Bier.

XLIII. Viola, Baß und Geigen.
M. Melod. im Commers-Buch S. 274.

Viola, Baß und Geigen,
Die müſſen alle ſchweigen
Vor dem Trompetenſchall,
Vor dem Schall, ja vor dem Schall, vor dem Trompetenſchall.
Tunke, tunke, tunk' vivallallera, tunke, tunke, tunke, tunk' vivallallera.

Die Stimme unſers Küſters
Iſt nur ein leis Geflüſters.
:,: Vor dem Trompetenſchall :,: Tunke, tunke ꝛc.

Die Vöglein vor dem Walde
Sie schweigen alsobalde
Vor dem Trompetenschall.

Leb' wohl, mein kleines Städtchen,
Leb' wohl, schwarzbraunes Mädchen,
Leb' wohl und denk' an mich!
:,: Leb' wohl und denk an mich :,:
Leb' wohl und denk an — tunke, tunke 2c. Leb' wohl und denk'
an mich.

Mein Jena, Du sollst leben!
Sollst reichen Stoff uns geben,
Du bist ein Bierkanal!
:,: Bierkanal, ja Bierkanal :,:
Du bist ein Bierkanal — tunke, tunke 2c. Du bist ein Bierkanal.

XLIV. Der Studio von Jena

von Grüel. Mel.: Es war ein König in Thule.

Es war ein Studio in Jena
Besoffen Tag und Nacht,
Dem sterbend seine Lene
Ein großes Glas vermacht.

Es ging ihm Nichts darüber,
Er leert es täglich aus,
Die Augen gingen ihm über,
So oft er trank daraus.

Und als er kam zu sterben,
Zählt er der Spieße Rest,
Es sollten seine Erben
Nur finden das leere Nest.

Er saß im dunkeln Keller,
Um ihn der Zecher Schaar,
Und soff, bis daß kein Heller
Bei ihm zu finden war.

Da saß der alte Zecher,
Trank Ziegenhainer Naß,
Und warf den leeren Becher
In das geleerte Faß.

Er sah ihn fliegen, splittern
In Scherben rings umher,
Trank nur noch einen Bittern,
Dann nie einen Tropfen mehr.

XLV. Cerevisia.

Mel.: Das Schiff streicht durch die Wellen.

Das Bier streicht durch den Magen, Cerevis!
Was hilft das viele Klagen, Cerevis!
Verschwunden ist das Geld aus dem Beutel,
O wie eitel ist doch Alles auf der Welt! Cerevisia, cerevis!

Ihr dunkelbraunen Säfte,
Ihr spendet seltne Kräfte,
Verscheucht der Sorgen Qual,
Daß in Güssen sie mit fließen in des Lebens Speisesaal. Cerevisia,
cerevis!

Hört Ihr die Brüder singen,
Pokale hell erklingen?
Schnell flieht der Jugend Zeit;
Unf're Lieder schweigen wieder in des Lebens Wirklichkeit.
Cerevisia, cerevis!

Mag ich in Schulden sitzen,
Wohl gar im Carcer schwitzen,
Ich denke an das Bier.
Was ich sinne und beginne, treibt mich, Saft, nur hin zu Dir.
Cerevisia cerevis!

Wenn mich die Gläub'ger quälen,
Die Professoren schmälen,
Ich eile hin zu Dir
Ur... s weichen alle Zeichen jedes Unmuths schnell von mir.
Cerevisia cerevis!

XLVI. Bierlied des Jenenser Studio

von Girtanner. M. Melodie im Commers-Buch S. 276.

Bin ein flotter Studio,
Immer froh, immer froh,
Alle Leute sagen so.
Lieg' bis zehn Uhr in den Federn,
Doch in's Colleg, da führt kein Weg, ist mir zu ledern!

Geh die Straßen hin und her,
Kreuz und quer,
Ob da was zu schauen wär'.
Aber da ist nichts zu sehen,
Als daß im Dreck in jeder Eck Philister stehen.

Kommt da einer angerennt;
Saperment!
Macht der Kerl ein Compliment!
„Herr bezahlen Sie die Sohlen!
„Ja, morgen früh, da kommen Sie das Geld zu holen!"

Kommt da Einer wieder schon!
„Herr Biron[1])
Zahlen Sie den Pferdelohn!"
„Meister Zeine[2]) komm' er morgen!
Auf Cerevis, ich zahl' gewiß, er braucht nicht sorgen?"

„Lieber Herr von Bibice,
Ach Herrje,
Es thut mir in der Seele weh,
Aber das muß ich Sie sagen,
Bis morgen früh da zahlen Sie, sonst muß ich klagen!"

Auf der Rose[3]), welch' ein Bier!
Fuchs ponir'!
O wie rosig kneipt sich's hier!
He schon seh ich's Fäßchen blinken!
Fuchs, nicht gelumpt, hier wird gepumpt! Drauf laß uns
                                                    trinken.

Dann mit Rotteck's[4]) edlen Thier
Fort von hier
Zum Speciellen[5]) spritzen wir.
Die sonst niemals Geld besitzen,
Da sind sie gleich an Thalern reich, wenn's gilt zu spritzen.

Kommt Herr Kahle[6]) uns zu früh,
Immer jüh
Kneipen wir als Attici,
Brüder, bis zum nächsten Morgen,
Bei diesem Bier vertreiben wir moral'sche Sorgen.

---

[1]) Gebräuchliche Anrede des Philisters in Jena an Studenten. [2]) Bekannte Familie der Pferdephilister in Jena. [3]) Allgemeine Kneipe in Jena. [4]) Besitzer eines Spritzengauls. [5]) Einst beliebter Kneipier in Naußitz unterhalb Dornburg. [6]) Einst Oberpedell in Jena, gewöhnlich Herr Lahke genannt.

Hat der Studio ausstudirt,
Commerschirt,
Wird er auch noch relegirt,
Und dann schnallt er sein Tornister,
Und geht nach Haus und wird Minister.

XLVII. Bierlied: Lustig sind wir liebe Brüder!

Deutsches Studentenlied a. d. J. 1770—90, bei Keil, S. 151.

Lustig sind wir, lieben Brüder,
Heute schmausen wir,
Laben unsere matten Glieder
Mit Taback und Bier.
Weil wir hier beisammen sein,
Ei! so laßt uns lustig sein,
Der edle Gerstensaft
Giebt uns Kraft.

Mancher will nur stets studiren,
Niemals müßig gehn,
Den Catonem imitiren,
Immer sauer sehn.
Aber der gefällt mir nicht,
Der sich keine Stund' abbricht,
Verdirbt sein Gemüth
Und Geblüt.

Mancher liebt das Frauenzimmer
Und die Courtesie,
Aber der hat's zehnmal schlimmer,
Was hat der für Müh!
Tag und Nacht gedenkt er dran,

Fruh und spat weckt ihn der Hahn,
Und hat noch dazu
Keine Ruh.

Mancher strebt auf allen Gassen,
Wo Verliebte stehn,
Wo verliebte Hasen passen,
Die verh..t aussehn.
Freien ist kein Pferdekauf,
Drum so sperrt die Augen auf,
Daß man Euch nicht betrügt
Und belügt.

Weiter will ich nichts mehr melden,
Sapienti sat,
Sonsten möchte man mich schelten
Wegen dieser That.
Weil wir hier beisammen sein,
Ei! so laßt uns lustig sein,
Der edle Gerstensaft
Giebt uns Kraft.

(Solo.)
Drum Herr Bruder, Du sollst leben
A bonne amitié!
Laß Dir noch ein frisch Glas geben,
Sauf, daß Jeder seh!
(Tutti.)
Weil wir hier beisammen sein,
Ei! so laßt uns lustig sein,
Der edle Gerstensaft
Giebt uns Kraft.

———

XLVIII. Margareth am Thore, von O. Braune.

M. Mel. im Commers-Buch S. 434.

Das beste Bier im ganzen Nest,
Das schenkt Margreth am Thore,
Derweil das frisch den Gaumen näßt,
Spricht hold Margreth zum Ohre,
's steht vor der Thür ein Lindenbaum,
Da schenkt sie mir den kühlen Schaum.
Margreth, Margreth, Margreth, Margreth, Margreth, Margreth
am Thore.

Jüngst Nächtens hatt' ich keine Ruh,
Mir war so weh, so bange,
Da wandert' ich der Linde zu,
Mein Leiden währt' nicht lange.
Der Mond ging auf so wundersam,
„Margreth steh auf!" Margreth sie kam.
Margreth, Margreth 2c. 2c. am Thore.

Und wandr' ich einstens wied'rum aus,
Das ganze Nest vergeß' ich,
Margreth allein im Lindenhaus,
Dein denk ich unabläßig.
Der Mond, dazu die gold'nen Stern',
Ach könnten sie, sie sagten's gern,
Margreth, Margreth 2c. 2c. am Thore.

———

XLIX. Münchner Bierbeschau, v. Guido Görres.

Aus Mayer's Münchner Stadtbuch. München 1868. S. 624.

Schon ziemlich lange mag es sein,
Man zählte just das Jahr,
Als noch die alte Redlichkeit
In Deutschland üblich war.

Nun damals galt in München auch
Ein hergebrachtes Recht,
Wie man das neue Bier beschaut,
Der Brauch war gar nicht schlecht.

Drei Männer sandte aus dem Rath
Die Münchner Bürgerschaft
Zum Bräuer, ob das junge Bier
Geerbt des alten Kraft.

Ihr meint die Herren aus dem Rath,
Die tranken nun aus Pflicht,
Das mag die Sitte jetzo sein,
Doch damals war sie's nicht.

Sie gossen auf die Bank fein aus
Und setzten drauf sich frei,
Und kleben mußte dann die Bank,
Erhoben sich die Drei.

Sie gingen drauf mit selber Bank
Vom Tische bis zur Thür,
Und hing die Bank nicht steif und fest,
Verrufen war das Bier.

Doch wie hier unterm Mondenschein
Auch gar nichts kann bestehn,
Und sich die Welt nur immerfort
Im Kreise pflegt zu drehn,

Es kam die aufgeklärte Zeit,
Und die war dünn und karg,
Und mit der deutschen Redlichkeit
War's lang nicht mehr so arg,

Und matt und dünn und aufgeklärt
Ward da das Bier halt auch,
Und somit nahm ein Ende dann
Der alte schöne Brauch.

Vielleicht daß Gerst' und Hopfen man
Zu wenig heute pflegt,
Vielleicht auch daß vom Pfennigkraut
Zuviel hinein man legt.

Doch wird noch von der Bürgerschaft
Der alte Brauch geehrt,
Nur hat sie ihn, wie Andres auch,
Ins Gegentheil verkehrt.

An ihnen klebt die Bank nicht mehr,
Drum kleben sie an ihr,
Und sitzen drauf wie angepicht,
Als wär's das alte Bier.

Und wer den Krug zu Munde führt,
Der setzt ihn nicht mehr ab,
Bis er den letzten Tropfen hat
Gebracht ins sichre Grab.

———————

L. **Brauerlied** (a. d. 17. Jhdt.).

Ein ganz nagelneues Brauerlied, allen rechtschaffenen Meistern und Burschen zu
Ehren verfaßt und in Druck gegeben. Dresden, gedruckt in diesem Jahr, da
Bier im Keller war. in 8°, u. b. B. Walter, Deutsche Volkslieder, S. 112 2c.

Ein Brauerbursch nahm sein Bündelein,
Er sprach, es muß gewandert sein,
Schaut gleich das Wetter stürmisch drein,
Auf Regen folgt Sonnenschein.

Komm ich einmal ins freie Feld,
Schau an das blaue Himmelszelt,
Den heißen goldnen Sonnenstrahl,
Die grünen Wälder, Berg und Thal,

So ist mein Herze schon erquickt,
Weil es nicht mehr so hart bestrickt
Von mancher Meister schwerer Arbeit,
Die nichts als Geiz und Wucher treibt.

So nehm' ich denn mein Bündelein,
Und denk', es muß gewandert sein,
Fällt mir's gleich schwer und werde matt,
Im Wald es grüne Bäume hat.

So leg ich mich in stiller Ruh,
Und höre den Waldvöglein zu,
Kommt nun die Zeit, so wandr' ich ein,
Und spreche Glück und Segen rein.

Hernach sprech ich: erlaubet mir,
Mein Bündlein zu legen hinter die Thür,
Dabei zieh' ich den Hut gleich ab,
Und sag, was ich zu sagen hab:

Einen Gruß von Meister und Burschen auch,
Wo ich herkomme nach Handwerksbrauch.
Hab' ich nun dies gesaget fein,
So heißt er mich willkommen sein.

Dann heißt es: Handwerk setz Dich hier,
Ich will Dir holen ein Korbel Bier,
Hernach heißt's bald zum Essen 'rein,
Der Handwerk, der wird hungrig sein.

Hab' ich gegessen mein Abendbrod,
So sprech' ich drauf: bezahl's ihm Gott,
Geh' wieder nach der Werkstatt hin,
Und denke so in meinem Sinn:

Wo wird doch wohl das Korbel sein?
Derweile schenkt man mir schon ein,
Dann spricht er: Bruder trink brav drauf,
Ich hole Dir noch eins herauf.

Dann heißt es: Helf Gott Brüderlein,
Das muß der Brauer ihr zehn Gebot sein,
Denn das Helf Gott und Segen Gott,
Das ist der Brauer ihr elft Gebot.

Wenn sich mein Herze nun gelabt,
Ich satt gegessen, getrunken hab',
So heißt's mein Handwerk schlafen gehn,
Gesund wir morgen woll'n aufstehn.

Wenn ich erwacht des Morgens bin,
So heißt's: mein Handwerk, sieh dahin,
Da wird ein Korb und Mulde sein,
Komm, bis so gut, und faß mir ein.

Und wenn die Dörr ist abgeräumt,
So wird dabei nicht lang gesäumt,
So liegt der Haufe schon und paßt,
Daß er werd' in den Korb gepaßt.

Und wenn dies alles ist vollbracht,
So wird gleich Feuer angemacht,
Man setzt dazu ein warmes Bier,
Ei Bruder, das soll mir und Dir.

Hör' Bruder, giebt's noch was zu thun?
Ich will Dir's machen, sag' mirs nur,
Es wird wohl noch ein Zeugstück sein,
Arbeit' nur brav von Füßen rein.

Hat es nun seine Richtigkeit,
Und ich bin wieder angekeit,
Heißt's: Handwerk komm und schneide Brod,
Allhier darfst Du nicht leiden Noth.

Drum lieber Bruder sieh, dahier,
Da wartet schon Dein Frühstücksbier,
Beliebt Dir auch eine Pfeif' Taback?
Es ist erlaubt, wie ich Dir sag'.

Darnach kommt bald das Essen drauf,
Da trägt man uns brav Braten auf,
Auch Sallat, Butter, Käs' und Brod,
Ei Bruder, hier giebt's keine Noth.

Komm ich nun von dem Mittagsmahl,
So seh ich nach der Stundenzahl,
Und wenn das Wetter hübsch und fein,
So richt' ich mich zum Wandern ein.

Spricht gleich der Meister: bleib noch hier,
In meinem Keller giebt's noch Bier,
Die Küche ist noch wohl bestellt,
Bleib hier, so lang es Dir gefällt.

O nein, Herr Meister, es wär' nicht fein,
So lang an einem Ort zu sein,
Ich hab genossen Ehr' genung,
Ich danke für die Förderung.

Nunmehr wird's Zeit, ich muß nun fort,
Wo willst Du hin? wie heißt der Ort?
Trink erst noch eins und laß die Zeit,
Bis dahin hast Du ja nicht weit.

So kann ich auch schon warten hier,
Es schmeckt mir hier so wohl das Bier,
Der Sonnenhitze ist auch viel,
Derweilen wird es besser kühl.

Gesundheit, es lebe das Handwerk fein,
Wo brave Meister und Bursche sein,
Bei denen man so viel Ehren genießt,
Als mir allhier geschehen ist.

Ich danke nochmals für die Gutthat,
Die ich allhier genossen hab',
Ich wünsch Euch noch viel Glück dafür,
Daß stets gerathe wohl das Bier.

Weil Du nun fortgehn willst und mußt,
So nimm mit einen schönen Gruß,
An Meister und an Burschen auch,
Wie sichs geziemt nach Handwerks-Brauch.

Adieu, Herr Meister, leb' er wohl,
Die Frau Mutter auch gesund bleiben soll,
Du Arbeitsbursch lieb Bruder mein,
Du sollst Gott stets befohlen sein.

Wart nur, lieb Bruder, ich komm gleich 'naus,
Und trage Dir Dein Bündlein 'naus,
Bleib Du nur drin, Du hast kein' Zeit,
Du mußt abwarten Dein' Arbeit.

Ursach zu danken, haft Du nicht,
Wer weiß, was mir von Dir geschicht,
Ich wünsche Dir auch stets viel Glück,
Daß bald zu Dir sich Arbeit schick'.

Ich wünsch' auch Dir viel Glück dazu,
Auf daß brav Geld verdienest Du,
Ich dank' auch für die Ehre Dir,
Die Du erzeiget haft an mir.

Nun was soll sein, das wird geschehn,
Sollten wir einander wiedersehn,
So soll mein' schlechte Wenigkeit,
Dir stets zu dienen sein bereit.

Drum ist das Wandern keine Pein,
Und sollt' es auch im Winter sein,
Ist man erfroren noch so sehr,
Man find' doch eine warme Dörr'.

Doch aber dieses nimm in Acht,
Daß man daraus kein Handwerk macht,
Nicht wie die Branntweinsäufer sein,
Die sich herumfiel'n wie die Schwein'.

Man muß den Menschen auch thun Guts,
Denn sonst kommt man in Schand und Spott;
Arbeit muß man auch nehmen an,
So lange man sich rühren kann.

Bis endlich kömmt die Zeit heran,
Daß man auch Meister werden kann,
So muß man fleißig geben Acht
Auf seine Sachen Tag und Nacht.

Daß man erlangt die schöne Zier,
Zu brauen wohl ein gutes Bier,
Ein gutes Bier als wie ein Wein,
Das mag der Matten Labung sein.

Wie sehr freut sich der Wandersmann,
Wenn er ein solches Bier trifft an,
Wie hoch wird es nicht stets geschätzt,
Auf Fürstentafeln oft gesetzt.

Darum Du edler Gerstensaft,
Du giebest meinen Gliedern Kraft.
Wenn andre Leute geh'n zur Ruh,
Arbeit' ich brav und trink dazu.

Der Erfinder wird Gambrinus genannt,
Ein König aus Flandern und Brabant,
Er hat aus Gerste Malz gemacht,
Und das Bierbrauen zuerst erdacht.

Daher wir Mälzer und Brauer können sagen,
Daß wir einen König zum Meister haben,
So kommen auch andre Handwerker her,
Und zeigen dergleichen Meister mehr!

Es leben die Jungfrauen hübsch und fein,
Die es mit den Brauerburschen gut mei'n,
Was aber sind die garstigen Huren,
Die soll der Teufel alle holen.

LI. Englisches Bierlied.*)

Aus dem 1575 zuerst gedruckten Englischen Lustspiel in Versen, Gammer Gur-
ton's Needle, von John Still, der 1607 als Bischof von Bath und Wells starb.
Hier abgedr. aus Hawkins, Origin of the English drama (Oxford 1773)
T. I. p. 183 etc.

Back and side go bare, go bare,
    Booth foot and hande go colde:
But belly, God send thee good ale ynoughe,
    Whether it be new or old.

I can not eat, but little meat,
    My stomack is not good;
But sure i think, that i can drink
    With him that weares a hood.
Though i go bare, take ye no care,
    I am nothing a colde,
I stuffe my skin so full within,
    Of joly good ale and old.
Back and side go bare, go bare,
    Booth foot and hand go colde:
But belly, God send thee good ale ynoughe
    Whether it be new or old.

I love no rost, but a nut-brown toste
    And a crab laid in the fire,
A little bread shall do me stead,
    Much bread i not desire.
No froste nor snow, no winde, i trow,

---

*) Warton, Hist. of the Engl. Poetry, T. III, p. 207, erklärt dieses
Lied für das erste Trinklied von Werth in der Englischen Sprache. Es giebt
eine ältere Redaction desselben, wo die Stelle „and Tyb my wife etc.", die sich
auf eine Persönlichkeit des genannten Lustspiels bezieht, fehlt, woraus folgt, daß das
Lied älter ist als letzteres und nur demselben angepaßt ward. Beide Redactionen
stehen bei R. Bell, Songs from dramatists. London 1854, p. 33 etc.

Can hurte me if i wolde,
I am so wrapt, and throwly*) lapt
    Of joly good ale and old.
Back and side go bare etc.

And Tyb my wife, that as her life
    Loveth well good ale to seek,
Full ofte drinkes she, till ye may see
    The teares run down her cheeke;
Then dooth she trowle so me the bowle,
    Even as a mault worm shuld.
And saith, sweet heart, i took my part
    Of this joly good ale, and old.
Back side and go bare etc.

Now let them drink, till they nod and wink,
    Even as good fellows should do,
They shall not misse to have the blisse
    Good ale doth bring men to:
And all poor souls that have scowred boules
    Or have them lustely trolde,
Good save the lives of them and their wives
    Whether they be yong or old
Back and side go bare etc.

LII. A Pot of Porter, Ho! Englisches Bierlied.

Aus Myrtle and the Vine, or Complete Vocal Library. London 1800, T. II
Mit d. zwei folg. abgedr. in The book of English songs. London o. J. in 8⁰
S. 126 ꝛc.

When to Old England I come home
    Fal lal, fal lal la!
What joy to see the tankard foam
    Fal lal, Fal lal la!

---

*) Thoroughly.

When treading London's wellknown ground,
    If e' er I feel my spirits tire,
I haul my sail, look up around,
    In search of Whitbread's best entire.
I spy the name of Calvert,
    Of Curtis, Cox and Co.
l give a cheer and bawl for't,
    „A pot of porter, ho!"
When to Old England I come home,
What joy to see the tankard foam!
With heart so light, and frolic high,
I drink it off to Liberty!

Where wine or water can be found,
    Fal lal, fal lal, la!
I 've travell 'd far the world around,
    Fal lal, fal lal, la!
Again I hope before I die,
Of England's can the taste to try;
For many a league I 'd go about,
To take a draught of Gifford's stout:
I spy the name of Trueman,
    Of Maddox, Meux and Co.
The sight makes me a new man,
    „A pot of porter, ho!"
When to Old England I come home etc.

LIII. English Ale, Englisches Bierlied.
Ebendaher.

D 'ye mind me? I once was a sailor,
    And in different countries I 've been,
If I lie may I go for a tailor!
    But a thousand fine sights I have seen:

I've been cramm'd with good things like a wallet,
    And I've guzzled more drink than a whale,
But the very best stuff to my palate,
    Is a glass of your·English good ale.

Your doctors may boast of their lotions,
    And ladies may talk of their tea;
But I envy them none of their potions,
    A glass of good stingo for me!
The doctor may sneer if he pleases,
    But my recipe never will fail,
For the physic that cures all diseases
    Is a bumper of good English ale.

When my trade was upon the salt ocean,
    Why there I had plenty of grog,
And I lik 'd it, because I 'd a notion
    It set one 's good spirits agog;
But since upon land I 've been steering,
    Experience has altered my tale,
For nothing on earth is so cheering
    As a bumper of English good ale.

LIV. The brown Jug, englisches Bierlied.

Von Fracis Fawkes, eingelegt in J. O'Keeffe's Oper The poor Soldier.

Dear Tom, this brown jug that now foams with mild ale
(Out of which I now drink to sweet Nan of the vale),
Was once Toby Filpot, a thirsty old soul
As e 'er crack'd a bottle, or fathom 'd a bowl.
In boozing about 'twas his pride to excel,
And among jolly topers he bore off the bell.

It chanced as in dog-days he sat at his ease
In his flow'r-woven arbour, as gay as you please,

With a friend and a pipe, puffing sorrow away,
And with honest old stingo was soaking his clay,
His breath-doors of life on a sudden were shut,
And he died full as big as a Dorchester butt.

His body, when long in the ground it had lain,
And Time into clay had resolved it again,
A potter found out in its covert so snug,
And with part of fat Toby he form 'd this brown jug
Now, sacred to friendship, to mirth and mild ale
So here's to my lovely sweet Nan of the vale.

LV. The Ale-Wife and her Barrel. Schottisches Bierlied.
Aus der hdschr. Samml. v. P. Buchan in The illustr. Book of Scottish Songs.
London o. J. in 8º, S. 235, daselbst auch das folg. L. S. 240.

My mind is vex 'd and sair perplex 'd,
   I'll tell you a' that grieves me;
A drunken wife I hae at hame,
   Her noisome din aye deaves me.
The ale-wife, the drunken wife,
   The ale-wife she grieves me;
My wifie and her barrelie,
   They'll ruin me and deave me.

She takes her barrel on her back,
   Her pint-stoup in her hand,
And she is to the market gane
   For to set up a stand.
     The ale-wife etc.

And whan she does come hame again,
   She wides through girse and corn:
Says, I maun hae anither pint,

Though i should beg the morn.
The ale-wife etc.

She sets her barrel on the ground,
   And travels but and ben:
I canna get my wifie keepit
   Out amo' the men
     The ale-wife etc.

LVI. Oh, Gute Ale Comes. Schottisches Bierlied.

Oh, gude ale comes, and gude ale goes;
Gude ale gars me sell my hose,
Sell my hose, and pawn my shoon;
Gude ale keeps my heart aboon.

I had sax owsen in a pleuch,
And they drew teuch and weel eneuch:
I drank them a' just ane by ane;
Gude ale keeps my heart aboon.

Gude ale hauds me bare and busy,
Gars me moop wi' the servant hizzie,
Stand i' the stool when I hae done;
Gude ale keeps my heart aboon.

Oh, gude ale comes, and gude ale goes;
Gude ale gars me sell my hose,
Sell my hose, and pawn my shoon;
Gude ale keeps my heart aboon.

LVII. Holländisches Bierlied betitelt Dronken Oorlog.

Aus Willems, Oude vlaemsche Liederen. Gent 1848 S. 409.

Wie wilt opgeschreven worden?
Bachus neemt soldaten aen:
Op de bierbank is 't slagorden,
Daer wy moeten vechten gaen,
d'Herberg is de rendez-vous
Het woord is: 'k breng het u, of avous.
Vecht knecht, doot kaes en broot.
Schenkt, drinkt!
't Gelasen trompet dat klinkt.

Bachus tonneke is de trommel
Die men in dien oorlog slaet,
Want men zuipt daer als de drommel
Dat de buik gespannen staet:
Als een trommeltje zoo brou
Dat het daer op klinken zou.
Vecht knecht etc.

Bierbuik houdt drie compagniën,
Louter drinkebroêrs, in 't veld,
Om den oorlog te biën
Aen den dorst die 't keelgat kwelt.
Dikke Pier is kolonel,
Hy brengt de drinkbroêrs eel een snel.
Vecht knecht etc.

Hei coraedge! Jan Potaedje
Drinkt dat zijne neus wordt rood;
't Js eerst teeken van coraedje,
Van coraedje die es groot;

Trekt met hem dan naer het veld,
Waer noch honger noch dorst en kwelt.
Vecht knecht etc.

Tapt nu bier in abondantsie,
Drinkt, eer dat gy vechten gaet,
Eenen teug van assurantsie,
Opdat gy den dorst verslaet:
Hangt aen uwen bandelier
Tien, twaelf snellen van 't sterkste bier.
Vecht knecht etc.

Valt daer jemand in gebreken
Vaec het laedkruid of de lont,
Hy mag zyn gelas aensteken
Met een worstje van een pond;
Dat hy, als de stryd aengaet,
Op zyn taljoorken de trommel slaet.
Vecht knecht etc.

Zijn de kiekens uw vyanden,
Die op tafel zijn gezet,
Neem voor 't zweerd een mes in handen,
Voor den fluiter een servet;
Snijd hun neus en ooren af,
Maek van uw buik hun heldengraf.
Vecht knecht etc.

Die in Bachus oorlog schermen,
Maken wel hun beenen slap,
Maer z'en breken been noch armen,
Door de kracht van 't geerstensap:

Doet hun hoofd wat zeer daernaer,
Zy nemen 's morgens van 't zelfde hair.
Vecht knecht etc.

Dien de bierpot het verwonnen,
Die noch gaen en kan noch staen,
Zal als Bachus op een tonne
In triomf naer huis toe gaen.
Als 't al zal gestreden zijn,
Zal in 't bedde de vrede zyn.
Vecht knecht, doot kaes en brood;
Schenkt, drinkt,
't Gelazen trompet dat klinkt.

Fünfzehntes Capitel.

Sprichwörter vom Bier.

a. Deutsche.

S. Wander, Deutsches Sprichwörterlexikon, Leipzig 1867, Bd. I., S. 374 ꝛc. 451 ꝛc.

1. 'At Bier un a Man an at Wat un a Kan. (Das Bier im Manne und der Verstand in der Kanne).

    Nordfriesisch a. Firmenich, Deutsche Völkerst. Bd. III, 3, 4.

2. Auch gut Bier macht böse Köpfe.

3. Beer un Barmhartigkeit kamt bi em tosamen.

    Eichwald, Niederdeutsche Sprichwörter, (Leipzig 1860) Nr. 111.

4. Beim Biere giebt's viel tapfere Leut'.

5. Bêr nêrt, Brannwîn têrt (Bier nährt, Branntwein verzehrt).

    Eichwald Nr. 115.

6. Bier auf Wein, das laß sein, Wein auf Bier, das rath' ich Dir.

7. Bier, die viel gehren, haben viel Hefen.

8. Bier gemach, Wein frisch,

    d. h. schenke ein.

9. Bier ist ein böser Koch, er schlägt einen vor's Loch.

    Fischart.

10. Bier mit Blut reizt nicht zur Wuth.

    Die Gemahlin Sigismund's I. von Polen, die ränkevolle Italienerin Bona soll diese Worte einst auf die Vorstellungen ihrer Unterthanen erwidert haben (s. Wurzbach, Poln: Sprichwörter S. 54).

11. Bier oder Wein, es muß getrunken sein.

12. Bier soll man gemachsam, Wein frisch einschenken (S. Nr. 8).

13. Bier und Brot im Haus ist besser als Gesottnes und Gebratenes draußen.

14. Bier und Brot macht Wangen roth.

15a. Bier und Mädchen haben viel Glück, das Bier trinkt man
   ohne Durst und die Mädchen heirathet man ungeprüft. (Finn.)
15b. Das Bier hat Policeiaugen (große Schaumblasen).
16. Bier und Brot ist gut für Hungersnoth.
17. Bier und Brot machen manchen Schalk groß.
18. Das Bier ist am besten, worin das wenigste Wasser ist.
19. Das Bier ist nicht für die Gänse gebraut.
20. Das Bier riecht nach den Fässern schier.
21. Das Bier schmeckt gern nach dem Faß.
22. Das Bier und der Wein folget dem Zapfen (d. h. dem
   Wirthshaus).

> Nach Eiselein, Deutsche Sprichwörter S. 77 soll dies bedeuten, daß
> man Herberge und Nahrung wohl gratis annehmen, aber den Trunk
> aus dem Wirthshaus dahin bezahlen wolle.

23. Das Bier wäre gut, hätte die Sau nicht den Zapfen gezogen.
24. Das Bier, welches der Krieger verschenkt, ist sauer.
25. Das ist Bier ohne Malz und Hopfen, oder: wie Leber.
26. Dat 's en Bier, säd' de Gos, dör ging se von'n Meßhof
   (Mißhof) an be Pißrönn (Ostfriesisch).

> Hoefer, Wie das Volk spricht. Nr. 383. S. a. Nr. 35.

27. Der eine hat das Bier gebraut, der andre schenkt's aus.
28. Dies Bier ist ohne Zweifel ein Trank für den Teufel.

> Wahrscheinlich in Bezug auf das westphälische Kräuterbier, Gräsich
> genannt, das sonst eigentlich als sehr gut berühmt war, von dem aber
> der Cardinal Chigi, später Papst Alexander VII., der sich einige
> Zeit als päpstlicher Legat in dem westphälischen Flecken Langerich
> aufhielt, gesagt haben soll: nur noch etwas Schwefel hinein und es
> sei ohne Zweifel ein Trank für den Teufel.

29. Einer trinkt's Bier in der Schenke, der andere im Traum,
   der eine mit Hefen, der andere mit Schaum.
30. Er trinkt von einem Stoff Bier dreimal (Ostpreuß.).
31. Es war gut Bier, aber der Zapfen ist abgebrochen.
32. Gut Bier ist besser als schlechter Wein.
33. Gut Bier macht die Wangen roth und den Hintern bloß.
34. Halb Bier, halb Freud'.

35. Hat as jan Biir, sait hjü Gus, an do gingh hjü fan a Njor=
stal tu't Edelseel (Nordfr.). (d. h. Es ist ein Bier [eine
Sorte] sagte die Gans und da ging sie vom Miststall zur
Pißrinne, d. h. dem Schmuzbalg ist aller Schmuz gleich).
S. Gabe Schneider, Der Lappenkorb, S. 29, S. a. Nr. 26.

36. Is dat Beer in'n Manne, is de Geest in'r Kanne.
S. Eichwald Nr. 112, oben Nr. 1 und unten 48.

37. Je toller das Bier gebraut wird, desto besser schmeckt es ihm.

38. Jung Bier gährt.

39. Jung Bier ist besser zu trinken, denn alter Kofent.

40. Komm mit mir auf ein Seidel Bier, sagte der Teufel zum
Satan, als er ihn im Walde traf, d. h. Gleich sucht sich,
Gleich findet sich.

41. Nach Bieren gib potum, nach potum aber cacotum (d. h.
cacatum).

42. Stark Bier und schwache Köpff' dienen nicht zusammen.

43. Trink Bier, bis Du Wein zu bezahlen hast.

44. Wasserreich und Hopfenarm, ist ein Bier, das Gott erbarm'.

45. Wenn das Bier auf der Neige ist, so ist es bös sparen.

46. Wenn das Bier auf die Hefen kommen ist, so ist's zu lang
geharret mit spärlich Zapffen.

47. Wenn das Bier getrunken ist, folgen die Hefen.

48. Wenn 't Beer is in de Kann, so is de Wisheit in de Mann
(Ostfries.).

49. Wer sitzt bei Bier und Wein, der laß die Metz' ein Metze sein.

50. Wer trinkt Bier und Wein, der kann schon lustig sein.

51. Wer will mit gehn zu Bier und Wein, der leg' sein Geld
her bei das mein'.

52. Wer wird schlecht Bier auf guten Wein trinken?

53. Wo das Bier im Keller versauert, ist Hopfen und Malz ver=
dorben.

54. Wo kumt Beer un Barmherzigkeit bei eenander?.

55. Wo sauer Bier ist, da muß Musik sein.

56. Dam Biere worn rechte Hesen gegan (Schlesisch).

57. Daraus läßt sich kein gut Bier brauen.

58. Das Bier hat einen Feldwebel, oder den Sommer.

59. Das Bier ist über eine Brücke (durch einen Graben) gefahren. (Ostpreußisch), d. h. das Bier ist verdünnt.

60. Das ist Bier, was schnell sauer wird.

61. Dat is stark Bêr. (Hamburg.)

62. Dem Biere sind die Hefen gegeben worden.
    Wird gesagt, wenn eine Sache gut eingeleitet, oder ein Unverschäm= ter gehörig abgeführt wird.

63. Einen beim sauern Biere finden,
    d. h. bei einer Unwahrheit.

64. Er braut Bier ohne Malz.

65. Er hat das Bier (nicht) verschüttet.

66. Er hat sich das Bier selbst gebraut.

67. Er läßt's Bier nicht sauer werden.

68. Et es stärk Bier, Baas (Meister).

69. Gut Bier zum Bagel.
    Als der Sohn Georg Podiebrad's die Lausitz verheerte, und ohne Lauban zu berühren, nach Bunzlau kam, verlangte er von den Einwohnern nichts weiter als Bier. Darauf ward ein Volkslied gemacht, in wel= chem dieses Sprichwort schon vorkommt. (S. d. Bresl. Erzähler 1802, S. 346.)

70. O du arme dumme beer, wo gärst du aver bine macht. (Lübben i. d. N.=Lausitz.)

71. Seht, wat dat Beer deit!

72. Vom Stoff Bier dreimal trinken.

73. Wäre das Bier nur wieder im Fasse.
    Wunsch, daß etwas nicht geschehen sein möge, s. Grimm, D. W. Bd. I., Nr. 1822.

74. Wenn er ins Bier sähe, es würde sauer.

75. Giebt er nicht Tischwein, so giebt er Tischbier, giebt er nicht Tischbier, so giebt er doch Fischbier.

75b. Bierchen, das setzt ans Nierchen.

76. Wie eine Bieramsel aus dem Kruge.
    Bieramsel ist ein Zecher schon bei Luther. (Schr. Bd. V. S. 493a.) Bierfinke bei Fischart (Großm. S. 79) ist dasselbe. Gleiche Bedeutung

haben auch Bierbannscher, Bierflegel, Bierfrosch, Bierschädel, Bier=
supper, Biertonne, Bierverderber, Biermörder, Bierpfaffe, Bierpeit=
scher, Bierschlauch, Bierschwelger, Bierheld, Bierigel, Bierbrille,
Bierente, Bierbunse, Bierbalger und Bierbauch, vielleicht ist auch
Bierhobel dasselbe.

77. Auf der Bierbank sitzen.

78. Das kommt von der Bierbank.

79. Er singt einen Bierbas.
   Weil der Adamsapfel Bierknott hieß.

80. Ein Bierfiedler geigt sich eher zehnmal in die Hölle, als
   einmal in den Himmel.

81. Ein Bierfiedler liebt sein Haus, wie den Kamm die Laus.

82. Er sitzt am liebsten bei der Bierkanne.

83. Im Bierkrug liegt viel Betrug.

84. Bierschenk verdurstet nicht.

85. Beim Brauen gesungen, geräth das Bier.

86. Brauen und Backen geräth nicht immer.
   Niederdeutsch: Bräun un Backen gerith nit allzicks (kölnisch) und
   Bruggen un Backen geröth nit jümmer (Westphäl.).

87. Das Brauen bringt den Bürgern eine güldene Nahrung.
   Nach Eisenhart, Grundf. d. deutschen Rechts in Sprichwörtern
   (Lpzg. 1822), S. 58 bezieht sich dies darauf, daß Kaiser Heinrich I.
   den Städten die Braugerechtigkeit als eine Art Monopol gab, weil
   nach dem sogenannten Meilenrecht alle Dörfer innerhalb einer
   Meile von der Stadt kein Bier brauen, sondern es aus der Stadt
   holen mußten.

88. Gebrauen zwier vom Brauer und vom Schenken.
   Wenn der Bierschenk durch Wassernachguß noch einmal gebraut hat.

89. Gebräut ist so gut wie gekäut.
   Wer viel trinkt, ißt nicht viel.

90. Man kann nicht zugleich brauen und backen.

91. Wer offt brawet und verkauft kein Bier, der muß endlich die
   Pfanne einem Andern übergeben.

92. Wie man's gebraut hat, muß man's trinken.

93. Wu buller gebraut, wu beater dat Beier (Düren).

94. Er braut mehr, als er trinken kann.

95. Er braut ohne Malz.

96. Man muß es ynn yhm brawen.

    Wenn er nicht getrunken hat, ist er nicht heiter.

97. Brauen ist keine Kaufmannschaft.

98. Der beste Brauer macht einmal schlechtes Bier.

99. Der Brauer und die Bäckerin haben nicht einerlei Sinn. } = Nr. 89 und 101.

100. Wo der Brauer ist, kann der Bäcker nicht sein.

101. Er hält es mit dem Brauer und Bäcker.

    Lebt von Bier und Brot.

102. Wo ein B r a u h a u s steht, kann kein Backhaus stehen.

    Auch niederdeutsch: Wo e Bräues steht, do kan gee Backes stohn (Aachen) oder: Wo dät Brauhûs steiht, do kann dät Backhus nich stoahn.

103. „Er schenkt Weißbier", sagt man von kleinen Jungen, die Schlitzhosen (ohne Nath hinten) anhaben, weil ihnen das Hemd hinten heraushängt.

b. Englische Sprichwörter.

Dunmow bacon and Doncaster daggers, Monmouth caps and Lemster wool, Derby ale and London beer.

    H. Bohn, Handbook of proverbs. London 1855, S. 225.

Good ale is meat, drink and cloth.

    (ebend. S. 66.)

As i brew so i must drink, and as i brew, so i must bake.

    (ebend. S. 3.)

He that buys land buys many stones, he that buys flesh buys many bones. He that buys eggs, buys many shells; but he that buys good ale, buys nothing else.

    (ebend. S. 194.)

c. Holländische Sprichwörter.

Goed bier maakt ook kwaade lieden.

    Harrebomée, Spreckwoordenbock d. Nederl. Taal. Utrecht 1858—59. D. I. S. 55.

Eens wijn en dan geen bier meer.

    (ebend. S. 55.)

Hij heeft het op zijn lijf als Duitsch bier.

Hij verloopt zijn bier met Slatius.

Het bier is voor de ganzen niet gebrouwd.

Dat bier volgt den tap.

Dat biertje heeft de een gebrouwd, en de ander getapt.
(S. ebenb. S. 55)

Dat was goed bier, mer tis uut.
(Hoffmann v. Fallersleben, Altniederländische Sprichwörter. Hann. 1859, S. 720).

Het was goed bier, maar de tap is nu uit.
(Harr. 1. S. 55)

Goed bier is beter dan slechte wijn.
(ebenb. S. 55.)

Jong bier moet gesten.

Brouw daar nu eens goed bier uit.
(S. ebenb. S. 56.)

Dat bier verzuurt haast.

Dat bierje heft gij zelf gebrouwd, en moet het ook uitdrinken.
(S. ebenb. S. 55.)

Zij zitten altijd op de bierbank.
(S. ebenb. S. 31.)

Hij zit liever bij de bierkan dan bij de boeken.
(S. ebenb. S. 55.)

Bier tappen is de laatste nering voor den broodzak.
(S. ebenb. S. 55.)

Hoe dolder gebrouwd, hoe beter bier.
(S. 55.)

Brouwers bidden om goeden, bakkers om duren tijd.

Daar de bakker zit kan de brouwer niet liggen.

Wat molenaars kallen en brouwers kunnen, is al gelijk.

Daar de brouwer binnen is, moet geen bakker komen.

Zie houden het met den brouwer en den bakker.
(S. 98.)

Lat hem bakken en brouwen; bemoei u niet met hem.
(D. III., S. 15.)

Anhang I.

I. Etliche Kunststücklein zu den Bieren, die um Geld nicht zu bezahlen.

(A. H. Knauſt, Fünf Bücher ꝛc. Bl. J.)

Und erſtlich wenn ſich ein Bier verkehrt oder abfelt.

Vorerſt wann ſich ein Bier abfelt oder ſich verkehrt, ſo nim Gerſtenbrot aus dem offen vnd brichs von einander vnd leg es auff den Spint vnd das thu offt, biß es widerkömpt.

Wenn ein Bier ſawr wer worden.

Nimm Habern mit dem Stro, wenn der Haber in der gelb iſt, vnd ſchneidt püſchlein vnd henckcs ins Bier, ſo ſtoſt es wider auff vnd thut wie ein jung Bier.

Wie man ein Bier in der Brawe ſoll ſcharff vnd wolrichent machen.

Nim ein ſtück hartz vnd wenn man den Hopfen ſeud, ſo wirff in den hopffen vnd laß dann ſieden, ſo wird es friſch vnd härtzig geſchmack. Etliche nemen auch Wachholder Beer, vnd werffens in den Hopffen, das ſie darin mit auff ſieden, ſo ſol das Bier davon auch wolgeſchmack vnd friſch werden.!

Wie man ein Bier wolgeſchmack machen ſol, gleich einem Wein, gantz natürlich, ſonderlich des Sommers zu trinken.

Nim ein Beerweinfaß, davon man geſchencket hat, geuß des Bier darauff ſo nimbt es den geſchmack des Weins von den Beeren an ſich vnd wird ſchön lauter. Die kölniſchen vnd hollendiſchen

Biere sein dermaßen vnd also gestalt, das sie auch offt von manchen für Wein getrunken werden.

Eine feine Kunst Bier zu bewaren, das es in Sommer- zeiten nicht abfel, sich verkehre oder sawr werde, so lange man davon trinket.

Nim ein frisch Ey, das an demselbige tage, so man das Bier wil anstechen, erst geleget ist worden, vnd laß es in das Vaß, darnach nim leymen vnd mache den spund wol zu vnd dieweil ein tropffen Bier in den Vaß ist, so wird er nicht sawr.

Ein ander gewiß stück, als ein Bier nicht sawr werde.

Henck Centaurien vnd Bertram in das Bier, diese zwei Kreüter verhüten allen zufall.

Wie man sawr Bier lustig vnd gut zu trinken wieder machen sol.

Zerstoß Weizen vnd henck in mitten in das vaß, es wird daruon wider gut.

Wan ein Bier nach dem Vaß schmecket.

Nim ein Püntel von 35 Weitzkörnern, henck es in das Vaß, das Bier wird dauon wolgeschmack zu trinken.

Ein anders für dasselbige.

Nim das kraut Rainfarn, Wachholterbeer vnd das heilige Geisteswurtzel, Benedicten die rothe, eins soviel als des andere, vnd vier frische oder harte Eier vnd heng oder leg es in das Bier Vaß.

Artzney von Bieren.

Man machet auch wol einen brey von groben Brodte vnd Bier, der nicht vbel schmecket, Bier fein feist mit Butter oder Oell gewermet vnd des Morgens nuchten getrunken, erweichet den Leib vnd macht gelinde, sanffte stulgange.

Bier mit Ingfer getrunken ist eine köstliche Artzney für einen bösen Magen, des die Leute in den Seestedten wonhafftig für eine heußliche vnd tegliche Artzney gebrauchen.

Bier mit Kümel Pulver getrunken lindert das grimmen vnd auffblehen im Bauch vnd stillet die schmerzen der Cholica die von winden herkommen.

So man die Haut des Menschen mit weißem Biere weschet, wird sie schön vnd blanck dauon, das ein wolbekend Experiment ist. Es ist auch ein Experiment, wan einer müde worden ist, von gehen, vnd wäschet die füsse vnd beine mit warmen biere vnd leget tücher darauff, die in heissem Biere genetzt sein, so sol es gar wol helfen.

Auch hat sichs befunden das es gegen wethun der zehnen behülfflich sein sol, so man hauß oder Taffelbier nimbt vnd kochet es noch einmal mit frischem hopffen vnd helt es darnach im munde, so warm als mans leiden kann.

II. Recepte von Bieren gegen a) Milzbeschwerung und gegen b) Scharbock.

Aus Zedler's Univ. Lexic. unt. d. Art. Bier Bd. III. S. 1793.

a) R. Rad. Cich. rec. ℔.β. Helen. rec. ℥iij. Herb. Scolopend. ℔.β. Card. Bened. Miij. Bacc. Junip. rec. ℔.iij. Incis. contus.

b) Cochlear. mar. sicc. ℔.j. Sarsaparill. ℥IV. Sassafr. Nasturt. aquat. Beccabung ac. Miij. Salv. rubr. Mij. Caryophill. ℥iij. Nuc. Mosch. ℨVI. Limatur. Mart. ℥VI. Inc. cont.

III. Sauer Bier wieder süß und schmackhaft zu machen.

A. Joh. Staricii Groß. Heldenschatz. (Zehnte A. v. O. 1769) S. 326.

Nimm zerstoßenen Weizen und vermenge ihn mit den Hefen von demselbigen Fasse, schütte es wieder in das Faß, so wird es süß. Oder nimm Hopfen und zwei Eier, klopffe es mit Bier wohl durch einander, geuß es ins Faß, so wird es wieder gähren und gut zu trinken werden. Oder nimm genetzten Senf, hänge ihn in das Faß. Item thue 10 Maaß Bier aus dem Fasse, querle darein ein halb Pfund geriebene Kreide, thue noch 10 Maaß aus dem Faß und querle die Kreide wohl in die 20 Maaß wieder in das Faß, stopfe alsdann den Spund zu und setze Dich darauf, so wird es im Faß sehr toben und brausen. Wann es sich wieder gesetzt,

so thue die übrigen 10 Maaß auch hinein und verwahre den Spund
wohl, sonsten steiget es alles heraus, je saurer nun ein Bier ist,
je eher es süße wird, und währet 4 Tage, als kann man es wieder
so machen. Dieses ist auf 10 Eymer gerichtet und schadet nicht,
daß Du um weniger Gefahr willen 30 Maaß aus dem Fasse thust.

IV. Biergeheimnisse.

A. B. Schnurr von Lensidel, Kunst=, Haus= und Wunderbuch (Frkft. a. M. 1690)
S. 88 ze. darnach b. H. v. Gerstenbergk, Die Wunder der Sympathie (Weimar 1849)
S. 100—102.

Daß ein Gebräude Bier im Sommer nicht sauer werde.

Wirf einen Kienspan, etwa eine Spanne lang und einen
Daumen breit, auf das Bier, wenn es noch warm ist: dies schützt.

Daß ein Gewitter einem Gebräude Bier nicht schade.

Decke den Bottich oder die Butte mit Brettern zu, lege 4 reine
leinene Tücher darauf und streue auf diese etwas Salz, kleine
Kiesel und Lorbeerblätter.

Daß das Bier in den Fässern bei Gewittern nicht umschlage.

Dies bewirkst Du, wenn Du einige Gefäße mit glühenden
Kohlen in den Keller setzest.

Daß sich das Bier lange halte.

Lege einige reine Kieselsteine aus hellem Fließwasser oder ein
frisches, an einen Zwirnfaden gebundenes Ei, aber alle Tage ein
neues hinein.

Daß das Bier auf dem angezapften Fasse nicht sauer werde.

Thue ein Ei von demselben Tage hinein und mache den
Spund mit Lehm fest zu.

Durch das Fahren oder auf sonst eine Art trübe gewordenes Bier zu klären.

Dies bewirkst Du, wenn Du in das Faß ein Paar Hände
voll reinen Kieselsand thust.

Sauer gewordenes Bier wieder gut zu machen.

Thue zwei bis drei Hände voll gemahlenes Malz in die Tonne, so gährt es von Neuem. Oder nimm ein Büschel Hafer sammt dem Stroh, wenn es anfängt zu gilben, vom Felde und hänge dies in das Faß.

Den Faßgeschmack des Bieres zu vertreiben.

Dies bewirkst Du, wenn Du ein Bündel von 35 Weizen=ähren in das Faß hängst.

Wenn ein Bier trübe geworden ist.

So soll man nehmen eine Hand voll gutes gebranntes Salz und das mengen mit Wasser, eine Hand oder zwo, und in das Faß gießen und die Nacht über ruhen lassen, so wird es darnach faimen, daß es lustig wird zum Trinken.

Wann ein Bier sauer wäre worden auf dem Bottich.

Nimm eine Handvoll Salz oder zwei und soviel Aschen und ein Maaß oder drei Wasser, laß darunter rühren und halt ein Tuch mit einem Spund dahin, sonst läuft alles heraus und lasse also versaufen.

Wie man ein Bier soll frisch erhalten.

Es ist eine gewisse Kunst ein Bier frisch zu behalten bis auf die letzte Kande, wann man das Faß mit dem Bier gefüllt hat, darnach Hopfen darein thut und auf den Boden setzt, so schwimmt der Hopfen auf, man muß aber oben in dem Boden ein Luftloch lassen, wenn man daraus zapfen oder lassen will.

Wie man frisch Bier machen soll.

Nimm Büchenaschen gestoßen, so oft ein Eimer Bier, so oft eine Handvoll von Aschen, die mache dick mit dem Bier wie ein Brei, darnach gieße es in den Faß mit dem Bier, rühre es wohl und lasse es darnach ruhen, so ist und wird es gar frisch.

Wie man ein Bier schön lieblich und klar machen soll.

Nimm Salz und Bierhefen von demselben Bier, das Du be=reiten willst, schlag und rühre es wohl durcheinander und so das nun geschehen ist, so laß das Bier aus dem Faß drein ein Schoß, auch wohl unter einander und schütt's in das Bier und rühre es wohl durch einander, darnach laß ruhen und füll das Faß wohl, doch muß es im Eingießen ein wenig leer sein, daß man es mag rühren, und etliche thun halb so viel Alaun zum Saltz, merk, es ist genug ein Viertheil mit den Salz gemischt ein Quart zu einem ganzen Fuder Bier, wenn man ihm mehr thut, so ist's zuviel, also wird es schön und zu trinken wie ein Schweidnitzsches Bier.

Wie man grob und sauer Bier gut und lustig zu trinken soll machen.

Zerstoße Weizen und vermeng ihn mit Hefen von demselbigen Bier und schütt's in das Faß oder henk den zerstoßenen Weizen mitten in das Faß, es wird süß. Item nimm Hopfen und drei Eier zu einem Fuder, klopffe es in einander mit gutem Bier, geuß es in das Faß, das Bier wird lustig zu trinken, so es gieret.

Daß sich ein Bier nicht verkehre.

Nimm Lindenblätter, Nußblätter, Beyfuß gleich, und halb so viel Wermuth und henk's in das Bier.

Anhang II.

Der älteste Saufcomment (v. J. 1685).

Mich. Kautzsch erzählt in seinem Studentenroman: Das frisch und voll eingeschenkte Bier=Glas (Merseb. 1685, in-18) S. 65 2c., es habe sich eine Anzahl junger Leute zusammengethan, ein ordentliches Sauf=Collegium anzustellen, also daß solches Reihenweise herumgehen möge und zwar sollten sie allemal auf die Stube eines aus der Gesellschaft kommen und dieser solle gehalten sein, die ganze Gesellschaft mit einen Gericht Bratwürste und einer Schüssel Sauerkraut oder nach der Gelegenheit anstatt der Bratwürste mit Heringen, frisch oder gebraten, zu bewirthen, Bier- und Taback solle aber die übrige Gesellschaft zahlen, und damit Keiner das Ziel der Ehrbarkeit überschreite, sollten gewisse Leges oder Gesetze gestellt werden, darnach sich Jeder zu richten habe, die aber dagegen sich vergingen, die sollten mit willkürlicher Strafe belegt werden: welches Alles aber meist auf einen Schmauß hinauslief. Sie gingen den Vorschlag alle zusammen ein, die Leges wurden zu Papier gebracht und weil sie Einer oder der Andere nicht vergessen oder sich mit Unwissenheit entschuldigen möchte, öffentlich auf einer Tafel in der Stube aufgehängt. Es waren aber dieselben folgende.

Der hochlöblichen Bier-Brüderschaft Sauf- und Zechrecht.*)

§ 1.

Weil denn die lieben Hundstage uns Anlaß und Gelegenheit geben, dem Gott Baccho ein Freuden=Fest zu opfern, als wird keinem zu dieser Zeit vor übel gehalten,

---

*) Der Verfasser scheint indeß Kenntniß von dem Zech= und Saufrecht des Blasius Vielsauff (s. d. folg. Anmerk.) gehabt zu haben, denn viele Bestimmungen finden sich hier aus letzterem genommen, nur viel kürzer und bündiger.

das Corpus Juris oder die Bibel in dem Repositorio stecken zu lassen, zumahl zu dieser Zeit die liebe Sonne mit ihren scharfen Strahlen einem Saft und Kraft gleichsam aussauget, dadurch der ganze Leib ganz milde, matt und kraftlos wird. Bei welcher Beschaffenheit es dann einem über den Büchern zu liegen und zu studieren blut-sauer und schwer wird, daß einer wahrlich zuschauen muß, wie er mit lustigen Burschen den Staub von dem Römischen Reiche abspiele, die Flores-Gläser stürze, die Hosen exenterire, die Pistole löse und endlich alles dasjenige thue, und verrichte, was zu Abtreibung seines Feindes nöthig ist.

per l. 20 ff. § l. 22. de poen.*)
it. per l. 18. ff. de poen.

§ 2.

Wollte aber ja einer seiner Clorinde zu gefallen in Hundstagen studiren und sich etwa ihr zu gefallen Magister zu werden befleißigen, dem sei erlaubt solches des Morgens frühe, so bald ihm die Sonne die verschlafenen Augen durch das Kammerfenster eröffnet, zu verrichten: solches aber Nachmittags zu thun, ist durchaus nicht rathsam, denn da giebt ja die Erfahrung Exempel, wie zu solcher Zeit ein Hund nach dem andern anfängt zu wüthen und zu toben. Ergo.

per l. F. ff. de damno infecto
1. 3 § 1 ff. quod metus causa.

§ 3.

So ferne es nun an ein Trinken gehet und Florixῶς**) nach der Ordnung soll ausgetrunken werden, einer aber unter dem Haufen solches nicht verrichten

---

*) Diese Citate beziehen sich auf Stellen des Corpus juris: dies ist deswegen geschehen, damit der ganze Biercomment ein juristisches Gepräge tragen soll.

**) In einer sonderbaren Schrift d. 17. Jahrhts. betitelt: „Neue artig und kurzweilige Disputation, in welcher das Zech- und Saufrecht sammt allen desselben Solemnitäten, Gebräuchen auch darinnen vorlaufenden Controversien und Strittigkeiten aus dem weltlichen Recht gezogen, kürzlich entworfen und beschrieben wird 2c. Von Blasio Bielsauff, beider Wein und Bier Candidaten. Gedruckt im Jahr Guter Wein erfreuet durstigen Menschen ihr Herz," abgedruckt in Scheible's Schaltjahr Bd. IV. S. 346, 474, 628. Bd. V. S 49 und 201 sgg. sind diese Ausdrücke § 9 folgendermaßen erklärt: „Die Form, Manier und Weiß zu trinken, wird erkannt und unterschieden aus dem Trinken selbst. Und seind vornemlich

kann, der ist über sein Vermögen nicht zu zwingen: Ad impossibile enim nemo obligatur.

c. nemo 6. de R. C. in 6.

Und ist genug wenn einer thut was oder soviel er kann und vermag. Sufficit enim ad suum modum fuisse diligentem et gnavum.

l. quod Nerva, 32 ff. deposit.

§ 4.

Gehet es aber hausti$\varkappa\tilde{\omega}\varsigma$ und auf einen Trunk gleich aus, soll es dem vor eine große Schande gehalten werden, der solches nicht vermag und kann: Illa enim est lata culpa, non novisse id, quod omnes tenent

l. lata 223. ff. de V. S.

Und wird nicht unbillig einem hinterlistigen Betrug compariret und verglichen:

l. 1. §. 8 ff. si mens. fals. mod. dix.

---

zween Modi oder zwo Manieren als Totalis und Partialis. Die erste als modus bibendi totalis wird genennet, und ist derselbe, wenn man das contentum, das ist Wein, Bier und was dergleichen Getränk seyn mag, bis auf den Grund herauszeucht und trinket, und solches geschieht entweder continue, das ist ohne einig wiederholtem Athem auf einmal und auf einen Zug, oder aber discontinue, das ist mit wiederholten Athem und nach und nach. Continue, das ist in einem Zug alles heraustrinken, wird entweder Floricos verrichtet oder Hausticos. Floricos trinken heißt und ist soviel, als nämlich den Rand des Gefäßes, in welchem das Getränk ist, mit den Lefzen des Mundes ringsherum umgeben und mit einem Sturm den zugebrachten Getränk in die Gurgel schütten, daher denn aus Widertrieb des Athems kleine Bläslein auffahren, welche die Unsern Flores, zu teutsch Blümlein oder Röslein zu nennen pflegen. Hausticos wird aber getrunken, wenn man auf eine gemeine Weise alles ohne wiederholten Athem herauszeucht." Kautzsch beschreibt S. 81 ein solches Trinkgelage so: „da sahe man allerhand Arten des Trinkens und Saufens. Einmahl huben sie das Glas mit dem Munde auf, legten die Hände auf den Rücken und soffen das Bier also hinein. Hernach trunken sie, daß die Oberlefze in dem Glase war, mit niedergestürztem Kopfe, ferner nahmen sie 2, 3 bis 4 und mehrere Gläser, aus einem trunken sie so lange, bis die andern oben hineingeschüttet und ausgetrunken waren. Abermals stürzten sie das Glas an die Stirne, ließen dem Biere ein wenig Luft, daß es allgemach an die Nase, gleich in einer Rinne herunter ins Maul fließen müsse. Und was andere närrische actiones mehr waren. Als wenn sie den Bart bald da, bald dort zupffeten oder wischten, bald mit den Fingern bald mit den Armen

§ 5.

Würde aber einer darwider in optima juris forma zu rechter Zeit und ehe ihm das Glas zugetrunken wird, protestiren, billig damit verschonet.

per l. c. ad impossibile etc.

Welcher aber die protestation fahrlässiger Weise versäumet, muß in alle Wege das Glas acceptiren, und solches austrinken. Sintemahl er sich nicht dasjenige, was er sich zu leisten ungeschickt, unterstehen soll.

per l. idem 8 § ff. ad L. Aquil.

§ 6.

Hat einer die Ehre, neben einer Jungfrau zu sitzen, so sei ihm vergönnet, daß ihm dieselbe helfe ein wenig trinken. Quia minima non curat Praetor.

l. 4 ff. de in integr. restit.

———————

oder Füßen tappeten. Wie sie dann ein sonderlich Runda hatten, da das Glas auf drey Schlinge mußte ausgesoffen sein (S. o. S. 142). Sie trieben solche Lust bis in die lange Nacht und sungen dabey allerhand Lieder, als: Ich fuhr wohl über den Rhein, Rhein, ich fuhr wohl über den Rhein ꝛc. Günstiger Herr und Freund ꝛc. Das Gläslein ich ꝛc. Er setzt der Bircken Meyer wohl an den Mund ꝛc. Es fuhr, es fuhr ein Bauer ins Holz ꝛc. Der Guckguck auf dem Zaune saß ꝛc. und was dergl. musicalische Stücke mehr waren". Uebrigens ist diese Sitte des Herumtrinkens aus großen Gläsern nicht eigentlich deutschen Ursprungs, Horatius (Satir. II. 12, 123) deutet schon darauf hin, wenn er von einer cupa magistra (potare ludus erat) spricht. In Deutschland fand dieses Rundtrinken aus einem hohen Glaße (französ. vidercome genannt) zu Anfang und zu Ende des Gastmahls statt. Montaigne kannte es schon, er sagt in seinen Essais L. II. ch. 2 „Anacharsis (s. Diog. Laert. vita Anachars. 1.) s'estonnoit que les Grecs beussent, sur la fin du repas, en plus grands verres qu'au commencement, c'est comme je pense, pour la même raison que les Allemands le font, qui commencent le combat à boire autant. In Deutschland besteht diese Sitte nur noch bei den Studentengelagen, wo am Schluß des Mahles ein großes mit beliebigen Getränk gefülltes Trinkhorn bei Tische herumgehet und Jeder der Reihe nach daraus trinkt. In Brügge ist es noch Sitte, daß in den vlämischen Wirthshäusern die Wirthinnen und Kellnerinnen niemals den Gästen ein Glas bieten, ohne zuvor die Lippen darin genetzt zu haben. Diese Sitte rührt aus der Zeit der spanischen Zwingherrschaft dort her, weil man da den Ankommenden oft vergiftete Getränke vorsetzte und jene Gewohnheit annahm um die Gäste zu beruhigen.

Sollte aber das Mägdelein über Gewohnheit einen scharfen Suff und Zuck thun, kann solches, weil es dem Gesetz zum Betrug geschiehet, nicht gestattet werden. Lex enim circumventionem non patitur.

l. contra 29. cum l. seq. ff. de LL.

§ 7.

Keinem soll zugelassen seyn, sich ein alt Weib lassen helfen, denn solche alte, grintzschlichte, tieffnäsichte Weiber pflegen gemeiniglich in die Kannen, Krüge und Gläser zu külstern, und saufen gerne ein Mehreres als sonsten. Auch überdieß viel Unflats in Nasen und Augen tragen, auch übeln Athem haben, dafür einer billig einen Abscheu hat.

p. l. c. quod metus causa.

§ 8.

Soll keiner zum Trunk mit Gewalt gezwungen werden, damit er nicht dadurch ein Mörder an seinem eigenen Leibe werde.

l. 2. § 5 in F. ff. de aq. et aq. pluv. arc. l. 6.

C. de servit. et aq.

§ 9.

Gesundheits = Trünke sind in alle Wege zugelassen, sofern sie mäßig und Honorabeler Personen seyn.

l. si idem. 11 ff. de Jurisdict.

§ 10.

Auf Vater Pabsts Gesundheit zu trinken, soll keinem ehrlichen Biedermann erlaubt seyn, denn wir achten den, der an seinem ganzen Gemüthe niemals gesund, auch nimmermehr gesund werden kann, nicht werth, daß man ihm an seinem Leibe ein gesundes Aederlein wünschen soll.

c. Papa 6. distinct. 40.

§ 11.

Wird in eines Gegenwart auf seine Gesundheit getrunken, soll er darwieder in optima juris forma protestiren, und wenn solches herumbgetrunken, als bald jenes seine wieder anfahen.

l. 7. ff. de Pact.

§ 12.

Aus der Ordnung zu trinken, ist zuweilen vergönnt, jedoch mit Permission seines Nächsten.

l. ordo § 3. C. de exec. rei judicat.

§ 13.

Kömmts, daß einer mit seinem Feinde unverhofft in einer Compagnie zu trinken kömmt, so können sie zwar auf Hoffrecht wohl mit einander trinken, die injurien und die Beleidigungen aber sollen deshalb keinesweges aufgehoben seyn.

§ fin. Inst. de Injur.

§ 14.

Die Brüderschaft, so durch einen Soff geschiehet, und gemachet wird, ist ebenso feste nicht zu halten, daß sie nicht wieder könnte aufgehoben werden.

l. nihil tam. ff. de R. J.

§ 15.

Kein Hoher soll mit einem Geringen Brüderschaft trinken, will er anders nicht dafür gehalten werden, quod adoptio agnationis jus judicat.

l. 23. de adopt. agnati.

§ 16.

Kein Vornehmer von Adel soll einem ehrlichen Studioso den Brüderschafts=Trunk abschlagen, weil die Studiosi eben mit dergleichen, wo nicht gar mit größern privilegiis als die von Adel begnadet seyn.

Auth. habita. C. ne fil. pro pat.

§ 17.

Mit Kauf= und Handels=Leuten ist gar wohl erlaubet, Brüderschaft zu trinken, denn man solcher Leute propter victum et amictum schwerlich entbehren kann.

l. 15. § in venditione. 2. vers. primo quidem. ff. de re judic.

§ 18.

Welcher junge Gesell mit einer Jungfer in solche genaue Freundschaft geräth, daß er mit ihr auf Schwesterschaft trinken kann, dem ist es die höchste Ehre.

l. 1. § honor. ff. de appellat.

§ 19.

Keiner soll bey Schelm schelten und Verlust seiner Ehre und guten Namen gezwungen werden, über-Macht zu saufen. Weil es wider Erbarkeit und gute mores ist.

l. 15. ff. de condit. instit.

nec malis moribus aperienda fenestra, sed potius purganda corruptelis provincia

l. 13. pr. de offic. praesid.

nemo enim membrorum suorum dominus.

l. fin. § 6. ff. de bon. eor. qui ant. sent.

l. 12. ff. ad Leg. Aquil.

§ 20.

Einem Jeden ist erlaubt, sein besonder Stubenrecht zu behalten und seinem ankommenden Gaste das erste Mal zu praesentiren, welches der Gast auf keinerley Weise ausschlagen kann.

l. 1. constit. pec. l. 23. ff. de LL.

§. 21.

Und obgleich der Wirth mit seinem Stubenrecht in etwas verziehet, und seinem Gast solches nicht alsbald anfangs praesentiret, so leidet doch solches keine pracscription, denn der Herr siehet sich eine bequeme Zeit und Gelegenheit aus, dazu er recht hat.

l. 2. de via public.

§ 22.

Wenn einer aus einer Kanne oder Glas trinket und darein nieset, soll er solches auszutrinken befugt seyn, und hernach das Gefäß ausspielen lassen, keinesweges aber dem andern überreichen.

1 5. § 7. ff. commod.

§ 23.

Es ist jedem wohl erlaubt, der viel Gläser vor sich stehen habe, und nicht trinken will, daß er seinem Nachbar eins nach dem andern heimlich zuschiebe, ob er gleich einen Rausch davonträgt.

l. 22. ff. Locat.

Vigilantibus enim jura sunt scripta.

l. 24. ff. qui in fraud. Credit.

§ 25.

Der, welcher in einer Compagnie nicht kann mitsingen, ist deshalben keines=
wegs daraus zu stoßen.

l. 2. § 14. C. de V. J. E.

§ 25.

Bei dem Trunk soll kein disputiren und Wort=Gezänke gestattet werden,
weil solcher auf die Catheder gehöret.

l. quod attinet. 32. ff. de R. J.

§ 26.

Zänker sollen ohne allen Verzug aus der Gesellschaft gestoßen und darzu
tapfer abgeprügelt werden.

Auth. l. 14. ff. de offic. praes.

l. 28. § 3. ff. de poen.

§ 27.

Kömmt, daß einer wegen allzuvielen Saufens Ulrian rufen*) müsse, soll
ihm solches nicht vor übel gehalten werden, cum quilibet rerum suarum sit
moderator et arbiter.

l. 21. de Mandat.

Nur daß er das Maul fein sauber wieder abspüle, ehe und bevor er zu trinken
wieder anfäht

l. honestas. 21. ff. de poen.

§. 28.

Geschehe es aber daß einer seinen Nachbar auf das Kleid oder wohl gar
ins Facies spie, kann er deswegen injuriarum oder ex L. Aquil. actione
nicht belanget werden, quia voluntas et propositum maleficia distinguunt.

l. 53. ff. de furt.

---

*) Ulrian oder Ulrich rufen heißt heute noch im Magdeburgischen und Thü=
ringischen soviel wie speien oder rülpsen.

§ 29.

So ist weniger vor eine Schande zu achten, wenn einer aufstehet und seinen Urin zu recediren hinausgeht. Melius enim est occurrere in tempore quam post vulneratam causam remedium quaerere.

l. l. quando liceat se Jud.

§ 30.

Endlich und schließlich, wer ein rechter Säufer seyn will und sich darfür ausgiebt, muß trinken können

UT*) iliter
RE aliter
MI rabiliter
FA miliariter
SOL erter
LA mentabiliter.

---

*) Diese sechs Anfangssilben bilden bekanntlich die Tonleiter oder Hexachord oder die sogenannte Solmisation des Tonsystems des Guido von Arezzo.

Anmerkungen.

1. De natura cerevisiarum et de mulso. (Viteberg) 1551 in-8.

2. Fünff Bücher von der göttlichen vnd edlen Gabe, der philosophischen hoch=
thewren vnd wunderbaren Kunst, Bier zu brawen. Auch von Namen der vor-
nempsten Biere in gantz Teudschlanden vnd von derer Naturen, Tempera-
menten, Qualiteten Art vnd Eigenschafft, Gesundheit vnd vngesundheit, Sie
sein Weitzen= oder Gersten=, Weisse oder Rotte Biere, Gewürtzet oder vnge-
würtzet. Auffs newe vbersehen vnd in viel wege vber vorige edition gemehrt
vnd gebessert. Durch Herrn Heinrich Knausten, beider Rechten Doctor. Getr.
zu Erffurdt durch Georgium Bawman 1575 in 12.

3. Hist. Sic. I. 20,34. *κατασκευάζουσι δὲ καὶ ἐκ τῶν κριθῶν Αἰγύπτιοι
πόμα, λειπόμενον οὐ πολὺ τῆς περὶ τὸν οἶνον εὐωδίας, ὃ καλοῦσι
ζῦθος.* S. a. IV. 2. III. 73. p. 242. Der bekannte phantastische Alter-
thumsforscher Hermann von der Hardt behauptet dagegen in einem Büchelchen
unter dem Titel: In Bacchum vini et cerevisiae Aegypti inventorem pro
Diodoro Siculo illustrando detecto mythologiae Graecae fundo. Helmst.
1715 in-8, daß alles, was Diodor hiervon erzählt, Fabel sei und vermuthet
(S. 14), daß Bacchus und Osiris nicht Namen eines Mannes, sondern
vieler Männer oder eines Volkes oder einer Stadt, unter denen er sich Phocenses
populos denkt, sei.

4. II. 77. *οἴνῳ δὲ ἐκ κριθέων πεποιημένῳ διαχρέωνται, οὐ γάρ σφι εἰσὶν
ἐν τῇ χώρῃ ἄμπελοι.*

5. Hist. Nat. XIV. 29. Aegyptus quoque e fruge sibi potus similes excogitavit.

6. Leipzig 1845, in 8. Dagegen schrieb ein gewisser Ställer sein „Bier ist
kein Gift" Frkft. a. M. 1845 in 8⁰. — Das im Blenz'schen Katalog Abth. I.
Nr. 728 beschriebene Buch betitelt: Bierre-Logia, Entworff.n in einer zierlichen
wohl abgefaßten Oration von dem Gersten-Korn ꝛc. Gedruckt in diesem itzigen
Jahr, in 12. (120 SS. u. 1 Kpfr.) konnte ich nicht zu Gesicht bekommen,
es war weder auf der Dresdner, Göttinger, Wiener, Münchner noch Berliner
Bibliothek zu finden. Für den Nutzen des Bieres dagegen sprechen z. B. Abr.
Werner. Oratio de confectione ejus potus qui . . . . cerevisia vocatur bei

Dornav. Amphitheatrum Sap. univ. p. 627 sq. De Bourges & C. Dr. Prè.
Ergo cerevisia nutricibus saluberr. potus. Paris 1629. in 8⁰; J. A. Schmidt.
Diss. de cerevisia ut est alimentum. Jen. 1680 in 4⁰. Le Comte & Thuil-
lier, Ergo cerevisia potus saluberr. Paris 1695 in 8⁰; Dr. Lauremberg
& C. J. Gentil. Ergo potus cerevisiae saluberr. mos. Paris 1751 in 4⁰.
Ɽ. Ꭿ. Weinhold. Ueber die Wiederherſtellung des alten Merſeburger Bieres und
deſſen vorzügliche Heilkraft gegen angehende Nervenſchwäche und Abzehrung.
Merſeb. 1816 in 8⁰.; F. X. Gast, De cerevisia diss. inaugur. Mon. 1830
in 4⁰.; (Anon.) Das bairiſche Bier und ſeine Heilkraft bei verſchiedenen
Krankheiten Lpzg. 1852 in 8⁰; F. Gutmann, Diätetik für Biertrinker,
Lpzg. 1842 in 8⁰.; Anthus, Vorleſ. über Eßkunſt. Lpzg. 1838 in 8⁰, S. 249 fl.
6b. Supplices v. 925. ἀλλ' ἄρσενας, τοιτῆςδε γῆς οἰκήτορας εὑρήσετ' ου
πίνοντας ἐκ κριϑῶν μέϑυ.
7. Bei Athen. Deipnosoph. X. p. 418 „Τὰς κρϑὰς εἰς πότον καταλεαίνοντας".
8. Δ. v. 623. 641.
9. Dioscor. II. 110.
11. Colum. X. 116. jam siser Assyrioque venit quae semine radix sectaque
praebetur madido sociata lupino ut Pelusiaci proritet pocula zythi.
11a. Plutarch in d. Schr. „Ει αὐτάρκης ἡ κακία πρὸς εὐδαιμονίαν" ſchreibt
τὸν ἐλεφάντα τῷ ζύϑει μαλακὸν γενόμενον καὶ χαλῶντα κάμπτουσι
καὶ διασχηματίζουσιν ἄλλως δὲ οὐ δύνανται.
11b. S. Wilkinson, Manners of the mod. Egypt. Bd. II. S. 171. Wien.
Jahrbüch. Bd. XLV. S. 67. Lane, Account of the mod. Egypt. Bd. I.,
S. 112. (d. deutſche Ueberſ. Bd. I. S. 91, II. S. 167). Im Allg. vgl.
Pauly's Realencyclop. Bd. II. S. 276 ꝛc. S. S. de Sacy. Chrestom. Arabe
(II. Ꭿ. v. 1826) I. p. 97, 103, 150, 178—181.
11c. S. Schleiden, Die Landenge von Suez (Lpzg. 1858) S. 142.
12. Isidor. Orig. XX. 3. Sicera est omnis potio quae extra vinum ine-
briare potest, cujus licet nomen Hebraeum sit, Latinum sonat, pro eo
quod ex succo frumenti vel pomorum conficitur, aut palmarum fruc-
tus in liquorem exprimuntur coctisque frugibus aqua pinguior quasi
succus colatur et ipsa potio sicera nuncupatur. Andere Nachweiſungen
bei Schoock, De cerevisia S. 11 ꝛc.
13. Hist. 1V. 2.
14. Theophr. De caus. plant. VI. 15. ὡς οἱ τοὺς οἴνους ποιοῦντες ἐκ τῶν
κριϑῶν καὶ πυρῶν καὶ τὸ 'εν Αἰγύπτῳ καλούμενον ζύϑος. Galen. II.
Simpl. medic. 6. ζύϑος δριμύτερος ἐστι τῶν κριϑῶν ου σμικρῷ.
15. Athen. Deipnos. IV. p. 152.
16. Theophr. Hist. plant. IV. 10. ἐν βρύτῳ τῷ ἀπὸ τῶν κριϑῶν ἔψουσι.
Athen. X. 67. Hellanicus p. 91. (ed. Sturz).
17. Hecatäus bei Athen. X p. 447.

18. Strabo III. p. 155.

19. Athen. IV. p. 152. Dioscor. II. 110. ζύθος σκευάζεται ἐκ τῆς κριθῆς, ἐστὶ δὲ ἀουρητικὸς καὶ νεφρῶν ἁπτικὸς καὶ μάλιστα μηνίγγων
κακωτικός, πνευματωτικὸς καὶ γεννητικὸς κακοχυμιῶν καὶ ἐλεφαντι-
άσεως ποιητικός, εὐεργὴς δὲ καὶ ὁ ἔλεφας γίνεται βρεχόμενος αὐτῶ.
Καὶ τὸ καλούμενον δὲ κοῦρμι σκευαζόμενον δὲ ἐκ τῆς κριθῆς, ᾧ καὶ
ἀντὶ οἴνου πόματι πολλάκις χρῶνται, κεφαλαλγὲς ἐστὶ καὶ κακόχυμον
καὶ τοῦ νεύρου βλαπτικόν, σκευάζεται δὲ καὶ ἐκ πυρῶν τοιαῦτα
πόματα ὡς ἐν τῇ πρός ἑσπέραν Ἰβηρίᾳ καὶ Βρεττανίᾳ.

20. Ammian. Marcell. XXVI. 8. Est autem Sabaia ex hordeo vel frumento in liquorem conversus pauperrimus in Illyrico potus: unde in-
juriosum Sabaiarii nomen, quo in obsidione Chalcedonis appellatus
fuit Valens imperator. — Hieronymus L. VI in Esaiam c. 19. Ζύθον
quod genus est potionis et frugibus aquaque confectum et vulgo in
Dalmatiae, Pannoniaeque provinciis gentili barbaroque sermone
appellatur Sabaium. Damit ſtimmt auch die Stelle des Archilochus bei
Athen. Deipnosoph. X. p. 447, wo er ſagt: ὥσπερ αὐλῶ βρύτον ἢ
Θρᾶξ ἀνὴρ ἢ Φρὺξ ἔβρυζε. Auch Dio Cass. L. XLIX ſagt, die Panno-
nier äßen Gerſte und Hirſe und machten ſich Getränke daraus.

21. S. Plin. H. N. XXII. 82. Diod. Sic. IV, 2, 26. Strabo XVII, 2, 5.
(wo von den Aethiopiern).

22. Das Epigramm, welches in der Griechiſchen Anthologie enthalten iſt, lautet ſo:
> Τίς; πόθεν εἰς Διόνυσε; μὰ γὰρ τὸν ἀληθέα Βάκχον
>   Οὔ σ’ ἐπιγινώσκω. Τὸν Διὸς οἶδα μόνον.
>
> Κεῖνος νέκταρ ὄδωδε. σὺ δὲ, τράγου, ἦ ῥά σε Κέλτοι
>   Τῇ πενίῃ βοτρύων, τεῦξαν ἀπ’ ἀσταχύων,
>
> Τῷ, σε χρὴ καλέειν Δημήτριον, οὐ Διόνυσον
>   Πυρογενῆ μᾶλλον, καὶ βρόμον οὐ Βρόμιον.

Der berühmte Erasmus hat hiervon folgende lateiniſche Ueberſetzung in
Diſtichen angefertigt:
> Bacche quis? unde venis? verum tibi dejero Bacchum
>   Te haud novi, tantum est cognitus ille Jovis.
> Is nectar redolet, hircum tu: dic age, num te
>   E spicis finxit Gallia vitis inops?
> Non igitur Bacchum te dejero, sed Cerealem,
>   Et frumentigenam nec Bromium, imo Bromum.

23. Hist. Nat. X. am Ende: Est et Occidentis populis sua ebrietas, fruge
madida pluribus modis per Gallias, Hispaniasque nominibus aliis, sed
ratione eadem. Daſſelbe ſagt Theophr. De causis plant. VI. 20.

24. Origin. XX. 3. Celia a calefaciendo appellata: est enim potio ex
succo tritici per artem confecta: suscitatur enim igne illa vis ger-

ınim. ınɔ´ ˀfactae frugis ac deinde siccatur et postea in farinam redacta
moẞi succo admiscetur, quo fermentato sapor austeritatis et calor ebrietatis adjicitur, quae fit in iis partibus Hispaniae, cujus ferax vini
locus non est.

25. Hist. Nat. XVIII. 11. 7. ©. Ducange, Glöss T. I. p. 753.
26. Plin. Hist. Nat. XXII. Cap. 25: Et frugum quidem haee sunt in usu
medico. Ex iisdem fiunt et potus Zythum in Aegypto, Celia et Ceria
in Hispania, Cervisia(e?) et plura genera in Gallia aliisque provinciis.
27. A. Mizler. Dissert. de veterum Celtarum Celia et zytho ad illustr. Flori
locum. Vitemb. 1695 in 4º. Die Stelle lautet: Florus II. 18. Celia
sic vocant indigenae ex frumento potionem unb bei Orosius V. 7. Subito
(Numantini) portis eruperunt, larga prius potione usi, non vini, cujus
ferax is locus non est, sed succo tritici per artem confecto, quem
succum a calefaciendo Celiam vocant: suscitatur enim sapor austeritatis et illa ignea vis germinis madefactae frugis ac deinde siccatur
et post in farinam redacta molli sacco admiscetur quo fermento calor
ebrietatis adjicitur.
28. Isid. Orig. XX. 3. Cervisia a Cerere id ist fruge vocata, est enim
potio ex seminibus frumenti vario modo confecta. Servius ad Virg.
Georg. III. v. 380. Potionis genus est quod cervisia nuncupatur et
consequens est ut vinum natura calidum in provincia frigida non
possit creari.
29. So Esp. Neumann, Lectiones publicae von ben vier Subjectis Diaeteticis,
nämlich von ben viererlei Getränken Thee, Caffee, Bier unb Wein. Lpzg.
1735 in 4º, ©. 205. Aus Cerevisia leitet es Hadr. Junius, Observ. II. 12. ab.
30. ©. Strabo IV. p. 310.
31. Ovid. Metamorph. V. 449.
32. Hic noctem ludo ducunt et pocula laeti fermento, atque acidis imi-
tantur vitea sorbis (III. v. 380).
33. Germania c. 23. Potus humor ex hordeo aut frumento in quandam
similitudinem vini corruptus. Proximi ripae et vinum mercantur.
33a. Auson. Epigr. 86.
   Dodra vocor, quae caussa? novem species gero; quae sunt?
   Jus, aqua, mel, vinum, panis, piper, herba, oleum, sel.
33b. Arnob. Advers. gent. V. p. 174. Sitienti ardori oggeris potionem
cinnum cyceonem quem vocant graeci. Nonius Marcell. untcr Concin-
nare I. 207, 295 ſagt: Sed proprietas verbi haec est, quod apud veteres
cinnus potionis genus ex multis liquoribus confectum dici solet. Di-
dymi Schol. ad. Hom. Iliad. XI. 129: Κυκεὼν λέγεται τὸ ἐξ οἴνου καὶ
μέλιτος καὶ ἀλφίτων καὶ ὕδατος καὶ τύρου ἀναμεμιγμένον πόμα. ©.
a. Theophr. Char. 4.

33c. Simeon Seth. De alimentis unter Camum (nach der lat. Ueb.): Camum sicera, potus factus ex hordeo et aliis rebus calidis ut zinziber, et similia, quae ponunter in testaceis parvis bene obturatis et cum aperiuntur, salit in altum et vocatur cerevisia beschreibt ohne Zweifel unser heutiges fire Luft enthaltendes Flaschenbier. Dasselbe Wort findet sich auch im Ulpianus unter der Lex L. IX. Si quis vinum etc., wo es heißt: Certe zythum quod in quibusdam provinciis ex tritico, vel hordeo vel pane conficitur, non continebitur; simili modo nec camum nec cerevisia continebitur nec hydromel. Griechisch hieß dieses Getränk Phoca, φούκη.

33d. περὶ ζύθων ποιήσεως. Graece et lat. ed. Gruner. Solisbac. 1814 in-8⁰.

34a. Vita S. Columbani c. 16.: cum minister refectorii vellet promere cervisiam quae ex frumenti vel hordei succis decoquitur, quaque prae caeteris in orbe terrarum gentes praeter Scoticas et Dardanas, quae Oceanum incolunt, utuntur nempe Gallia, Britannia, Hibernia, Germania, caeteraeque, quae ab eorum moribus non discrepant, vas, quod typrum nominant, in cellarium deportavit.

34b. Saxo Grammat. L. VIII. S. Grimm, Deutsche Mythol. S. 49.

35. S. Mallet, Northern Antiq. p. 6. Keyssler, Antiquit. Septentr. p. 150. Weinhold, Altnord Leb. S. 153. Simrock, Deutsche Mythol. S. 256.

36. I. 6. 11 p. 42 (Ausgabe v. 1554) Das in Holz geschnittene Bild des Gambrinus enthält jedoch weder diese noch die spätere lateinische Ausg. (S. meine Bemerk. in d. Hall. Jahrb. Jahrg. 1842 S. 626.) Dasselbe erzählen Stumpf in f. Schweiz. Chron. II. 2. S. 18. und Crusius in f. Schwäb. Chron. B. I. B. 1. C. 1. S. 10. In Aventin's Baiersch. Chronica (Frkft. a. M. 1580) Bl. 26b. steht aber vom Bier nichts. S.a. Weihe, Die Sagen Stendals Bd. II. S. 153 ꝛc.

37. Notes concernant la tradition de Gambrivius, roy mythique de Flandre et de Brabant in d. Compte rendu d. séances de la Commiss. roy. d'Hist. Brux 1842. T. V. p. 378 etc.

38. Bei Coremans a. v. D., S. 383 ꝛc.

39. S. Schoock de cerevisia p. 14. Andere Etymol. in d. Beitr. z. Leipz. Gel. Zeitung Bd. III. S. 48 und Nugae venales (v. D. 1642) p. 120.

40. Martini, Lexic. philolog. unter Cerevisia.

41. S. Barth. Scheraei Geistliche, weltliche und häusliche Sprachschule. Wittenb. 1619. in-4. S. 149. Im Allgem. f. üb. d. Etymologie Grimm, Deutsche Grammatik Bd. III. S. 466 u. D. Wörterb. Th. I. 1821. Haupt, Zeitschr. f. D. A. Bd. IV. S. 261. Nach Weinhold im Altnord. Leb. S. 153 hieß oel der Trank unter die Menschen bei den Nordgermanen, pior aber das Bier, welches die Götter tranken. Ersterer Ausdruck war älter.

42. S. Weinhold, Deutsche Frauen S. 317.

43. S. b. Stelle bei Ducange T. III., unter Humlonaria p. 730. S. a. Weinhold, die deutschen Frauen. Wien 1851. S. 350.

44. N. Beckmann, Anleit. z. Technologie S. 132 heißt es in den Stat. abbat. Corbei. I. 7. nec messes vel prata colligendo nec braces faciendo nec humlonem nec ligna solvendo.

45. S. Hildeg. Phys. II. 74, Sprengel, Hist. rei herbariae. Amst. 1807. T. I., p. 226.

46. S. D'Achery, Spicil. T. IV. p. 3.

47. S. Hüllmann, Städtewesen Bd. I. S. 269.

48. S. Grimm, Deutsche Rechtsalterth. S. 313 2c.

49. S. Anton, Gesch. d. Landwirthschaft Bd. I. S. 361.

50. S. Anton, Bd. II. S. 286.

52. II. 52.

53. Neugart I. nr. 40 a. 763. cervice siclas XX.; nr. 72 a. 779 cirvisa siclas XV.

54. Goldast, Script. Rer. Alemann. T. 1. 1. p. 16. Anton Bd. I. S. 407.

55. S. Raumer, Hohenstaufen Bd. V. S. 331.

56. S. Stetten, Kunst-, Gewerb- u. Handwerks-Gesch. v. Augsburg Bd. II. S. 132. (Augsb. 1788.)

57. S. Raumer, Hist. Taschenb. 1834. S. 61.

58. S. Melzer, Schneeberg Chronik S. 140.

59. S. Rössig, Gesch. d. Landwirthschaft. Bd. II. S. 229.

60. S. Moehsen, Gesch. d. Wiss. in d. Mark Brandenburg S. 486.

61. S. Beckmann, Gesch. d. Erfind. Bd. V. S. 227.

62. S. Weinhold, Altnord. Leben. Berlin 1856. S. 153. 88.

63. Hist. Sic. V. 29, 30, p. 352.

64. V. 1. p. 74.

65. Solin. c. 35.

66. Leges Wallicae p. 174 „If a farmer hath no mead, he shall pay two casks of spiced ale or four casks of common ale, for one cask of mead.'' S. a. Stow, Chronicle p. 218.

67. Er fingt: Nescio quod Stygiae monstrum conforme paludi Cervisiam plurimi vocant, nil spissius illa, dum bibitur, nil clarius est, dum mingitur, unde constat quod multas faeces in ventre relinquat (f. Schoock de Cerev. p. 136).

68a. Holinshed, Descr. Brit. p. 94. Hone, Every Day-Book T. I. p. 563.

68b. S. Warton, Hist. öf. Engl. Poetry T. I. p. 177. Henry, Hist. of England (London 1788) T. VIII. p. 408 etc.

69. S. Strutt. T. III. p. 72, 108. Warton, Antiquit. Culinar. p. 27.

70a. Matthaeus Paris. a. 1213: aut scotalla alicubi in regno facere consueverunt. Das Wort bedeutet dann öffentliche Trinkgelage (f. Ducange T. VI.

p. 125) — Carbanué, De tuenda san. B. III. C. 88., sagt so „Est et hala, quae fit in Anglia et Scotia admodum suavior, adeo ut meminerim bibisse in ingressu Scotiæ, quae mulso dulci adeo comparari posset nec in aliquo differret, nisi quod in fine amariorem gustum ac odorem insuavem retineret — Constat cervisia lupi salitarii additione, quae additio etiam naturam facit aliamque formam invehit, inebriat haec vinumque ita potissima sui in parte aemulatur quod hala non facit.

70b. Medicina Salern. c. exeg. Arn. Villanov. 1594 s. l. in-12. p. 226: urinam provocat, quae proprietas claris maxime convenit cerevisiis, quibus plurimum incoctum est lupuli, qualis est Embecensis, ea namque ob lupuli copiam celerrime penetrat et urinam provocat.

71. Canonherius De admirandis vini virtut. c. 1. Cerevisia pinguiori sua tenore sanguinem crassum minimeque defecatum generat, diuturnam ebrietatem procurat, renibus, nervis, cerebro plurimum incommodat, flatus, tormina provocat, pravos humores accumulat, dolores verticis et sopores cerebri gignit, caput conturbat; solus ejus aspectus lumen oculorum obnubilat, solaque odoratio cerebrum dementat et totum corpus ejus, qui eam bibit, fremit et exhorrescit. Aehnlich sagt Menochius De Praesumpt. V. c. 152 n. 11. Nos Itali cerevisia non utimur quin eam capitali odio sic prosequimur, ut e nostris doliis et cellis vinariis gravi indicta poena proscripserimus. Denselben Grund giebt auch Lansius Orat. I. Consult. p. 81. an.

72. Monteil, Hist. des Français T. II. p. 49.

73. S. Livre de métiers (ed. Depping p. 29 sq.) enthält folgende zwei Artifel : Nus cervoisiers ne puet ne ne doit faire cervoise, fors de yaue et de grain, c'est à savoir, d'orge, de mestuel et de dragée; et se il y mêloit autre chose pour efforcier, c'est à savoir, baye, piment et pois reisine, et quiconque y metroit aucune de ces choses, il l'amenderoit au roy de XX. sous de Paris, toutes les fois qu'il en seroit reprins, et si seroit touz li brasins qui seroit faiz de tex choses donez por dieu. — Nuz ne puet ne ne doit vendre cervoise ailleurs que en l'ostel ou en la brasse; quar cil qui sont regratier de cervoises vendre, ne les vendent pas si bones ne si loiaus come cil qui les font en leur hostieuz et les vendent aigres et tournées, quar ils ne les scavent pas mettre à point; et cil qui ne les font en leur hostiex, quand ils les envoient vendre en ij leus ou en iij par la vile de Paris, ils ne sont pas au vendre, ne leurs fames, ains les font vendre par leurs garçonnès petiz, en rues foraines, et si vont en tex leus et en tex tavernes li fol et li foles faire leurs péchiez.

74. S. Le Grand d'Aussy, Hist. de la vie privée des Français (Paris 1782) T. II. p. 300—315.

75. **Antiq.** Septentrional. p. 750.

76. S. Stetten, Handwerksgesch. v. Augsb. Bd. II. S. 132.

77a. S. Jäger, Schwäbisches Städtewesen S. 617.

77b. S. D. Dietrich, Beschreib. v. Ulm, S. 162.

78. S. Jäger, a. d. O. S. 610.

79. S. Klotsch, Bergbau S. 129.

80. So singt von ihm der gekrönte Dichter Eoban Hesse Folgendes;
> Qui docuit crasso Cererem confundere succo,
> Huic iratus erat Bacchus et ipsa Ceres,
> Nam Pelusiaci qui laudat munera Bacchi,
> Illi nec cerebrum nec caput esse potest:
> Renibus et nervis cerebroque bis noxius humor
> Saepe etiam leprae semina foeda jacit.

81. **Quaest.** medic. LXXVII.

82. S. Haupt, Zeitschr. f. d. deutsche Alterth. Bd. VI. S. 263 2c.

83. S. Hoffmann v. Fallersleben, Gesellschaftslieder S. 151. 155.

84. S. Mencken. Script. T. II. p. 563.

85a. S. Kleine Chronik der Reichsstadt Nürnberg, Nürnb. 1790. S. 63.

85b. S. Avisation von dem bey der Kays. Freyen Reichs-Stadt Goslar gebrauten Weizenbier oder so genannten Gose, desselben Eigenschaften und wie damit umzugehen (v. Plather). Goslar 1717. in-8°. Brückmann, Epist. Itiner. nr. 38.

86. S. D. Eb. Baring. Kurze histor. und phys. Nachricht von dem in Hannover zuerst erfundenen Getränk Broihan. Hannov. 1750. in-4. Zusätze. ebb. 1751 in-4 (a. über die zu Wallensen gemachte Nachahmung dess.) Dess. Beschreibung der Sala im Amte Lauenstein. ebb. 1744 in-4°. S. 16—21. Knauth, Saxonia Vetus et nova p. 262.

89. S. Breslauer Erzähler 1800. S. 471. Bresl. Zeitung 1839 nr. 133. Zwei lateinische Lobgedichte auf den Scheps von Matth. Wacker von Wackenfels und Joach. Rheticus stehen in Dornav. Amphitheatrum sap. univ. (Hanov. 1615 in. fol.) p. 727 sq.

90. S. Grässe, Sagenbuch d. Preuß. Staats. (Glogau 1870) Bd. II. S. 526. 529.

91. S. Hennenberger, Erklärung der preußischen größeren Landtafel oder Wappen. Königsb. 1595. in fol. S. 475. u. Grässe, Preußisches Sagenbuch Bd. II. (Glogau 1870) S. 596.

92. S. **Meibom.** Prosopopoeia cerevisiae Gardelebensis in f. Commentarius de cerevisiis potibusque et ebriaminibus extra vinum aliis. etc. Helmst. 1688. in-4°. Ueber das Stendaler Bier f. Weyhe, Sagen der Stadt Stendal. Tangerm. 1840. Bd. II. S. 153. Ueber das Güstrower aber f. G. D. Encomium de potu domini, Cerevisia Gustroviensi, Knisenack genannt.

93. S. G. Andr. Schmid, Diss. de cerevisia in d. Miscellan. Physic. fascic.

nr. II. Fr. Er. Brückmann, Poetische Beschreibung der Braunschweiger Mumme. Brschw. 1723. 1725. II. Aufl. in-4⁰. Knauth, Saxonia vet. et. nova p. 194.

94. S. D. Ramelow, Beschr. d. Sauerbrunnen zu Wildungen und Pyrmont v. J. Ingebrand, Marb. 1682. S. 213 ꝛc.

95. S. Schlef. Provin. Blätt. 1815. Bd. II. S. 623. Schoock, De cerevisia p. 292 etc. C. Ph. Limmer. Diss. med. de cerevisia Servestana. Servest. 1693. 1745. in-4. Nationalzeit. 1857. nr. 95 Beil.

96. J. Wolf, De cerevisia Numburgensi. Jenae 1684. in-4. Von diesem Biere sagt der Verf. d. B. De gener. ebr. Coroll. III. p. 144 auch: oculos laedit.

97. Diese Schrift, welche in verschiedenen Einzelnausgaben existirt (s. meinen Trésor de livres rares T. II. p. 343) und auch der Ausgabe d. Epistolae Viror. obscuror. Nurnb. 1757 Bd. II. S. 301 ꝛc. beigegeben ist, ist abgedr. bei Fr. Zarnke, die deutschen Universitäten im Mittelalter (Lpzg. 1857 in-8⁰.) S. 116 ꝛc. und die Stelle über die Biere steht S. 144. — S. a. J. Ph. Eysel, Diss. de cerevisia Erfurtensi. Erford. 1689. 1727. in-4⁰. L. Fr. Jacobi, de cerevisiae bonitae diss. Erford. 1704. in-4. S. 14.

98. Ueb. d. Sächs. Biere s. Iccander, Sächs. Kernchronik Bd. II. S. 1018.

99. S. Fr. Ern. Brückmann, Catalogus exhib. appellationes et denominationes omnium potus generum quae olim in usu fuerunt et adhuc sunt, per totum terrarum orbem. Helmst. 1722. in-4.

100. S. Brückmann, a. a. O. S. 63 ꝛc. Wir haben von demselben Schriftsteller noch: Relatio phys. med. de cerevisia, quae Duckstein dicitur. Helmst. 1722. in-4⁰ u. Beschreib. d. fürtreffl. Weizenbieres Duckstein genannt. Braunschw. 1923. in-4⁰.

101. S. Ambr. Stegmann, Genaue Untersuchung des Keuterling,

102. De cerevisia S. 307—309.

103. Epist. Cent. V. nr. 24.

104a. S. Schoock, De cerevisia S. 261—281.

104b. S. Bibl. Lubec. Bd. XII. S. 531. S. a. Nützliches Allerley Bd. VI. S 107.

105. S. Faßmann's Leben Königs Friedrich Wilhelm von Preußen Th. I. S. 392. Flögel, Gesch. d. Hofnarren S. 218.

106. S. J. M. Mayer, Münchener Stadtbuch. München 1868. S. 604. Der Ursprung des Namens Salvatorbier in München soll folgender sein. Im J. 1627 berief Kurfürst Max I. von Baiern zur Seelsorge im Kloster in der Aue Franciskaner aus Frankreich, nachdem er die frühern Insassen hatte entfernen müssen. Dieselben gewöhnten sich bald an das landesübliche Getränk und als ihnen Kurfürst Ferdinand selbst ein Bierhaus erbaut hatte, brachten sie es in dessen Bereitung weiter, als die Einheimischen. Jeden 2. April, am Tage der Feier ihres Ordensfestes, verzapften sie ihr Gebräu und nannten dasselbe „heiliges Vateröl", welches dann in „Salvatoröl", „Salvatorbier" verstümmelt ward. Ueber den Ursprung des Namens „Bockbier"

S. ob. S. 81 u. Schmeller, Bayer. Wörterb. Stuttg. u. Tüb. 1827. Bd. I. S. 151.

107. S. Offizieller Ausstell. Bericht herausgeg. u. d. Redact. v. Prof. Dr. Fr. X. Neumann b. d. K. K. Centralcomité. Nahrungsmitt. u. Getr. a. d. Weltausst. in Paris 1867. VII. Liefer. S. 122—124. (Wien 1868) L. v. Wagner, Die Bierbrauerei. Weimar 1870 S. 504 ꝛc.

108. S. Allg. Nürnb. Hopfenzeitung 1871. Festblatt v. 27.—29 Juli.

109. S. Belon, L. II. obs. 98. p. 346, der es fälschlich mit dem von den Römern posca genannten Getränk, einer Mischung aus Weinessig und Wasser, für identisch hält.

110. S. Vansleb, Relatione dello stato presente dell' Egitto p. 237. Schoock p. 29. Abdallatif, Relation de l'Égypte p. S. de Sacy. (Paris 1810 in-4º) p. 572. 324.

111. S. Sacy, a. a. O. S. 572. Leipz. Intell. Bl. 1783. S. 115.

112. S. Kalm in d. Abhandl. d. Schwed. Acad. Bd. XIII. S. 197. Augsb. Ord. Zeit. 1791. nr. 246. Anburey, Reisen im Innern von Nordamerika, deutsch v. Forster (Berlin 1792) S. 55.

114. S. Gmelin, Reisen nach Sibirien. (Götting 1752.) Bd. III. S. 155.

115. Reisen in Africa, neu bearb. v. Steger. (Lpzg. 1856.) S. 57.

117. Livingstone's Erforschungsreisen im Innern Africas. Lpzg. 1868. Bd. I. S. 191.

119. So bei Abr. a St. Clara Etwas für Alle. (Würzburg 1711) Bd. I. S. 406.

120. S. Wuttke, nr. 97. 433. 455. 517. 539.

122a. S. Wuttke, Der deutsche Volksaberglauben S. 129. nr. 159.

122b. S. Eisel, a. a. O. S. 299. nr. 157.

123. S. Wuttke, S. 557. 717. 128.

124. S. Dybeck, Runa (Stockh. 1845) S. 3. (Berlin 1869)

125. S. Eisel, Sagenbuch des Voigtlandes (Gera 1871) nr. 698. nr. 27. 758 ꝛc. 264. 61. 118. 218. 459 ꝛc.

126. S. Mannhardt, a. a. O. S. 414. Anm. 4.

127. S. A. Witschel, Sagen aus Thüringen. (Wien 1866) nr. 117. Bechstein, a. a. O. Bd. II. S. 120.

128. S. Kuhn u. Schwartz, Norddeutsche Sagen. (Lpzg. 1848) nr. 225, 2. S. 203.

129. S. Bechstein, Thüringischer Sagenschatz (Meiningen 1838) Bd. IV. S. 213.

130. S. Grässe, Sächsischer Sagenschatz (Dresden 1855) nr. 298.

131. S. Kuhn u. Schwartz a. a. O. S. 423, nr. 221.

132. S. Eisel a. a. O. nr. 318. S. 123. Mannhardt, Germ. Mythen S. 411.

133. S. Grässe, Preuß. Sagenbuch. Bd. II. nr. 549. S. 546.

134. S. Archaeologia T. XII. p. 11—17. Harrison, Descr. of England p. 138. Shakspeare, Works, T. II. p. 613.

135. S. Brand, Popular Antiquities (London 1841) T. I. p. 157.

136. S. Brand, T. I. p. 159. Nares, Glossary (Stralsund 1825) p. 137.

136b. S. Hone, Every Day-Book. (London 1866) T. II. p. 347.

Inhalt.

————♦————

Soeben erschien und ist in allen Buchhandlungen zu haben:

Ueber die Kunst Bairisch Bier zu trinken.
Von Seidelius Flaschius Bierfaß.
1872. Illustrirt von Ludwig Löffler und A. Oberländer.

„Wer Braunbier meidet, Weiber und Tobak,
Der hat auch sonst für Nichts nich kein Geschmack!"

Eleg. broch. Preis 5 Sgr.

Julius Levit's Verlag in Berlin.